李 明/主编

中国法院类案检索与裁判规则专项研究丛书

物业服务合同纠纷案件裁判规则研究

人民法院出版社

图书在版编目（CIP）数据

物业服务合同纠纷案件裁判规则研究 / 李明主编. 北京：人民法院出版社，2025. 3-- （中国法院类案检索与裁判规则专项研究丛书）. -- ISBN 978-7-5109-4412-3

Ⅰ. D923.65

中国国家版本馆CIP数据核字第2025U582Z6号

中国法院类案检索与裁判规则专项研究丛书

物业服务合同纠纷案件裁判规则研究

李　明　主编

策划编辑：赵　刚
责任编辑：姚丽蕾
封面设计：鲁　娟
出版发行：人民法院出版社
地　　址：北京市东城区东交民巷 27 号（100745）
电　　话：(010) 67550662（责任编辑）67550558（发行部查询）
　　　　　65223677（读者服务部）
客 服 QQ：2092078039
网　　址：http://www.courtbook.com.cn
E - mail：courtpress@sohu.com
印　　刷：天津嘉恒印务有限公司
经　　销：新华书店

开　　本：787 毫米×1092 毫米　1/16
字　　数：397 千字
印　　张：21.5
版　　次：2025 年 3 月第 1 版　2025 年 3 月第 1 次印刷
书　　号：ISBN 978-7-5109-4412-3
定　　价：85.00 元

版权所有　侵权必究

最高人民法院审判理论研究会

类案同判专项研究首席专家组组长　陈志远

首席专家组成员：

丁文严	王　锐	王保森	王毓莹	代秋影	包献荣
刘　敏	刘树德	刘俊海	李　明	李　晶	李玉萍
杨　奕	杨百明	吴光荣	沈红雨	宋建宝	陈　敏
范明志	周海洋	胡田野	袁登明	钟　莉	唐亚南
徐继军	曹守晔	韩德强	雷　鸿	黎章辉	

物业服务合同纠纷案件裁判规则研究

主　编：李　明

副主编：项　平　陈鑫范　尚　华

专家团队成员（以姓氏笔画为序）：

王　琦	王　钦	王　倩	王晓晨	王惠诗涵	李　明
朱春苗	陈鑫范	周远航	尚　华	杨秀清	项　平
赵会会	张　润	徐　琼	徐　丽	黄近之	谢　凡
熊丹丹					

中国法院类案检索与裁判规则专项研究
说　明

最高人民法院《人民法院第五个五年改革纲要（2019—2023）》提出"完善类案和新类型案件强制检索报告工作机制"。2020年9月发布的《最高人民法院关于完善统一法律适用标准工作机制的意见》（法发〔2020〕35号）对此进行了细化，并进一步提出"加快建设以司法大数据管理和服务平台为基础的智慧数据中台，完善类案智能化推送和审判支持系统，加强类案同判规则数据库和优秀案例分析数据库建设，为审判人员办案提供裁判规则和参考案例"。为配合司法体制综合配套改革，致力于法律适用标准统一，推进人民法院类案同判工作，从2018年起，中国应用法学研究所组织开展类案检索与裁判规则专项研究，并循序推出类案检索和裁判规则研究成果。

专项研究的研究力量主要有最高人民法院法官和地方各级人民法院法官，国家法官学院和大专院校专家教授，国家部委与相关行业的专业人士，这些研究力量具有广泛的代表性，构成了专项研究力量的主体。与此同时，为体现法为公器，应当为全社会所认识，并利用优秀的社会专业人士贡献智力力量，专项研究中也有律师、企业法务参加，为专项研究提供经验与智慧，并参与和见证法律适用的过程。以上研究力量按照专业特长组成若干研究团队开展专项研究，坚持同行同专业同平台研究的基本原则。

专项研究团队借助大数据检索平台，形成同类案件大数据报告，为使用者提供同类案件裁判全景；从检索到的海量类案中，挑选可索引的、优秀的例案，为使用者提供法律适用参考，增加裁判信心，提高裁判公信；从例案中提炼出同类案件的裁判规则，分析裁判规则提要，提供给使用者参考。从司法改革追求的目标看，此项工作能够帮助法官从浩如烟海的同类案件中便捷找到裁判思路清晰、裁判法理透彻的好判决（即例案），帮助法官直接参考从这些好判决中提炼、固化的裁判规则。如此，方能帮助法官在繁忙的工作中实现类案同判。这也正是应用法学研究的应有之义。

专项研究的成果体现为电子数据和出版物（每年视法律适用的发展增减），内容庞大，需要大量优秀专业人才长期投入。有关法院裁判案件与裁判内容检索的人工智能并不复杂，算法也比较简单，关键在于"人工"，在于要组织投入大量优秀的"人工"建设优质的检索内容。专项研究团队中的专家学者将自己宝贵的时间、智力投入到"人工"建设优质内容的工作中，不仅仅需要有为统一我国法律适用、提升裁判公信力作出贡献的情怀，还需要有强烈的历史感、责任感，具备科学的体系思维和强大的理性能力。此专项研究持续得越久，越能向社会传达更加成熟的司法理性，社会也越能感受到蕴含在优质司法中的理性力量。

愿我们砥砺前行。

2024 年 10 月

物业服务合同纠纷案件裁判规则研究

前　言

为统一法律适用和裁判尺度，规范法官自由裁量权，增强民商事审判的公开性、透明度以及可预期性，提高司法公信力。近年来，最高人民法院制定并发布了多部司法文件。2015年9月21日施行的《最高人民法院关于完善人民法院司法责任制的若干意见》要求人民法院建立审判业务研讨机制，通过类案参考、案例评析等方式统一裁判尺度；2017年8月1日施行的《最高人民法院司法责任制实施意见（试行）》要求法官在办理案件时应制作类案与关联案件检索报告制度；2019年10月28日施行的《最高人民法院关于建立法律适用分歧解决机制的实施办法》，旨在深化司法体制综合配套改革，严格落实全面推进"类案和新型案件强制检索"制度；2020年7月15日，最高人民法院发布的《关于统一法律适用加强类案检索的指导意见（试行）》，对类案检索的适用范围、检索主体及平台、检索范围和方法、类案识别和比对、检索报告或说明、结果运用、法官回应、法律分歧解决、审判案例数据库建设等予以明确。强调法官对指导性案例的参照和对其他类案的参考，旨在实现法律的统一适用。

为了不断满足新时代对人民法院审判工作提出的新要求、新期待，最高人民法院审判理论研究会开展的类案检索与裁判规则专项研究，借助大数据检索平台，形成同类案件大数据报告，为使用者提供同类案件的裁判全景，并从大数据检索到的海量类案中挑选可索引的、优秀的例案，对司法实践中遇到的法律适用问题予以引领和规范，目的是保证司法裁判的严肃性和权威性，实现好、维护好、发展好最广大人民群众的根本利益。

应当承认，在检索大数据报告和提炼裁判规则过程中，仍然存在一些有待进一步完善的地方,如类案关键词与裁判规则之间的匹配度、要件事实与裁判规则之间的识别度、检索算法不统一下数据不一致等,任何值得去的地方,都没有捷径,这就需要我们今后的理论研究工作迈难关、想办法、找思路,这也就是我们的前进动力和努力方向,只要路是对的,就不怕远。

  类案检索与裁判规则专项研究是一项系统工程,需要多方的协同努力,集腋成裘,聚沙成塔,通过助力人民法院的类案与关联案件检索制度,希望能够为促进建筑业健康发展,保障实现人民法院依法独立行使审判权和法官依法独立行使裁判权的统一,为促进社会主义市场经济健康发展贡献绵薄之力。

物业服务合同纠纷案件裁判规则研究

凡 例

一、法律法规

1.《中华人民共和国民法典》，简称《民法典》；
2.《中华人民共和国民事诉讼法》，简称《民事诉讼法》；
3.《中华人民共和国保险法》，简称《保险法》；
4.《中华人民共和国招标投标法》，简称《招标投标法》；
5.《中华人民共和国价格法》，简称《价格法》；
6.《中华人民共和国律师法》，简称《律师法》；
7.《中华人民共和国消防法》，简称《消防法》；
8.《中华人民共和国民法总则》（已失效），简称《民法总则》；
9.《中华人民共和国合同法》（已失效），简称《合同法》；
10.《中华人民共和国物权法》（已失效），简称《物权法》；
11.《中华人民共和国经济合同法》（已失效），简称《经济合同法》；
12.《中华人民共和国技术合同法》（已失效），简称《技术合同法》。

二、司法解释及司法文件

1.《最高人民法院关于适用〈中华人民共和国民事诉讼法〉的解释》，简称《民诉法解释》；
2.《最高人民法院关于适用〈中华人民共和国民法典〉合同编通则若干问题的解释》，简称《合同编通则司法解释》；

3.《最高人民法院关于印发〈全国法院民商事审判工作会议纪要〉的通知》,简称《九民会议纪要》;

4.《最高人民法院关于民事诉讼证据的若干规定》,简称《民事证据规定》;

5.《最高人民法院关于审理物业服务纠纷案件适用法律若干问题的解释》,简称《物业纠纷司法解释》;

6.《最高人民法院关于审理物业服务纠纷案件具体应用法律若干问题的解释》,简称2009年《物业纠纷司法解释》;

7.《最高人民法院关于审理建筑物区分所有权纠纷案件具体应用法律若干问题的解释》,简称《建筑物区分解释》;

8.《最高人民法院关于适用〈中华人民共和国合同法〉若干问题的解释(二)》(已失效),简称《合同法司法解释二》。

三、行政法规

《中华人民共和国招标投标法实施条例》,简称《招标投标法实施条例》。

四、地方性法规与司法文件

1.《国家发展和改革委员会、建设部关于印发物业服务收费管理办法的通知》,简称《物业服务收费管理办法》;

2.《国家发展和改革委员会、建设部关于印发〈物业服务收费明码标价规定〉的通知》,简称《物业服务收费明码标价规定》;

3.《住房和城乡建设部关于印发〈业主大会和业主委员会指导规则〉的通知》,简称《物业服务收费明码标价规定》。

五、行业规定

《中国物业管理协会关于印发〈普通住宅小区物业管理服务等级标准〉(试行)的通知》,简称《普通住宅小区物业管理服务等级标准(试行)》。

目 录

第一部分　物业服务合同纠纷案件裁判规则研究摘要　// 001

第二部分　物业服务合同纠纷案件裁判规则研究　// 011

物业服务合同纠纷案件裁判规则第 1 条

建设单位依法与物业服务人订立的前期物业服务合同，以及业主委员会与业主大会选聘的物业服务人订立的物业服务合同，对全体业主具有法律约束力　/ 013

　　一、类案检索大数据报告　/ 013
　　二、可供参考的例案　/ 016
　　三、裁判规则提要　/ 023
　　四、辅助信息　/ 030

物业服务合同纠纷案件裁判规则第 2 条

物业服务人公开作出的有利于业主的服务承诺，为物业服务合同的组成部分　/ 032

　　一、类案检索大数据报告　/ 032
　　二、可供参考的例案　/ 035

三、裁判规则提要　/041

四、辅助信息　/048

物业服务合同纠纷案件裁判规则第 3 条

物业服务人将其应当提供的全部物业服务转委托给第三人，或者将全部物业服务支解后分别转委托给第三人，签订的合同无效　**/049**

一、类案检索大数据报告　/049

二、可供参考的例案　/051

三、裁判规则提要　/058

四、辅助信息　/064

物业服务合同纠纷案件裁判规则第 4 条

物业服务合同中不合理地免除或者减轻物业服务人责任、加重业主责任、限制业主主要权利，或排除业主主要权利的格式条款无效　**/066**

一、类案检索大数据报告　/066

二、可供参考的例案　/068

三、裁判规则提要　/075

四、辅助信息　/087

物业服务合同纠纷案件裁判规则第 5 条

物业服务合同无效，已经提供物业服务的物业服务人要求业主给付相应物业服务费的，人民法院可以结合物业服务合同约定、物业服务人实际提供的物业服务水平、有关部门提供的物业服务成本、当地物业服务费标准等因素合理确定　**/089**

一、类案检索大数据报告 / 089

二、可供参考的例案 / 091

三、裁判规则提要 / 099

四、辅助信息 / 103

物业服务合同纠纷案件裁判规则第 6 条

物业服务人未能忠实履行维修、养护、管理和维护义务，业主可以请求物业服务人承担继续履行、采取补救措施或者赔偿损失等违约责任 / **104**

一、类案检索大数据报告 / 104

二、可供参考的例案 / 107

三、裁判规则提要 / 114

四、辅助信息 / 120

物业服务合同纠纷案件裁判规则第 7 条

业主实施妨碍物业服务与管理的行为，物业服务人可以请求业主承担停止侵害、排除妨害、恢复原状等民事责任 / **122**

一、类案检索大数据报告 / 122

二、可供参考的例案 / 125

三、裁判规则提要 / 131

四、辅助信息 / 136

物业服务合同纠纷案件裁判规则第 8 条

物业服务人不得违反物业服务合同约定或者法律、法规、部门规章规定擅自扩大收费范围、提高收费标准或者重复收费，业主以违规收费为由提出抗辩的，人民法院应予支持 / **138**

一、类案检索大数据报告 /138
二、可供参考的例案 /140
三、裁判规则提要 /148
四、辅助信息 /153

物业服务合同纠纷案件裁判规则第 9 条
业主违反合同约定拒绝支付物业费的，物业服务人有权请求业主支付物业费 /156

一、类案检索大数据报告 /156
二、可供参考的例案 /158
三、裁判规则提要 /167
四、辅助信息 /172

物业服务合同纠纷案件裁判规则第 10 条
物业服务人已经按照约定和有关规定提供服务的，业主不得以未接受或者无须接受相关物业服务为由拒绝支付物业费 /175

一、类案检索大数据报告 /175
二、可供参考的例案 /178
三、裁判规则提要 /187
四、辅助信息 /191

物业服务合同纠纷案件裁判规则第 11 条
物业服务人请求业主支付物业费，业主以其与物业使用人约定由物业使用人承担物业费进行抗辩的，不予支持 /192

　　　　一、类案检索大数据报告 / 192
　　　　二、可供参考的例案 / 194
　　　　三、裁判规则提要 / 202
　　　　四、辅助信息 / 207

物业服务合同纠纷案件裁判规则第 12 条

业主违反约定逾期不支付物业费的，物业服务人可以催告其在合理期限内支付；合理期限届满仍不支付的，物业服务人可以提起诉讼或申请仲裁 / **208**

　　　　一、类案检索大数据报告 / 208
　　　　二、可供参考的例案 / 210
　　　　三、裁判规则提要 / 215
　　　　四、辅助信息 / 220

物业服务合同纠纷案件裁判规则第 13 条

物业服务人不得采取停止供电、供水、供热、供燃气等方式催交物业费。如停供造成业主损害的，业主可以请求物业服务人承担损害赔偿等民事责任 / **221**

　　　　一、类案检索大数据报告 / 221
　　　　二、可供参考的例案 / 224
　　　　三、裁判规则提要 / 232
　　　　四、辅助信息 / 235

物业服务合同纠纷案件裁判规则第 14 条

物业服务人利用业主的共有部分产生的收入，在扣除合理成本之后，属于业主共有 / **236**

一、类案检索大数据报告　/236
  二、可供参考的例案　/238
  三、裁判规则提要　/247
  四、辅助信息　/253

物业服务合同纠纷案件裁判规则第 15 条

业主依照法定程序共同决定解聘物业服务人的，可以解除物业服务合同　/255

  一、类案检索大数据报告　/255
  二、可供参考的例案　/257
  三、裁判规则提要　/265
  四、辅助信息　/271

物业服务合同纠纷案件裁判规则第 16 条

物业服务合同的权利义务终止后，业主可以请求物业服务人退还已经预收，但尚未提供物业服务期间的物业费　/273

  一、类案检索大数据报告　/273
  二、可供参考的例案　/275
  三、裁判规则提要　/282
  四、辅助信息　/287

物业服务合同纠纷案件裁判规则第 17 条

物业服务合同终止后，物业服务人未履行后合同义务的，不得请求业主支付合同终止后的物业费　/288

一、类案检索大数据报告 /288
二、可供参考的例案 /290
三、裁判规则提要 /299
四、辅助信息 /305

物业服务合同纠纷案件裁判规则第18条

为维护业主共同权益，业主委员会依照法律规定或者经过业主大会授权，可以以自己的名义提起诉讼，相应费用由全体业主承担 /307

一、类案检索大数据报告 /307
二、可供参考的例案 /309
三、裁判规则提要 /318
四、辅助信息 /325

第一部分
物业服务合同纠纷案件裁判规则研究摘要

第一部分

构成服务合同法律条件

著作权相关法律制度

物业服务合同纠纷案件裁判规则第 1 条

建设单位依法与物业服务人订立的前期物业服务合同，以及业主委员会与业主大会选聘的物业服务人订立的物业服务合同，对全体业主具有法律约束力

【规则描述】 本条是关于前期物业服务合同和物业服务合同对全体业主具有法律约束力的规则。建设单位依法与物业服务企业签订的前期物业服务合同，以及业主委员会与业主大会依法选聘的物业服务企业签订的物业服务合同，对全体业主具有法律约束力。业主应当忠实履行前期物业服务合同以及物业服务合同中约定的义务。业主以其并非合同当事人为由提出抗辩，拒绝履行物业服务合同约定的义务的，该抗辩不能成立。

物业服务合同纠纷案件裁判规则第 2 条

物业服务人公开作出的有利于业主的服务承诺，为物业服务合同的组成部分

【规则描述】 本条是关于物业服务人作出的物业服务承诺作为物业服务合同内容的规则。为规范物业服务人的行为，保障业主的权益，对于物业服务人公开作出的有利于业主的服务承诺，应当认定为物业服务合同的组成部分。物业服务人应当按照该承诺切实履行义务，如违反该承诺，应向业主承担违约责任。

物业服务合同纠纷案件裁判规则第 3 条

物业服务人将其应当提供的全部物业服务转委托给第三人，或者将全部物业服务支解后分别转委托给第三人，签订的合同无效

【规则描述】 本条是关于物业服务人全部物业服务转委托行为的效力如何认定的规则。物业服务人将物业服务区域内的部分专项服务事项委托给专业性服务组织或者第三人的，应当就该部分专项服务事项向业主负责。物业服务人不得将其应当提供的全部物业服务转委托给第三人，或者将全部物业服务支解后分别转委托给第三人。若业委会或业主请求确认转委托合同无效的，人民法院应予支持。

物业服务合同纠纷案件裁判规则第 4 条

物业服务合同中不合理地免除或者减轻物业服务人责任、加重业主责任、限制业主主要权利，或排除业主主要权利的格式条款无效

【规则描述】 本条是关于物业服务合同中格式条款无效的规则。物业服务人采用格式条款订立合同的，物业服务人应当遵循公平原则确定当事人之间的权利和义务，并采用合理的方式提示业主委员会和业主注意免除或者减轻其责任等与业主有重大利害关系的条款，按照业主的要求，对该条款予以说明。物业服务人未履行提示或者说明义务，致使业主没有注意或者理解与其有重大利害关系的条款的，业主委员会或业主可以主张该条款不成为合同的内容。如果物业服务人提供的物业服务合同中不合理地免除或者减轻其责任、加重业主责任、限制业主主要权利，或排除业主主要权利的，人民法院应当认定该格式条款无效。

物业服务合同纠纷案件裁判规则第 5 条

物业服务合同无效，已经提供物业服务的物业服务人要求业主给付相应物业服务费的，人民法院可以结合物业服务合同约定、物业服务人实际提供的物业服务水平、有关部门提供的物业服务成本、当地物业服务费标准等因素合理确定

【规则描述】 本条是关于物业服务合同无效后如何认定物业费具体数额的规则。合同无效后的法律效果是返还或折价补偿，物业服务人已实际提供了物业管理服务的，由于业主已经接受了该服务，客观上不能向提供服务的物业服务人进行返还，而只能折价补偿。至于折价补偿的标准，人民法院可以结合物业服务合同约定、物业服务人实际提供的物业服务水平、有关部门提供的物业服务成本、当地物业服务费标准等因素合理确定。

物业服务合同纠纷案件裁判规则第 6 条

物业服务人未能忠实履行维修、养护、管理和维护义务，业主可以请求物业服务人承担继续履行、采取补救措施或者赔偿损失等违约责任

【规则描述】 本条是关于物业服务人违约责任承担的规则。物业服务人的主要合同义务是为业主提供物业服务，涵盖了"对物的管理"和"对人的服务和管理"两个层次，具体的物业服务内容由物业服务合同予以明确。物业服务人未能忠实履行维修、养护、管理和维护义务的，业主及业主委员会均可依据物业服务合同之约定要求物业服务人承担继续履行、采取补救措施或赔偿损失等违约责任。

物业服务合同纠纷案件裁判规则第 7 条

业主实施妨碍物业服务与管理的行为，物业服务人可以请求业主承担停止侵害、排除妨害、恢复原状等民事责任

【规则描述】 本条是关于业主实施妨碍物业管理与服务行为的情况下，物业服务人有权诉讼予以制止的规则。业主的专有权和共有权在行使过程中可能产生权利冲突，为平衡业主之间的利益冲突，有必要对业主的专有权和共有权进行必要的限制，法律法规、管理规约对此有规定的，业主应当遵守，如业主违反法律法规、管理规约等规定的，物业服务人有权诉请业主承担恢复原状、停止侵害、排除妨害等民事责任。

物业服务合同纠纷案件裁判规则第 8 条

物业服务人不得违反物业服务合同约定或者法律、法规、部门规章规定擅自扩大收费范围、提高收费标准或者重复收费，业主以违规收费为由提出抗辩的，人民法院应予支持

【规则描述】 本条是关于物业服务人不得违规收费，以及已收取违规费用处理的规则。物业服务人应当按照物业服务合同的约定或者法律、法规、部门规章的规定收取物业费，不得擅自扩大收费范围、提高收费标准或者重复收费。在物业服务人起诉业主要求支付物业费的案件中，如果业主以物业服务人违规收费为由进行抗辩且属实的，人民法院应予支持。业主请求物业服务人退还其已经收取的违规费用的，人民法院应予支持。

物业服务合同纠纷案件裁判规则第 9 条

业主违反合同约定拒绝支付物业费的，物业服务人有权请求业主支付物业费

【规则描述】 本条是关于业主无正当理由不能拒绝支付物业费的规则。业主与物业服务人订立物业服务合同后，应当按照合同的约定履行支付物业费的义务。在物业服务人起诉业主要求支付物业费的案件中，如业主仅以物业服务人履行物业服务合同不符合约定为由拒绝支付物业费的，人民法院不予支持。但若物业服务人未履行物业服务合同，或履行物业服务合同存在重大瑕疵的，则构成业主拒绝支付物业费的正当理由。

物业服务合同纠纷案件裁判规则第 10 条

物业服务人已经按照约定和有关规定提供服务的，业主不得以未接受或者无须接受相关物业服务为由拒绝支付物业费

【规则描述】 本条是关于业主不能以未接受或者无须接受相关物业服务为由拒绝支付物业费的规则。建设单位依法与物业服务人订立的前期物业服务合同，以及业主委员会与业主大会依法选聘的物业服务人订立的物业服务合同，对业主具有法律约束力。因而，只要物业服务人按照物业服务合同的约定提供了物业服务，业主应当按照约定向物业服务人支付物业费。业主以其未接受或者无须接受相关物业服务为由拒绝支付物业费的抗辩不能成立。

物业服务合同纠纷案件裁判规则第 11 条

物业服务人请求业主支付物业费，业主以其与物业使用人约定由物业使用人承担物业费进行抗辩的，不予支持

【规则描述】 本条是关于业主不能以与物业使用人关于物业费支付的约定对抗物业服务人的规则。业主应当按照物业服务合同的约定向物业服务人支付物业费。在业主与物业的承租人、借用人或者其他物业使用人约定由物业使用人支付物业费时，如物业使用人拒绝向物业服务人支付物业费的，物业服务人可以请求业主承担

支付责任。业主以与物业使用人的合同中已约定物业费由物业使用人支付为由进行抗辩的，人民法院不予支持。

物业服务合同纠纷案件裁判规则第 12 条

业主违反约定逾期不支付物业费的，物业服务人可以催告其在合理期限内支付；合理期限届满仍不支付的，物业服务人可以提起诉讼或申请仲裁

【规则描述】 本条是关于物业服务人提起诉讼或申请仲裁前的催告义务的规则。业主应当按照约定向物业服务人支付物业费。业主未按照约定支付物业费的，物业服务人应当先向业主进行催告要求其在合理期限内支付，在合理期限届满后仍然不支付的，物业服务人可以向人民法院提起诉讼或申请仲裁。物业服务人不得在未催告或催告后合理期限未届满的情况下对业主提起诉讼或申请仲裁。

物业服务合同纠纷案件裁判规则第 13 条

物业服务人不得采取停止供电、供水、供热、供燃气等方式催交物业费。如停供造成业主损害的，业主可以请求物业服务人承担损害赔偿等民事责任

【规则描述】 本条是关于物业服务人不得采取停止供水、供电等方式催交物业费的规则。物业服务人和业主之间的关系是基于物业服务合同建立的相互间平等的合同关系，物业服务人按照约定的标准提供物业服务，业主按照约定支付物业费。业主违反约定逾期不支付物业费的，物业服务人可以催告其在合理期限内支付；合理期限内仍不支付的，物业服务人可以提起诉讼或者申请仲裁。但物业服务人不得采取停止供电供水、供热、供燃气等方式催交物业费。如停供造成业主损害的，应承担损害赔偿责任。

物业服务合同纠纷案件裁判规则第 14 条

物业服务人利用业主的共有部分产生的收入，在扣除合理成本之后，属于业主共有

【规则描述】 本条是关于业主共有部分收益的分配规则。业主对建筑物内的住宅、经营性用房等专有部分享有所有权，对专有部分以外的共有部分享有共有和共同管理的权利。业主共有部分所产生的收益应属于全体业主共有，物业服务人基于其提供的经营管理服务可享有一定比例的收益，但若双方对共有部分收益的分配另有约定的，应按照约定处理。

物业服务合同纠纷案件裁判规则第 15 条

业主依照法定程序共同决定解聘物业服务人的，可以解除物业服务合同

【规则描述】 本条是关于业主解除物业服务合同的规则。由专有部分面积占比三分之二以上的业主且人数占比三分之二以上业主参与表决，经参与表决专有部分面积过半数的业主且参与表决人数过半数的业主同意，决定解聘物业服务人的，可以解除物业服务合同。业主决定解聘的，应当在物业服务合同约定的期限内通知物业服务人，合同没有约定通知期限的，为 60 日。业主解除物业服务合同造成物业服务人损失的，除不可归责于业主的事由外，业主应当赔偿损失。

物业服务合同纠纷案件裁判规则第 16 条

物业服务合同的权利义务终止后，业主可以请求物业服务人退还已经预收，但尚未提供物业服务期间的物业费

【规则描述】 本条是关于业主在物业服务合同终止后，可以请求物业服务人退还已经预收，但尚未提供物业服务期间物业费的规则。物业服务人应当按照物业服务合同向业主提供物业服务，在物业服务合同终止时，如果业主已经根据物业服务合同的约定预交了物业费，则对于物业服务人退出后尚未提供物业服务期间的部分物业费，业主有权要求物业服务人予以退还。

物业服务合同纠纷案件裁判规则第17条

物业服务合同终止后，物业服务人未履行后合同义务的，不得请求业主支付合同终止后的物业费

【规则描述】 本条是关于物业服务合同终止后物业服务人负有退出物业服务区域等后合同义务的规则。物业服务合同终止后，物业服务人应当在约定期限或者业主委员会通知的合理期限内退出物业服务区域，将物业服务用房、相关设施、物业服务所必需的相关资料等交还给业主委员会、决定自行管理的业主或者其指定的人，配合新物业服务人做好交接工作，并如实告知物业的使用和管理状况。物业服务合同终止后，在业主和业主大会选聘的新物业服务人或者决定自行管理的业主接管之前，原物业服务人应当继续处理物业服务事项，并可以请求业主支付该期间的物业费。原物业服务人未履行后合同义务的，不得请求业主支付物业服务合同终止后的物业费。如造成业主损失的，物业服务人还应承担损失赔偿责任。

物业服务合同纠纷案件裁判规则第18条

为维护业主共同权益，业主委员会依照法律规定或者经过业主大会授权，可以以自己的名义提起诉讼，相应费用由全体业主承担

【规则描述】 本条是关于业主委员会的诉讼主体资格的规则。出于维护业主共同利益的目的，依照相关法律的规定或者经过业主大会的授权，业主委员会可以作为原告提起诉讼，并且由全体业主承担相应费用。未依法成立业主委员会，或者业主委员会怠于提起诉讼的，经过业主大会授权的业主也可以以自己的名义提起诉讼。

第二部分
物业服务合同纠纷案件裁判规则研究

第五部分

公共服务合同研究生体育课程的实证研究

物业服务合同纠纷案件裁判规则第 1 条

建设单位依法与物业服务人订立的前期物业服务合同，以及业主委员会与业主大会选聘的物业服务人订立的物业服务合同，对全体业主具有法律约束力

【规则描述】　本条是关于前期物业服务合同和物业服务合同对全体业主具有法律约束力的规则。建设单位依法与物业服务企业签订的前期物业服务合同，以及业主委员会与业主大会依法选聘的物业服务企业签订的物业服务合同，对全体业主具有法律约束力。业主应当忠实履行前期物业服务合同以及物业服务合同中约定的义务。业主以其并非合同当事人为由提出抗辩，拒绝履行物业服务合同约定的义务的，该抗辩不能成立。

一、类案检索大数据报告

时间：2023 年 7 月 21 日之前；案例来源：Alpha 案例库；案由：物业服务合同纠纷；检索条件：法院认为包含"建设单位依法与物业服务企业签订的前期物业服务合同，以及业主委员会与业主大会依法选聘的物业服务企业签订"；案件数量：74304 件；数据采集时间：2023 年 7 月 21 日。

本次检索获取了 2023 年 7 月 21 日前共 74304 篇裁判文书。从图 1-1 可以看到当前条件下此类案件数量在时间上的变化趋势。

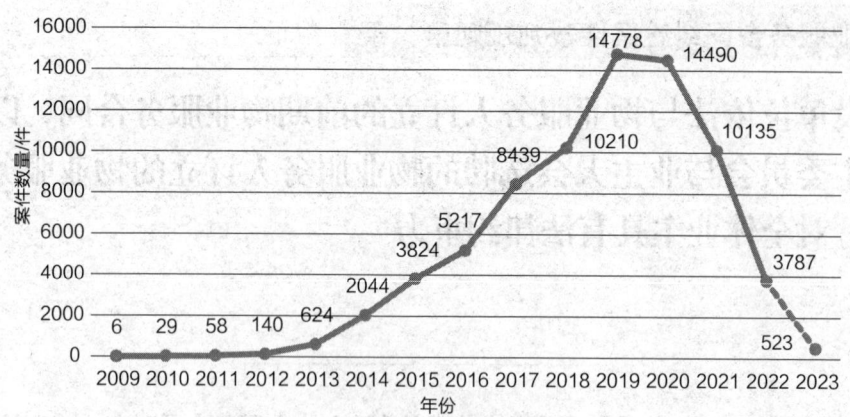

图 1-1　类案时间分布情况

从图 1-2 的统计可以看出此类案件的审理程序分布状况，其中一审案件有 62044 件，二审案件有 11629 件，再审案件有 591 件，其他案件有 34 件，督促案件有 6 件。

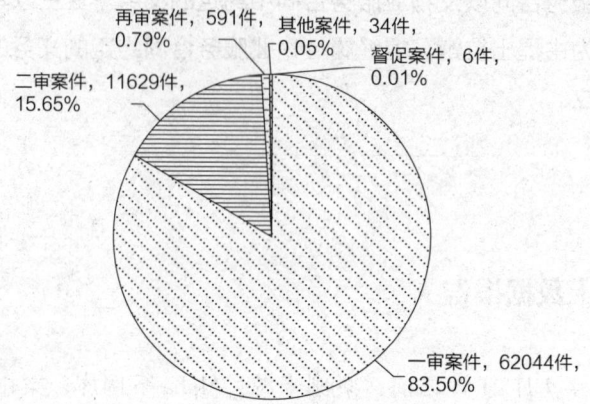

图 1-2　审理程序分布情况

如图 1-3 所示，通过对一审裁判结果的可视化分析可以看到，当前条件下全部/部分支持的有 60315 件，占比为 97.21%；全部驳回的有 1077 件，占比为 1.74%；其他的有 459 件，占比为 0.74%。

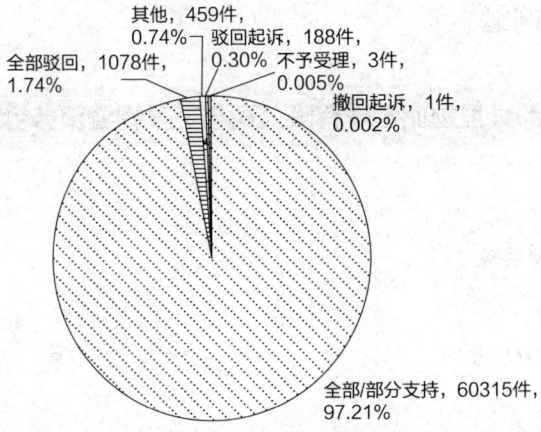

图 1-3 一审裁判结果分析

如图 1-4 所示，通过对二审裁判结果的可视化分析可以看到，当前条件下维持原判的有 9593 件，占比为 82.49%；改判的有 1989 件，占比为 17.10%；其他的有 32 件，占比为 0.28%。

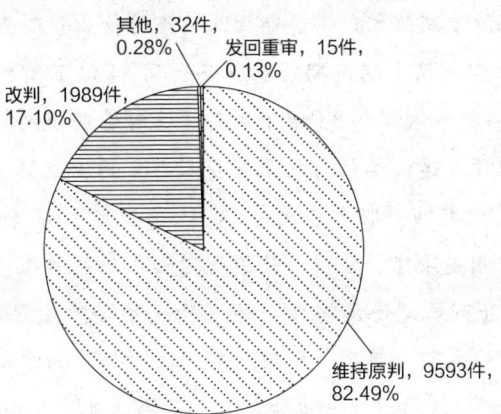

图 1-4 二审裁判结果分析

二、可供参考的例案

例案一　成都某恒物业管理有限公司与王某物业服务合同纠纷案

【法院】

四川省高级人民法院

【案号】

（2019）川民再169号

【当事人】

再审申请人（一审原告、二审被上诉人）：成都某恒物业管理有限公司

被申请人（一审被告、二审上诉人）：王某

【基本案情】

王某系某恒滨河湾1期业主，成都某恒物业管理有限公司（以下简称某恒物业公司）系开发商某恒置业（成都）有限公司（以下简称某恒置业公司）选聘的为成都市锦江区某恒滨河湾1期业主提供前期物业服务的物业管理公司。2014年5月31日，双方签订《某恒滨河湾1期前期物业服务合同》（以下简称《前期物业服务合同》），《某恒滨河湾临时管理规约》（以下简称《临时管理规约》）规定，《前期物业服务合同》内容作为开发建设单位与物业买受人订立的物业买卖合同内容之一，物业买受人应当履行《前期物业服务合同》。第15条规定："本物业管理区域内的业主、使用人应当遵守相关法律、法规、政策规定和本物业管理区域《房屋使用说明书》的约定，并按照下列规定使用物业：……（十）不得擅自在房屋建筑的外墙上安装遮阳篷、防护栏、晾衣架、花架、鞋架、封闭阳台等。如需安装上述物件、封闭阳台或在阳台开出口的，需在业主大会成立后，经全体业主表决同意方式统一材质、样式、色泽等的有关要求进行。"第16条规定："业主、使用人在使用物业中，禁止下列行为：（一）改变物业原设计用途，损坏或者变动建筑主体、承重、结构、建筑外观（含外墙、外门窗、阳台等部位设施的颜色形状和规格）等行为……（三）禁止擅自改变房屋建筑及其设施设备外貌（含外墙、外门窗、阳台等部位设施的颜色形状和规格）。"第30条规定："本规约由开发建设单位制定，开发建设单位在销售物业时应向物业买受人明示，并予以说明。"第31条规定："本规约对本物业管理区域内的各业主和使用人均具有约束力。"2014年5月31日，王某签署《承诺书》，承诺已详细阅读并理解某恒置业有限公司制定的《临时管理规约》，同意遵守该规约内的

一切条款，如有违约，愿承担相应违约责任。王某接收房屋后，将其阳台上的原玻璃隔栏拆除，重新安装了落地玻璃窗。

【案件争点】

某恒物业公司与开发商签订的《前期物业服务合同》和《临时管理规约》对王某是否具有约束力。

【裁判摘要】

首先，2009年《物业纠纷司法解释》第1条规定，建设单位依法与物业服务企业签订的前期物业服务合同，以及业主委员会与业主大会依法选聘的物业服务企业签订的物业服务合同，对业主具有约束力。某恒置业公司与某恒物业公司签订的《前期物业服务合同》《临时管理规约》，对王某具有拘束力。

其次，案涉《前期物业服务合同》及《临时管理规约》对王某装修阳台进行了限制，具体为不得擅自封闭阳台。王某签订案涉合同时，对阳台的构造、功能以及建设规划均知情，限制业主封闭阳台是要求业主在法律范围内合法行使权利，并未影响业主按建筑设计要求对阳台的正常使用，内容不违反法律、行政法规的强制性规定，并非对业主物权的限制，且有利于维护小区环境美观以及小区全体业主的整体利益，该约定既未免除某恒物业公司责任又未排除王某主要权利。王某认为该约定为无效条款的主张显然没有事实及法律依据。

最后，王某不仅签订了《前期物业服务合同》及《临时管理规约》，还签署《承诺书》承诺遵守《临时管理规约》。王某出具《承诺书》的行为系其真实意思表示，也证明某恒物业公司对限制封闭阳台的条款履行了提示和说明义务，王某对禁止擅自封闭阳台的约定知情并且承诺愿意遵守。当事人行使权利、履行义务应当遵循诚信原则。王某应当遵守其不擅自封闭阳台的承诺。

例案二　泉州市某茂物业管理有限公司与周某、何某物业服务合同纠纷案

【法院】

福建省高级人民法院

【案号】

（2019）闽民再95号

【当事人】

再审申请人（一审被告、二审上诉人）：周某

再审申请人（一审被告、二审上诉人）：何某

被申请人（一审原告、二审被上诉人）：泉州市某茂物业管理有限公司

【基本案情】

泉州市某茂物业管理有限公司（以下简称某茂物业公司）系于2010年9月30日经工商注册登记以物业管理、家政服务、停车场管理等为经营范围的有限责任公司，于2016年4月19日取得物业服务企业三级资质等级证书。某建筑业投资公司（以下简称某公司）系惠安建筑业发展中心的建设单位，惠安建筑业发展中心建设规模为：办公楼占地面积3150平方米，建筑面积48113平方米，21层；住宅楼占地面积××平方米，建筑面积23457平方米，18层；地下建筑面积××平方米。某茂物业公司于2011年1月6日与某公司签订建筑业发展中心《前期物业管理服务合同》，约定由某茂物业公司为位于福建省惠安县的"建筑业发展中心"提供物业服务，双方对相关事宜进行约定，其中第7条第3款约定："……物业服务费用按季交纳，业主或物业使用人应在每季15日前履行交纳义务。"合同期限自2013年9月1日起至业委会成立之日止。服务合同收费标准于2013年8月9日取得福建省惠安县物价局备案，其中物业综合服务费写字楼／店面收费标准为：2.4元／平方米／月。周某、何某于2013年3月1日与某公司签订了《商品房买卖合同》，购买位于福建省惠安县"建筑业发展中心"的店面，建筑面积708.83平方米。《商品房买卖合同》第11条约定："出卖人不出示证明文件或出示证明文件不齐全，或要求收取本合同约定范围以外的费用，买受人有权拒绝交接，由此产生的延期交房责任由出卖人承担。由于买受人原因，未能按期交付的，双方同意按以下方式处理：买受人在出卖人入伙通知之日起7日内到指定地点办理该房屋交接，逾期超过30日未办理，视同已入伙。"第18条约定："本商品房项目由出卖人依法以招标方式选聘某茂物业公司提供前期物业服务，服务内容及质量标准等见合同附件四。"第19条约定："买受人已详细阅读并理解本合同附件四有关前期物业服务合同和附件五临时管理规约的全部内容，买受人同意由出卖人依法选聘的物业服务企业按期提供前期物业服务，同意按本合同附件四前期物业服务合同约定的价格和方式交纳物业服务费用，并同意遵守临时管理规约。"周某、何某在《商品房买卖合同》附件四《前期物业服务协议》上签名，其中第3条第2款、第3款约定："物业管理服务费从房屋交付使用（即通知入住）之日起计收。物业交付使用后，开发商未售出的空置物业的管理服务费，由开发商交纳。

物业管理服务费,业主或物业使用人应于每月日前向某茂物业公司交纳,逾期交纳物业管理服务费的,每逾期一日,应交纳欠费总额的每日千分之五作为滞纳金。"第7条第4款约定:"周某、何某违反协议,不按协议约定的收费标准和时间交纳有关费用的,某茂物业公司有权要求周某、何某补交并从逾期之日起按每日千分之五交纳违约金,未缴三个月以上的某茂物业公司可采取停止服务或其他等有效措施进行催交。"周某、何某确认于2013年10月7日收到某公司入户通知书,通知周某、何某自2013年10月9日至2013年10月19日期间办理房屋验收交接手续。福建省惠安县人民法院于2014年8月1日立案受理周某、何某与某公司商品房预售合同纠纷一案,并于2014年10月24日作出(2014)惠民初字第4160号民事判决书。周某、何某不服提起上诉,福建省泉州市中级人民法院于2015年2月25日作出(2014)泉民终字第4362号民事判决书,该民事判决书认定:"2013年5月20日,诉争楼盘按照设计要求经竣工验收合格。2013年9月23日,涉诉楼盘经消防验收合格。"双方共同确认周某、何某于2017年7月20日实际接收该房产。《前期物业管理服务合同》约定物业服务费用按季交纳,业主或物业使用人应在每季15日前履行交纳义务。周某、何某至今未交纳物业服务费。某茂物业公司委托律师于2017年6月28日向周某、何某发出催收物业服务费的律师函。诉讼中,周某、何某申请追加某公司为本案被告参加诉讼,某茂物业公司不同意追加,福建省惠安县人民法院经审查后依法驳回周某、何某的申请。

【案件争点】

《前期物业管理服务合同》对周某、何某是否具有约束力。

【裁判摘要】

根据涉案《商品房买卖合同》第18条、第19条的约定,结合周某、何某在上述《商品房买卖合同》及合同附件四《前期物业服务协议》上签名确认的事实,可认定某公司与某茂物业公司签订的《前期物业管理服务合同》对周某、何某具有约束力,周某、何某应当依约向某茂物业公司交纳物业服务费。某茂物业公司具有从事物业管理活动的资质且在履行物业服务合同期间已取得三级资质,周某、何某并无证据证明某茂物业公司提供的物业服务不合格,故其主张无须支付物业服务费的理由不能成立。另,《物业管理条例》第24条有关招投标程序的规定不属于强制性规定,违反该规定不构成应当认定合同无效的情形。故周某、何某关于《前期物业管理服务合同》无效的主张不能成立。

例案三 肖某与重庆某宇名居物业管理有限公司物业服务合同纠纷案

【法院】

重庆市高级人民法院

【案号】

（2018）渝民再245号

【当事人】

再审申请人（一审被告、二审上诉人）：肖某

被申请人（一审原告、二审被上诉人）：重庆某宇名居物业管理有限公司

【基本案情】

重庆某宇名居物业管理有限公司（以下简称某宇物业公司）系具有三级资质的物业管理公司，肖某系重庆市南岸区某房屋的业主，该房屋建筑面积106.57平方米。

2010年4月1日，肖某所在小区的业主委员会与某宇物业公司签订的物业服务合同约定：某宇物业公司为肖某所在小区进行物业服务，住宅物业服务费由乙方按1999年物价局批准的原方案收取（按建筑面积计算）；从2007年4月1日起每平方米上调物管费0.2元（按房管证上建筑面积计算，121平方米以上的按121平方米计算）；住宅每户每月支付公共照明费2元、公摊水费3元；电梯运行费按每户每月30元（3层）+0.9元×（N-3）计算收取（A栋从6楼开始收费，B栋1单元、2单元从4楼开始收费，B栋3单元以及C栋、D栋从3楼开始收费）。① 物业服务费用按季交纳，业主或物业使用人应在每季前15日内履行交费义务。委托服务期限为5年，自2010年4月1日至2015年3月31日止。

2015年6月26日，某宇物业公司与业主委员会续签物业服务合同，合同期限自2015年4月1日至2020年3月31日，A栋1单元、2单元、3单元、4单元6楼以上含（6楼），B栋1单元、2单元4楼以上（含4楼），B栋3单元以及C栋1单元、2单元，D栋等3楼以上（含3楼）每平方米1.1元，不足1.1元按1.1元收取（含电梯费）；原缴费每平方米1.1元以上的住户保持现在缴费标准不变，不在本次调整范围内；每户每月支付公共用水用电5元；业主应于每季度第1月15号前交纳物业服务费。该合同于2015年7月20日在重庆市南岸区房屋管理局备案。

---

① N为楼层数，30元为一户一月基数（业主逾期不交纳电梯运行费的，按日累计加收应交纳费用的千分之三的滞纳金）。

另查明：2007年5月1日前，案涉小区的住宅收费标准为：建筑面积50平方米以下的每户每月22元；建筑面积51~70平方米的每户每月28元；建筑面积71~85平方米的每户每月35元；建筑面积86~100平方米的每户每月40元；建筑面积101~120平方米的每户每月47元；建筑面积121平方米以上的每户每月57元。合同签订后，某宇物业公司为小区提供物业服务至今，肖某欠交2011年4月至2016年3月的物业服务费（含电梯费），其中2011年4月至2015年6月30日，肖某每月应缴费用［47元+0.2元×106.57平方米+30元+0.9元×（11-3）］≈105.51元，51个月共计欠费5381.01元；2015年7月至2016年3月肖某欠物业服务费（含电梯费）106.57平方米×1.1元／平方米／月×9个月≈1055元，共计欠缴物业服务费（含电梯费）6436.01元、公摊费300元（5元／月×60个月），某宇物业公司为肖某代缴2011年4月至2015年12月的水费2511.6元，共计9247.1元。庭审中，某宇物业公司举示了2015年8月26日、2016年2月25日的催款函及退回的中通快递单拟证明其在上述时间点就肖某所欠费用进行了书面催收。肖某表示没有见过催款函，对催收证据不予认可。

【案件争点】

某宇物业公司与业主委员会签订的物业服务合同对肖某是否有效。

【裁判摘要】

某宇物业公司与业主委员会先后于2010年4月1日、2015年6月26日签订的物业服务合同是双方当事人的真实意思表示，且未违反法律、法规的禁止性规定，对包括肖某在内的全体业主和物业公司均具有约束力，物业公司已按合同约定履行了提供物业服务的相关义务，肖某亦应按约履行交纳物业服务费的义务。对此，肖某虽然提出物业服务费标准等内容虚假的主张，但未提交相应证据予以证明，其提交的合同复印件与物业公司提交的物业服务合同内容相左，但不能提供原件以证明该复印件所记载内容的真实性，故对肖某的该主张不予认定。肖某虽然以该小区业委会系非法成立而主张案涉物业服务合同无效，但未能提供相应证据予以证明，对肖某的该主张亦不予认定。

例案四　方某与大连某阳物业管理有限公司物业服务合同纠纷案

【法院】

辽宁省大连市中级人民法院

【案号】

（2020）辽02民终1153号

【当事人】

上诉人（原审被告）：方某

被上诉人（原审原告）：大连某阳物业管理有限公司

【基本案情】

2017年6月1日，案涉小区业主委员会与大连某阳物业管理有限公司（以下简称某阳物业公司）签订《物业管理服务委托合同》，合同约定：业主委员会委托某阳物业公司实行物业管理；委托物业管理期限自2017年6月1日起至2022年5月31日止；委托管理事项为房屋建筑共用部位的维修、养护和管理，共用设施、设备的维修、养护、运行和管理，非政府公用设施和附属建筑物的维修养护和管理，附属配套建筑和设施的维修、养护和管理，公共环境卫生的清洁及垃圾的收集、清运，维持公共秩序，组织开展社区文化娱乐活动，负责向业主和物业使用人收取物业管理费等；住宅房屋物业管理服务费由乙方按建筑面积每月每平方米1元标准收取，收取时间为每季度初收缴一次；逾期未交的，从逾期之日起按欠缴金额的百分之0.3按日交滞纳金；合同还对双方的其他权利义务进行了约定。

案涉房屋位于大连市沙河口区，建筑面积167.76平方米，方某系该房屋业主。方某未交纳该房屋2017年6月1日至2019年3月31日期间的物业费3690.72元（167.76平方米×1元/平方米/月×22个月）。

另查，2019年6月5日，社区居委会向一审法院开具《关于明珠花园小区的情况说明》一份，内容为"小区约2013年开始自治管理，成立小区业主委员会，于2015年9月小区业主委员会在社区监督下换届，继续业主委员会自治管理，2018年3月26日业主委员会宣布集体辞职"。

庭审中，方某提交发票、记账凭证、银行交易流水明细清单、照片4张，拟证明某阳物业公司占用业主公共用地，并与业主委员会串通挪用小区业主资金，某阳物业公司对上述证据均不予认可。

【案件争点】

业委会与某阳物业公司签订的《物业管理服务委托合同》对方某是否具有约束力。

【裁判摘要】

案涉住宅小区成立业委会后，在社区的监督下于2015年9月换届并继续自治管理。2017年6月1日，该业委会选聘了某阳物业公司并与之签订《物业管理服务委托合同》，该协议内容不违反法律法规的强制性规定，合法有效，受法律保护。依据法律的规定，该合同对业主方某具有约束力。现方某欠付2017年6月1日至2019年3月31日期间的物业费3690.72元是不争的事实，对于某阳物业公司的诉讼请求应当予以支持。至于该业委会的成立是否依法、合规，不属于本案审理范围，不予审查该节事实，方某关于该业委会违法成立以及无权签订合同的主张不予采纳。同时，由于该业委会已经集体辞职，且原主任或者委员均并非《民事诉讼法》规定的必要共同诉讼人，对方某提出一审未追加前述主体、遗漏当事人的意见不予采纳。

三、裁判规则提要

物业服务合同是物业服务人在物业服务区域内，为业主提供建筑物及其附属设施的维修养护、环境卫生和相关秩序的管理维护等物业服务，业主支付物业费的合同。《民法典》第939条规定，建设单位依法与物业服务人订立的前期物业服务合同，以及业主委员会与业主大会依法选聘的物业服务人订立的物业服务合同，对业主具有法律约束力。业主以其并非合同当事人为由提出抗辩，拒绝履行合同义务的，人民法院不予支持。

（一）关于"物业"

"物业"一词并非我国原有，系由香港传入内地。"所谓物业，是单元性地产，一住宅单位是一物业，一工厂楼宇是一物业，一农庄也是一物业。故一物业可大可小，大物业可分割为小物业。"① 自改革开放以后，"物业"的概念从香港经由广东传入内地，逐渐为我国大众所普遍熟知、接受并使用。但在法律法规层面，直到1994年的《深圳经济特区住宅区物业管理条例》（已失效）才对"物业"的概念作了规定，是指住宅区内各类房屋及相配套的公用设施、设备及公共场地。该条例所规定的"物业"限于住宅物业。至1998年，《广东省物业管理条例》对物业有了一个较为完整的概念表述，是指已建成并交付使用的住宅、工业厂房、商业用房等建筑物及其附属的设施、设备和相关场地。其后，我国各界对物业的概念的理解基本都沿袭了这一规定的内容。但在《物业管理条例》和《物权法》（已失效），乃至《民法

---

① 李宗锷：《香港房地产法》，商务印书馆香港分馆1988年版，第9页。

典》中，均未对"物业"的概念进行界定。

根据使用功能的不同，物业可以分为居住物业、商业物业、工业物业、政府类物业和其他用途物业。居住物业是指具备居住功能、供人们生活居住的建筑，包括住宅小区、单体住宅楼等，也包括与之相配套的共用设施、设备和公共场地。商业物业有时也称投资性物业，是指那些通过经营可以获取持续增长回报或者可以持续升值的物业，这类物业又可大致分为商服物业和办公物业。工业物业是指为人类的生产生活提供使用空间的房屋，包括轻重工业厂房和高新技术产业用房以及相关的研究与发展用房及仓库等。政府类物业，是指后勤管理费用全部来源于国家与地方财政收入的政府机关、公办学校、公立医院等机关事业类单位的物业。其他用途物业，也称特殊物业，包括赛马场、高尔夫球场、飞机场、码头等物业。

（二）关于物业管理

《物业管理条例》第 2 条规定，本条例所称物业管理，是指业主通过选聘物业服务企业，由业主和物业服务企业按照物业服务合同约定，对房屋及配套的设施设备和相关场地进行维修、养护、管理，维护物业管理区域内的环境卫生和相关秩序的活动。该条例对物业管理下的定义，"是从发挥行政监管作用的角度，以政府对物业管理需要规范的重点来进行界定和确定调整范围的，从立法技术角度来讲，这是可行的。但就其定义本身而言，未免过于狭窄，不能概括所有的物业管理，容易造成某些物业管理适用法律上的空白或冲突"。①《民法典》物权编中虽然没有直接对"物业管理"进行定义，但对物业管理的主体和范围均作了规定，该法第 284 条第 1 款规定："业主可以自行管理建筑物及其附属设施，也可以委托物业服务企业或者其他管理人管理。"第 285 条规定："物业服务企业或者其他管理人根据业主的委托，依照本法第三编有关物业服务合同的规定管理建筑区划内的建筑物及其附属设施，接受业主的监督，并及时答复业主对物业服务情况提出的询问。物业服务企业或者其他管理人应当执行政府依法实施的应急处置措施和其他管理措施，积极配合开展相关工作。"相对于《物业管理条例》中对物业管理的定义，《民法典》物权编的规定显然更加全面、更加科学。

物业管理基本内容按服务的性质和提供的方式可分为：常规性的公共服务、针

---

① 杨立新主编：《最高人民法院审理物业服务纠纷案件司法解释理解与运用》，法律出版社 2009 年版，第 18 页。

对性的专项服务和委托性的特约服务三大类。一是常规性的公共服务，主要包括：（1）房屋建筑主体的管理及住宅装修的日常监督；（2）房屋设备、设施的管理；（3）环境卫生的管理；（4）绿化管理；（5）配合公安和消防部门做好住宅区内公共秩序维护和安全防范工作；（6）车辆道路管理；（7）公众代办性质的服务。二是针对性的专项服务包括：（1）日常生活类；（2）商业服务类；（3）文化、教育、卫生、体育类；（4）金融服务类；（5）经纪代理中介服务；（6）社会福利类。三是委托性的特约服务。①

（三）关于物业服务人

物业服务人包括物业服务企业和其他管理人。物业服务企业是指依法设立、具有独立法人资格，从事物业管理服务活动的企业。

1. 物业服务企业资质

根据《物业服务企业资质管理办法》的规定，物业服务企业资质等级分为一级、二级、三级，一级资质物业服务企业可以承接各种物业管理项目，二级资质物业服务企业可以承接 30 万平方米以下的住宅项目和 8 万平方米以下的非住宅项目的物业管理业务，三级资质物业服务企业可以承接 20 万平方米以下住宅项目和 5 万平方米以下的非住宅项目的物业管理业务。但该办法于 2018 年 3 月 8 日被《住房和城乡建设部关于废止〈物业服务企业资质管理办法〉的决定》予以废止，物业服务企业承接物业管理业务时，不再受到企业资质的限制。

2. 物业服务企业资质取消历程

2015 年，《物业服务企业资质管理办法》进行了修订，取消了物业服务企业的注册资本限制。在 2004 年发布并施行的《物业服务企业资质管理办法》中，对于各资质的物业服务企业均有注册资本的要求，一级资质注册资本人民币 500 万元以上，二级资质注册资本人民币 300 万元以上，三级资质注册资本人民币 50 万元以上。2015 年修订后，物业服务企业在申请核定资质等级时，不再要求注册资本的数额。同时，物业管理师等职业资格被取消，人社部和住建部取消物业管理师资格考试，各地先后停止物业管理人员岗位证书（职业资格）考试和颁证。

2016 年，国务院对《物业管理条例》进行了修订，删除了原第 33 条"从事物业管理的人员应当按照国家有关规定，取得职业资格证书"以及第 61 条"违反本条

---

① 参见《物业管理条例（实用版）》，中国法制出版社 2016 年版，第 2～3 页。

例的规定，物业服务企业聘用未取得物业管理资格证书的人员从事物业管理活动的，由县级以上地方人民政府房地产行政主管部门责令停止违法行为，处5万元以上20万元以下的罚款；给业主造成损失的，依法承担赔偿责任"的规定，取消了物业服务企业聘用物业管理人员从业资格的限制。

2017年1月，国务院发布《关于第三批取消中央指定地方实施行政许可事项的决定》，取消了物业服务企业二级及以下资质认定，全国各地停止审批物业服务企业二级及以下资质审批。2019年9月6日的国务院常务会议进一步取消了物业服务企业一级资质核定。同年12月，住建部办公厅发布《关于做好取消物业服务企业资质核定相关工作的通知》，要求"各地不再受理物业服务企业资质核定申请和资质变更、更换、补证申请，不得以任何方式要求将原核定的物业服务企业资质作为承接物业管理业务的条件"。

2018年，在取消物业服务企业资质认定的基础上，住建部废止了《物业服务企业资质管理办法》，从而取消了物业服务企业的资质管理，使物业企业的资质彻底成为历史，物业服务企业可以承接任何规模的物业管理业务。与此同时，国务院修订了《物业管理条例》，删除了如第32条第2款"国家对从事物业管理活动的企业实行资质管理制度"等所有与"资质"有关的规定。

（四）建设单位签订的前期物业服务合同对业主具有约束力

前期物业服务合同是指物业建设单位与物业服务企业就前期物业管理阶段双方的权利义务所达成的协议。前期物业管理，是指在业主、业主大会选聘物业管理企业之前，由建设单位选聘物业管理企业实施的物业管理。① 根据《物业管理条例》第21条的规定，在业主、业主大会选聘物业服务企业之前，建设单位选聘物业服务企业的，应当签订书面的前期物业服务合同。

通常情况下，物业服务企业的选聘由业主共同决定，物业服务合同也由业主委员会代表业主与业主大会选聘的物业服务企业之间签订。但物业的建成到业主大会的成立，往往有很长一段时间，在这段时间内，建成的物业也需要物业服务公司提供管理服务，在业主大会尚未成立的情况下，只能由物业建设单位选聘物业服务企业，并签订前期物业服务合同。在物业尚未出售过户之前，物业建设单位即是物业的业主，由其选聘物业服务企业并签订前期物业服务合同，具有一定的法律依据。

---

① 参见建设部2003年6月26日公布的《前期物业管理招标投标管理暂行办法》第2条。

1. 提倡通过招投标方式选聘前期物业服务企业

因前期物业服务合同系由建设单位和物业服务企业签订的，为保障业主的合法权利，相关法规要求物业建设单位应当通过招投标的方式选聘物业服务企业。《物业管理条例》第24条规定，国家提倡建设单位按照房地产开发与物业管理相分离的原则，通过招投标的方式选聘物业服务企业。住宅物业的建设单位，应当通过招投标的方式选聘物业服务企业；投标人少于3个或者住宅规模较小的，经物业所在地的区、县人民政府房地产行政主管部门批准，可以采用协议方式选聘物业服务企业。原建设部（现住房和城乡建设部）于2003年发布《前期物业管理招标投标管理暂行办法》，用于规范前期物业管理招标投标活动，保护招标投标当事人的合法权益，促进物业管理市场的公平竞争。前期物业管理的招标人是物业建设单位，应当在以下时限内完成物业管理招标投标工作：（1）新建现售商品房项目应当在现售前30日完成；（2）预售商品房项目应当在取得《商品房预售许可证》之前完成；（3）非出售的新建物业项目应当在交付使用前90日完成。同时，依法必须进行招标的物业管理项目所有投标被否决的，招标人应当重新招标。招标人应当向中标人发出中标通知书，同时将中标结果告知所有未中标的投标人。招标人和中标人应当自中标通知书发出之日起30日内，按照招标文件和中标人的投标文件订立书面合同，招标人和中标人不得再行订立背离合同实质性内容的其他协议。如招标人无正当理由不与中标人签订合同，给中标人造成损失的，招标人应当给予赔偿。

2. 前期物业服务合同的期限

《物业管理条例》第26条规定，前期物业服务合同可以约定期限。但是，期限未满、业主委员会与物业服务企业签订的物业服务合同生效的，前期物业服务合同终止。由此可见，前期物业服务合同可以约定期限，但同时其也是一种附终止条件的合同，即合同约定期限未届满时，终止条件成就的，合同自动终止。前期物业服务合同所附的终止条件即业主委员会与物业服务企业签订的物业服务合同生效。前期物业服务合同系因业主大会尚未成立，而借由建设单位之手选聘物业服务企业进行物业管理签订的合同，本身即具备过渡性，当业主大会成立，并选聘了新的物业服务企业并签订正式的物业服务合同时，前期物业管理当然就没有了存在的必要，而前期物业服务合同终止的时间则以业主委员会与物业服务企业签订的物业服务合同生效时间为准。

3. 物业买卖合同应当包含前期物业服务合同内容

前期物业服务合同系由建设单位与物业服务企业签订的，购买物业的业主并非前期物业服务合同的当事人，因而业主与前期物业服务企业之间并不存在合同关系，前期物业服务合同并不能对业主产生拘束力。但在业主大会成立并选聘物业服务企业之前，前期物业服务企业仍然要向所有业主提供物业管理服务，实践中会发生有业主以其并非前期物业服务合同当事人为由拒绝支付物业费的情况。因而，为解决前期物业服务合同约定的权利义务不能约束业主而带来的困扰，《物业管理条例》第25条规定，建设单位与物业买受人签订的买卖合同应当包含前期物业服务合同约定的内容。据此，业主可以根据买卖合同中关于前期物业服务合同约定的内容，享受前期物业服务企业提供的物业管理服务，同时也根据约定履行交纳物业费等相关合同义务。故《民法典》第939条规定，建设单位依法与物业服务人订立的前期物业服务合同，对业主具有法律约束力。

（五）业主委员会签订的物业服务合同对业主具有约束力

根据《民法典》第278条①的规定，选聘和解聘物业服务企业或者其他管理人由业主共同决定，即由业主大会决定。而根据《物业管理条例》第15条的规定，业主委员会的职责包括代表业主与业主大会选聘的物业服务企业签订物业服务合同。因而，物业服务企业系由业主大会选聘，但物业服务合同系由业主委员会与物业服务企业签订。

1. 业主大会和业主委员会

《民法典》第277条规定："业主可以设立业主大会，选举业主委员会。"《物业管理条例》第8条规定："物业管理区域内全体业主组成业主大会。业主大会应当代表和维护物业管理区域内全体业主在物业管理活动中的合法权益。"业主大会是业主的自治组织，是基于业主的建筑物区分所有权的行使产生的，由全体业主组成，是建筑区划内建筑物及其附属设施的管理机构。因此，只要是建筑区划内的业主，就有权参加业主大会，行使专有部分以外共有部分的共有权以及共同管理，并对小区

---

① 参见《民法典》第278条："下列事项由业主共同决定：（一）制定和修改业主大会议事规则；（二）制定和修改管理规约；（三）选举业主委员会或者更换业主委员会成员；（四）选聘和解聘物业服务企业或者其他管理人；（五）使用建筑物及其附属设施的维修资金；（六）筹集建筑物及其附属设施的维修资金；（七）改建、重建建筑物及其附属设施；（八）改变共有部分的用途或者利用共有部分从事经营活动；（九）有关共有和共同管理权利的其他重大事项。业主共同决定事项，应当由专有部分面积占比三分之二以上的业主且人数占比三分之二以上的业主参与表决。决定前款第六项至第八项规定的事项，应当经参与表决专有部分面积四分之三以上的业主且参与表决人数四分之三以上的业主同意。决定前款其他事项，应当经参与表决专有部分面积过半数的业主且参与表决人数过半数的业主同意。"

内的业主行使专有部分的所有权作出限制性规定,以维护建筑区划内全体业主的合法权益。如果建筑区划内业主人数众多的,可以设立本建筑物或者建筑区划内所有建筑物的业主委员会。业主委员会是本建筑物或者建筑区划内所有建筑物的业主大会的执行机构,按照业主大会的决定履行管理的职责。①《物业管理条例》第10条规定,同一个物业管理区域内的业主,应当在物业所在地的区、县人民政府房地产行政主管部门或者街道办事处、乡镇人民政府的指导下成立业主大会,并选举产生业主委员会。但是,只有一个业主的,或者业主人数较少且经全体业主一致同意,决定不成立业主大会的,由业主共同履行业主大会、业主委员会的职责。

2. 物业服务合同对业主具有法律约束力

业主委员会根据业主大会的决定,与业主大会选聘的物业服务企业签订的物业服务合同,不仅对作为合同当事人的业主委员会和物业服务企业具有法律约束力,还对业主也同样具有约束力。《民法典》第280条第1款规定:"业主大会或者业主委员会的决定,对业主具有法律约束力。"业主大会和业主委员会是业主自治的权力机关和执行机关,业主大会依法选聘物业服务企业,业主委员会根据业主大会的决定与选聘的物业服务企业签订物业服务合同,是业主自治权行使的结果,全体业主都应遵守。

物业服务合同对业主产生法律约束力的前提,是该合同的产生本身是合法的,包括主体合法和程序合法。对业主具有法律约束力的业主大会或者业主委员会的决定,必须是依法设立的业主大会、业主委员会作出的,必须是业主大会、业主委员会依据法定程序作出的,必须符合法律、法规及规章且不违背社会道德,不损害国家、公共和他人利益的决定,上述三点必须同时具备。否则,业主大会、业主委员会的决定对业主没有约束力。②

(六)业主不得以非合同当事人为由拒绝履行义务

司法实践中,一些业主以并非物业服务合同当事人为由拒绝履行包括交纳物业费等合同义务。但业主大会选聘物业服务企业、业主委员会与物业服务企业签订物业服务合同,均是代表全体业主的意志,是业主自治的体现。《民法典》第280条第1款更是规定:"业主大会或者业主委员会的决定,对业主具有法律约束力。"据此,

---

① 参见杨立新主编:《最高人民法院审理物业服务纠纷案件司法解释理解与运用》,法律出版社2009年版,第175页。

② 胡康生主编:《中华人民共和国物权法释义》,法律出版社2007年版,第181页。

业主委员会与物业服务企业签订的物业服务合同,对业主具有法律约束力确定无疑。此外,业主在享受了物业服务企业根据物业服务合同提供的物业管理服务后,却又拒绝履行物业服务合同项下的业主义务,显然违背了诚信原则。

人民法院在审理此类案件的过程中,首先应当要审查物业服务合同的合法性。如果业主提出的证据足以证明业主大会、业主委员会并非依法设立,或业主大会选聘物业服务企业、业主委员会签订物业服务合同违反了法律规定的程序或其他强制性规定,足以否定合同效力的,人民法院应当认定合同无效,并按照无效合同的处理规则进行处理。否则,只要物业服务合同合法有效,业主以并非合同当事人为由提出抗辩的,人民法院一律不予支持。

四、辅助信息

《民法典》

　　第二百七十七条　业主可以设立业主大会,选举业主委员会。业主大会、业主委员会成立的具体条件和程序,依照法律、法规的规定。

　　地方人民政府有关部门、居民委员会应当对设立业主大会和选举业主委员会给予指导和协助。

　　第二百八十条　业主大会或者业主委员会的决定,对业主具有法律约束力。

　　业主大会或者业主委员会作出的决定侵害业主合法权益的,受侵害的业主可以请求人民法院予以撤销。

　　第二百八十四条　业主可以自行管理建筑物及其附属设施,也可以委托物业服务企业或者其他管理人管理。

　　对建设单位聘请的物业服务企业或者其他管理人,业主有权依法更换。

　　第九百三十九条　建设单位依法与物业服务人订立的前期物业服务合同,以及业主委员会与业主大会依法选聘的物业服务人订立的物业服务合同,对业主具有法律约束力。

《物业管理条例》

　　第二条　本条例所称物业管理,是指业主通过选聘物业服务企业,由业主和物业服务企业按照物业服务合同约定,对房屋及配套的设施设备和相关场地进行维修、养护、管理,维护物业管理区域内的环境卫生和相关秩序的活动。

第八条 物业管理区域内全体业主组成业主大会。

业主大会应当代表和维护物业管理区域内全体业主在物业管理活动中的合法权益。

第十五条 业主委员会执行业主大会的决定事项，履行下列职责：

（一）召集业主大会会议，报告物业管理的实施情况；

（二）代表业主与业主大会选聘的物业服务企业签订物业服务合同；

（三）及时了解业主、物业使用人的意见和建议，监督和协助物业服务企业履行物业服务合同；

（四）监督管理规约的实施；

（五）业主大会赋予的其他职责。

物业服务合同纠纷案件裁判规则第 2 条

物业服务人公开作出的有利于业主的服务承诺，为物业服务合同的组成部分

【规则描述】　本条是关于物业服务人作出的物业服务承诺作为物业服务合同内容的规则。为规范物业服务人的行为，保障业主的权益，对于物业服务人公开作出的有利于业主的服务承诺，应当认定为物业服务合同的组成部分。物业服务人应当按照该承诺切实履行义务，如违反该承诺，应向业主承担违约责任。

一、类案检索大数据报告

时间：2023 年 7 月 21 日之前；案例来源：Alpha 案例库；案由：物业合同纠纷；检索条件：法院认为包含"物业服务企业公开作出的服务承诺及制定的服务细则，应当认定为物业服务合同的组成部分"；案件数量：654 件；数据采集时间：2023 年 7 月 21 日。

本次检索获取了 2023 年 7 月 21 日前共 654 篇裁判文书。从图 2-1 的年份分布可以看到当前条件下此类案件数量的变化趋势。

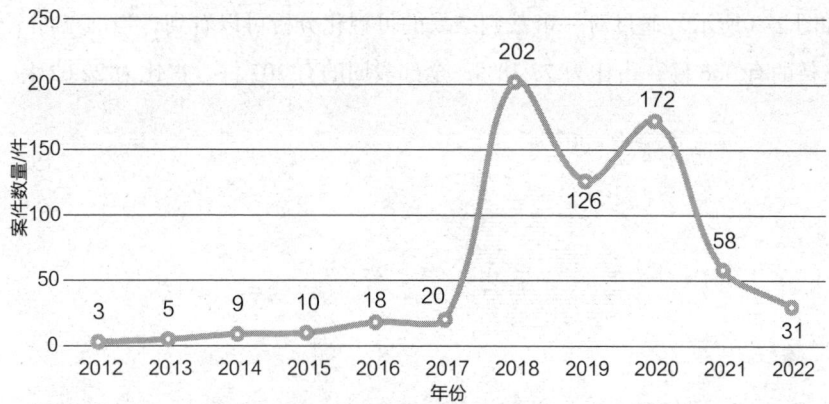

图 2-1　类案时间分布情况

从图 2-2 的程序分类统计可以看到此类案件当前的审理程序分布状况。一审案件有 473 件，二审案件有 176 件，再审案件有 5 件。

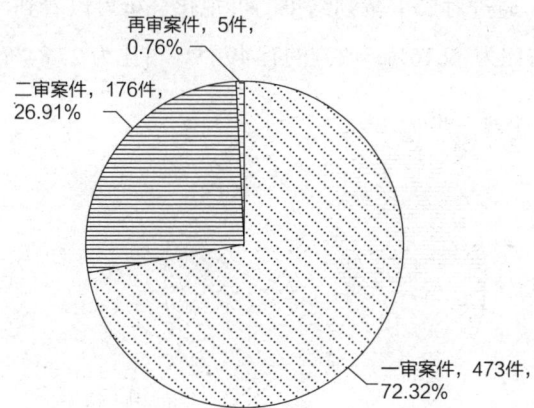

图 2-2　审理程序分布情况

如图 2-3 所示,通过对一审裁判结果的可视化分析可以看到,当前条件下全部/部分支持的有 366 件,占比为 77.38%;全部驳回的有 107 件,占比为 22.62%。

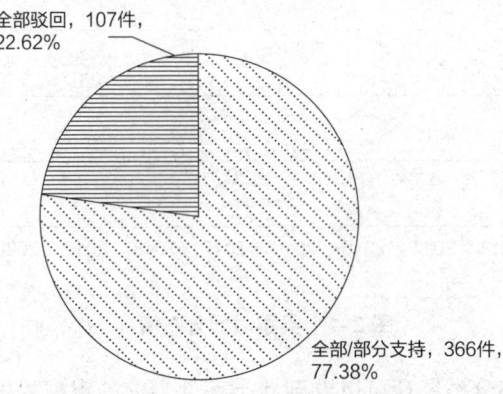

图 2-3　一审裁判结果分析

如图 2-4 所示,通过对二审裁判结果的可视化分析可以看到,当前条件下维持原判的有 127 件,占比为 72.16%;改判的有 49 件,占比为 27.84%。

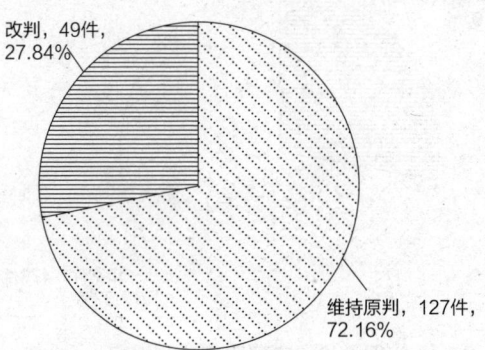

图 2-4　二审裁判结果分析

二、可供参考的例案

例案一：秦某与某达物业服务集团有限公司大连分公司物业服务合同纠纷案

【法院】

辽宁省大连市中级人民法院

【案号】

（2020）辽02民终7868号

【当事人】

上诉人（原审原告）：秦某

被上诉人（原审被告）：某达物业服务集团有限公司大连分公司

【基本案情】

2013年2月5日，秦某与案外人大连软件园某博开发有限公司（以下简称某博开发公司）签订《商品房买卖合同》及《商品房买卖合同补充协议》，《商品房买卖合同》中约定秦某购买某博开发公司开发的位于高新园区的房屋，该房屋为精装修房屋。《住宅质量保证书》作为本合同的附件，出卖人自商品住宅交付使用之日起，按照《住宅质量保证书》承诺的内容承担相应的保修责任，在商品房保修范围和保修期限内发生质量问题，出卖人应当履行保修义务。《商品房买卖合同补充协议》第4条约定，出卖人已选聘大连某达物业管理有限公司（以下简称某达物业公司）提供前期物业管理服务，买受人接受并遵守出卖人依法制定的《临时管理规约》及出卖人与物业管理公司签订的《前期物业服务合同》。

另查，2012年9月，某达物业公司向案涉房屋小区提供物业服务时，向业主提供的《普罗旺斯业主生活服务指南》（以下简称《服务指南》）中列有业主报修服务：报修至服务中心前台—前台下达《报修单》—客户事务助理跟踪维修进度—维修完毕回访业主—满意《报修单》存档，不满意重新维修。2015年10月18日，秦某向物业提交了报修内容，希望物业或地产尽快处理装修问题，并列明了具体的维修项目，物业接待人杨某签收报修材料。

【案件争点】

《服务指南》是否应认定为物业服务合同的组成部分，物业公司是否应提供维修服务，是否应负维修义务。

【裁判摘要】

根据秦某与某博开发公司签订的《商品房买卖合同》约定，案涉精装修房屋的维修义务由出卖人即某博开发公司承担。至于秦某刚主张某达物业公司向其提供的《服务指南》中有业主报修服务一项，且某达物业公司也受理了秦某的报修并进行维修，故某达物业公司应承担案涉房屋精装修的维修义务。根据法律规定，物业服务人公开作出的服务承诺及制定的服务细则，应该认定为物业服务合同的组成部分。据此，上述《服务指南》应视为物业服务合同的组成部分，某达物业公司应该依约履行接待业主报修的义务。根据《服务指南》业主报修服务的内容，某达物业公司并未承诺负责业主家中精装修的维修。综上，现有证据不足以证明某达物业公司对精装修有合同或者法定的维修义务。

例案二　汤某与某恩（厦门）物业服务有限公司财产损害赔偿纠纷案

【法院】

福建省厦门市中级人民法院

【案号】

（2020）闽02民终2901号

【当事人】

上诉人（原审原告）：汤某

被上诉人（原审被告）：某恩（厦门）物业服务有限公司

【基本案情】

汤某系福建省厦门市湖里区和旭里某房屋的所有权人。某恩（厦门）物业服务有限公司（以下简称某恩物业公司）为案涉住宅提供物业管理服务。2018年6月10日晚上，汤某所有的房屋阳台植物花盆因绳子断裂恰好砸到水龙头，致使水龙头开关打开，导致水流蔓延。当晚11点半左右，楼下住户给物业打电话，称阳台漏水。保安随即前往并请求进入室内查看，但住户未同意保安进入。第二天早上6点多，物业再次接到电话，答复称已通知水电工，水电工上班时间会来。7点15分左右，汤某接到隔壁业主电话，得知漏水事宜。

另查明，某恩物业公司与小区业主委员会签订物业服务合同，自2015年1月1日起至2015年12月31日止提供物业服务，服务主要内容包括根据法律、法规和管理规约的授权制定物业服务的有关制度、物业服务工作计划并组织实施；保管相关的工程技术资料、承接查验资料等；负责本物业共用部位的日常维修、养护和管理；负责本物业共用设施设备的日常维修、养护和管理；负责本物业共用部位、公共区域的清洁卫生、生活垃圾清运；负责本物业公共园林、景观、设施的养护和管理；负责维护本物业管理区域内的公共秩序并协助做好安全防范工作；其他特约服务。某恩物业公司对维序员、维序班长、巡逻岗所列岗位职责中包括做好物业管理区域内公共秩序的维护和各种安全防范工作、果断处理本岗位发生的各种事件，发现可疑人员须有礼有节地进行盘查，阻止无关闲杂人员进入辖区，如遇火警及其他突发事件，应迅速反应，采取有效措施保护现场等岗位工作职责；维序班长负有及时、有效处理各种突发事件和顾客投诉等岗位工作职责；巡逻岗负有妥善处理紧急突发事件，正确保护业主和自身权益不受侵犯等岗位工作职责。某恩物业公司在其办公场所明确张贴了维序员、维序班长、巡逻岗的《岗位工作职责》。

【案件争点】

《岗位工作职责》是否属于某恩物业公司的物业服务承诺，物业公司是否应赔偿业主损失。

【裁判摘要】

物业服务人公开作出的服务承诺及制定的服务细则，应当认定为物业服务合同的组成部分。本案中，某恩物业公司作为小区管理方，在其办公场所分别张贴了维序员、维序班长、巡逻岗的《岗位工作职责》，业主均可查看，系其公开作出的有利于业主的服务承诺，应视为物业服务合同的组成部分。某恩物业公司不仅应当按照物业服务合同的约定和物业的使用性质，妥善维修、养护、清洁、绿化和经营管理物业服务区域内的业主共有部分等，还应按《岗位工作职责》的工作要求，妥善处理紧急突发事件，正确保护业主的权益。因此，处置小区业主报称房产出现漏水情况，应属于物业服务范围。

例案三 程某与某城物业服务集团有限公司北京分公司物业服务合同纠纷案

【法院】

北京市第三中级人民法院

【案号】

（2016）京03民终4786号

【当事人】

上诉人（原审原告）：程某

被上诉人（原审被告）：某城物业服务集团有限公司北京分公司

【基本案情】

程某系北京市通州区某小区的业主，其车辆停放在该小区地下停车位。某城物业服务集团有限公司北京分公司（以下简称某城物业公司）系小区的物业服务企业。车位管理费为每月50元。2015年5月16日，程某停放在车位上的车辆被人为损毁。车辆被毁后，程某报警处理，但案件至今未侦破。2015年8月20日，程某的受损车辆被送往北京东方华中汽车销售服务有限公司进行修理，2015年8月27日，该车辆修理完毕，共花费修理费18394元。2015年10月15日，程某向某城物业公司交纳527车位2015年全年的车位管理费600元。一审庭审中，某城物业公司提供2011年12月24日与程某签订的《前期物业服务协议》一份，以证明依据该协议第24条的规定某城物业公司不承担对车辆的保管义务。程某否认签署过该份协议。

程某、某城物业公司均认可房屋业主和地下停车位的产权人为程某，除物业费外，某城物业公司另收取车位管理费每月50元。2015年5月16日，程某停放的车辆被人为损坏，该车位处于监控盲区。程某表示，其未向保险公司申请理赔。某城物业公司向程某发放了《业主手册》。该手册在服务指南一项中列举了某城物业公司关于交通秩序维护服务、公共秩序维护服务的内容。其中，交通秩序维护服务包括：（1）指挥车辆遵章行驶，有序停放，保持道路畅通，维护交通安全；（2）外来车辆进出管理、泊位管理；（3）秩序维护队员全天候巡视。公共秩序维护服务包括：（1）园区设有监控中心，24小时值班，具备监控、周界报警等技防设施；（2）主出入口24小时值班，对来访人员及车辆进行登记管理。

【案件争点】

《业主手册》是否为物业服务合同的组成部分，物业公司是否应向业主赔偿损失。

【裁判摘要】

物业服务企业公开作出的服务承诺及制定的服务细则，应当认定为物业服务合同的组成部分。本案中，《业主手册》是某城物业公司向全体业主发放的有关物业服务内容和要求的记载，其中包含公共秩序维护、车位管理等内容，故该两方面内容均可作为认定某城物业公司所负义务的依据。根据《业主手册》及某城物业公司的相应陈述，某城物业公司所负义务应包括以下内容：停车场卫生状况的清洁；秩序引导，交通安全维护；外来车辆进出管理、泊位管理；在停车场配备秩序维护队员，进行全天候巡视；园区设置监控中心，具备监控、周界报警等技防设施；主出入口24小时值班，对来访人员及车辆进行登记管理等。尽管某城物业公司主张根据《前期物业服务协议》，其仅承担秩序引导、泊位管理的义务，但鉴于车位管理费是某城物业公司在物业费之外另行收取的，因此，《前期物业服务协议》不能作为某城物业公司排除自身义务的依据。

本案中，涉案车位处于监控盲区，某城物业公司在长期的物业服务过程中一直未对监控盲区问题以及对可能因此出现的安全隐患施以必要的注意并加以解决，同时，某城物业公司提交的证据亦不能证明其在发生事故的一定时间段内的人员巡逻情况，故某城物业公司确存在未履行合同义务的情形，构成违约。但考虑某城物业公司对于停车场进出车辆、进出人员有一定登记、管理措施，对于停车场亦设置有一定数量的监控设备，因此，本案中，某城物业公司的违约行为并非不履行合同义务，而是履行行为不符合合同的约定。

某城物业公司不完全履行物业服务合同的约定，程某要求其承担赔偿损失的违约责任，该主张应予支持。关于损失赔偿的数额，程某主张其损失为车辆修理费18394元。法院认为，某城物业公司对其不完全履行合同的行为需承担的违约责任，应与未尽履行义务的程度相适应，并且该范围的确定还应考虑违约行为与损害后果之间的原因力等因素。综合以上情形，酌情确定某城物业公司应承担的赔偿数额为6000元。

例案四　姜某与长春市某祥物业管理有限责任公司合同纠纷案

【法院】

吉林省长春市中级人民法院

【案号】

（2016）吉01民终2213号

【当事人】

上诉人（原审原告）：姜某

被上诉人（原审被告）：长春市某祥物业管理有限责任公司

【基本案情】

姜某为案涉小区业主，长春市某祥物业管理有限责任公司（以下简称某祥物业公司）为该小区物业管理单位。2015年9月5日，姜某所有的汽车停放在该小区楼下东北角停车位时起火，经长春市公安局绿园区分局消防科处理，作出长绿公消火认字〔2015〕第0050号火灾事故认定书，认定起火时间为2015年9月5日2时13分，起火部位位于起火车辆发动机舱内，起火原因排除纵火，排除人为遗留火种，不能排除电气线路故障以及机械故障引发火灾，起火车辆大部分烧毁。姜某认为某祥物业公司作为小区物业管理单位，未履行对业主承诺的义务，造成小区消防通道阻塞，延误救火时间，造成其车辆因未能及时救火而烧毁，故诉至法院，要求某祥物业公司按车辆购买时的价格赔偿其经济损失人民币140300元，并承担本案诉讼费用。另认定：姜某名下的汽车购买于2013年8月14日，购买时价格为人民币140300元，姜某购买此车后，对该车辆进行了油气改装。

另查明：《业主手册》第三章某祥物业管理服务标准规定："……某祥物业管理有限责任公司为三级物业服务标准企业，相关服务标准如下：……二、共用设施设备维修养护……2.消防设施设备完好，可随时启用，消防通道畅通……三、协助维护公共秩序……2.16：30分至次日8：30分小区主大门设有秩序维护员值勤，车辆停放部位设有巡逻岗；3.小区监控设施全天24小时开通；4.对火灾、治安、公共卫生等突发事件有应急预案，事发时及时报告有关部门，并协助采取相应措施……"《业主手册》附《业主临时公约》及《前期物业服务协议》。某祥物业公司在小区公示栏公示《某祥物业管理服务标准》，内容与《业主手册》第三章某祥物业管理服务标准的规定基本一致。

《火灾事故认定书》认定涉案车辆的起火时间是2015年9月5日2时13分。依据长春市公安消防支队凯达北街中队出具的《情况说明》及《案件出车单》可以认定2015年9月5日2时14分该中队接到报警并于2时19分赶到案涉小区大门口，后因消防通道堵塞消防车无法进入火灾现场，经疏导于2时39分左右到达现场附近并实施救援，于2点41分处理完毕。

【案件争点】

《业主手册》能否被认定为物业服务合同的组成部分，物业公司是否应赔偿业主损失。

【裁判摘要】

物业服务人公开作出的服务承诺及制定的服务细则，应当认定为物业服务合同的组成部分。本案中《业主手册》《某祥物业管理服务标准》应视为某祥物业公司公开作出的物业服务承诺及制定的服务细则，故依据上述法律规定，《业主手册》《某祥物业管理服务标准》中关于某祥物业公司管理服务标准的有关规定应视为物业服务合同的组成部分，该规定对双方均具有约束力，某祥物业公司应按上述管理服务标准履行合同义务。本案中，某祥物业公司未配备消防设备，未在事发停车场所设立巡逻岗，未在小区内安装监控设施，未保障消防通道畅通，且未及时发现事故，其行为已违反上述管理服务标准，构成违约。综合考虑本案的实际情况并结合生活常识可以认定，某祥物业公司的违约行为尤其是未履行保障消防通道畅通的合同义务造成消防通道堵塞近20分钟延误救援，必然会导致涉案车辆损失的扩大。故姜某有权要求某祥物业公司赔偿因违约行为给其造成的扩大部分的经济损失。但考虑车辆毁损的主要原因是自燃，且起火后姜某本人亦未实施有效救援等情形，法院酌定某祥物业公司赔偿因其违约行为导致姜某车辆毁损扩大部分的经济损失3万元。

三、裁判规则提要

物业服务合同是确立业主和物业服务人所享有的权利及承担的义务的依据，业主应当按照合同约定及时支付物业服务费，物业服务人亦应当按照约定提供物业服务，当事人未能按照合同约定履行义务的，应向对方承担违约责任。物业服务人公开作出的有利于业主的承诺，作为物业服务合同的组成部分，物业服务人应严格遵守该承诺提供物业服务。

（一）物业服务合同的内容

《民法典》第938条第1款规定，物业服务合同的内容一般包括服务事项、服务质量、服务费用的标准和收取办法、维修资金的使用、服务用房的管理和使用、服务期限、服务交接等条款。《物业管理条例》第34条第2款规定，物业服务合同应当对物业管理事项、服务质量、服务费用、双方的权利义务、专项维修资金的管理与使用、物业管理用房、合同期限、违约责任等内容进行约定。

1. 服务事项

物业服务合同约定的由物业服务人提供的具体服务内容。《民法典》第942条规定，物业服务人应当按照约定和物业的使用性质，妥善维修、养护、清洁、绿化和经营管理物业服务区域内的业主共有部分，维护物业服务区域内的基本秩序，采取合理措施保护业主的人身、财产安全。对物业服务区域内违反有关治安、环保、消防等法律法规的行为，物业服务人应当及时采取合理措施制止、向有关行政主管部门报告并协助处理。另外，根据中国物业管理协会印发的《普通住宅小区物业管理服务等级标准（试行）》的内容，物业服务合同中的服务事项应当包括房屋管理（房屋共用部分的日常管理和维修养护）、共用设施设备维修养护、协助维护公共秩序、保洁服务、绿化养护管理等，上述内容以外的其他服务项目、内容，由当事人在物业服务合同中协商确定。

2. 服务质量

物业服务合同约定的物业服务人提供的物业服务应达到的具体标准。在中国物业管理协会印发的《普通住宅小区物业管理服务等级标准（试行）》中，根据普通住宅小区物业服务需求的不同情况，由高到低设定为一级、二级、三级三个服务等级，级别越高，表示物业服务标准越高。

3. 物业服务费用的标准和收取办法

根据《物业服务收费管理办法》第2条的规定，物业服务收费是指物业管理企业按照物业服务合同的约定，对房屋及配套的设施设备和相关场地进行维修、养护、管理，维护相关区域内的环境卫生和秩序，向业主所收取的费用。《物业管理条例》第40条规定，物业服务收费应当遵循合理、公开以及费用与服务水平相适应的原则，区别不同物业的性质和特点，由业主和物业服务企业按照国务院价格主管部门会同国务院建设行政主管部门制定的物业服务收费办法，在物业服务合同中约定。

4. 维修资金的使用

维修资金是指专项用于物业共用部位、共用设施设备保修期满后的维修和更新、改造的资金。《物业管理条例》第53条规定，住宅物业、住宅小区内的非住宅物业或者与单幢住宅楼结构相连的非住宅物业的业主，应当按照国家有关规定交纳专项维修资金。专项维修资金属于业主所有，专项用于物业保修期满后物业共用部位、共用设施设备的维修和更新、改造，不得挪作他用。《住宅专项维修资金管理办法》第22条、第23条对使用住宅专项维修资金的程序作出了具体的规定。

5. 服务期限

物业服务合同的起止时间，也是物业服务人提供物业服务的期限。《物业管理条例》第26条规定，前期物业服务合同可以约定期限；但是，期限未满、业主委员会与物业服务企业签订的物业服务合同生效的，前期物业服务合同终止。故对于前期物业服务合同，可能会因业委会与物业服务企业签订物业服务合同而提前终止。

6. 服务交接

《物业管理条例》第38条规定，物业服务合同终止时，物业服务企业应当将物业管理用房和物业承接验收手续资料交还给业主委员会。物业服务合同终止时，业主大会选聘了新的物业服务企业的，物业服务企业之间应当做好交接工作。《民法典》第949条规定，物业服务合同终止的，原物业服务人应当在约定期限或者合理期限内退出服务区域，将物业服务用房、相关设施、物业服务所必需的相关资料等交还给业主委员会、决定自行管理的业主或者其指定的人，配合新物业服务人做好交接工作，并如实告知物业的使用和管理状况。

（二）物业服务合同的形式

1.我国关于合同形式的立法情况

我国合同立法，对于合同形式的规定，经历了从"形式强制"到"形式自由"的过程。

原《经济合同法》第3条规定："经济合同，除即时结清者外，应当采用书面形式。"原《技术合同法》第9条规定："技术合同的订立、变更和解除采用书面形式。"在原《合同法》施行前的20世纪90年代，司法实践中对于未采用法律规定形式订立的合同，通常被认定为无效。原《最高人民法院关于适用〈涉外经济合同法〉若干问题的解答》第3条第5项规定，涉外经济合同未采用书面形式订立的，应当确认无效。

1999年施行的《合同法》第10条规定："当事人订立合同，有书面形式、口头形式和其他形式。法律、行政法规规定采用书面形式的，应当采用书面形式。当事人约定采用书面形式的，应当采用书面形式。"该条第1款确认了合同形式自由原则，规定订立合同可以采用包括书面、口头及其他形式，书面形式并不作为订立合同的唯一形式。同时，"考虑到既要适应现实需要，又要提倡当事人尽量采取书面形式订立合同，避免口说无凭，使订立的合同规范化、法制化"[①]，该条第2款又规定了法律、行政法规规定，或者当事人约定采用书面形式的，应当采用书面形式。

《民法典》第135条规定："民事法律行为可以采用书面形式、口头形式或者其他形式；法律、行政法规规定或者当事人约定采用特定形式的，应当采用特定形式"。第469条规定："当事人订立合同，可以采用书面形式、口头形式或者其他形式。"《民法典》延续了原《合同法》的规定，对于合同形式，以不要式为原则，以要式为例外。合同形式的自由，也体现了契约自由、意思自治的合同法基本原则。

[①] 胡康生主编：《中华人民共和国合同法释义》，法律出版社2009年版，第19页。

2. 未采用书面形式的物业服务合同的成立

书面形式最大的优点是有据可查,明确清晰,发生纠纷时举证容易。因此,对于比较重大、不能即时结清的合同,一般采用书面形式。① 这些合同包括《民法典》第348条的建设用地使用权出让合同,第354条的建设用地使用权转让、互换、出资、赠与、抵押合同,第367条的居住权合同,第373条的地役权合同,第400条的抵押合同,第427条的质押合同,第668条的借款合同,第707条的租期6个月以上的租赁合同,第736条的融资租赁合同,第762条的保理合同,第789条的建设工程合同,第796条的建设工程监理合同,第851条的技术开发合同,第863条的技术转让合同和技术许可合同,第938条的物业服务合同。

合同形式,应当视为证明合同成立的依据,而不能把其当作合同成立或者生效的要件。对合同的书面形式,应采证据主义,不宜采生效主义。

《民法典》第490条第2款规定:"法律、行政法规规定或者当事人约定合同应当采用书面形式订立,当事人未采用书面形式但是一方已经履行主要义务,对方接受时,该合同成立。"因当事人未采用书面形式订立合同,法官无法判断当事人是否意思表示达成一致,只有在一方当事人已经履行合同主要义务,且对方接受时,即说明双方对合同的主要内容达成了一致,法院方能断定合同已成立。反之,如果当事人均未履行合同主要义务,或一方履行,另一方未接受,在没有书面合同的情况下,法院无从判断当事人就合同主要内容是否达成一致,即不能断定合同成立。因此,在未签订书面物业服务合同的情况下,如果物业服务人已经提供了物业服务,而业主没有提出异议的,应当认为双方之间的物业服务合同关系已经成立。

(三)物业服务人公开作出的有利于业主的服务承诺为物业服务合同的组成部分

物业服务人的服务承诺,是物业服务人从有利于业主及房屋实际使用人提高服务管理和社区生活品质及自律行为的角度考虑,作出的单方意思表示。② 实践中,一般在两种情况下,物业服务人作出公开承诺:一是在建设单位或业主大会选聘物业服务人的过程中,物业服务人为取得竞聘优势,公开作出某种有利于业主的服务承诺;二是在物业服务合同的履行过程中,物业服务人为提高业主满意度,而公开作

---

① 最高人民法院民法典贯彻实施工作领导小组主编:《中华人民共和国民法典合同编理解与适用(一)》,人民法院出版社2020年版,第54页。

② 最高人民法院民法典贯彻实施工作领导小组主编:《中华人民共和国民法典合同编理解与适用(四)》,人民法院出版社2020年版。

出的某种有利于业主的服务承诺。物业服务人的这些服务承诺，在一定程度上成为业主选择物业服务人的重要考量依据。

物业服务人的服务承诺，作为物业服务合同的组成部分，应具备下列条件：

1. 承诺内容是物业服务人的真实意思表示，清楚明确

意思表示是将欲发生法律效果之意思表示于外的行为。① 所谓意思表示真实，是指行为人自由、自愿地表达出来的外在意思与内心意思一致，不是虚假的。法律必须保护行为人的意思自由，保护其行为自愿，只有意思表示真实，该法律行为才是有效的。《民法典》第143条明确规定意思表示真实是民事法律行为的有效条件之一。因此，只有物业服务人的承诺内容是真实的意思表示，方才有效，物业服务人方受该意思表示的约束。清楚明确，是要求物业服务人作出的承诺必须是明确具体可以实施的，而不是模棱两可的，即要求该承诺能够具体量化，否则即使物业服务人作出承诺，也无法作为合同义务进行履行。

2. 承诺的内容是公开作出的或在小区内进行了公示

从形式上看，物业服务人作出的承诺必须是公开的，让业主所知晓。如果物业服务人仅是对个别业主作出承诺，则不能认为该承诺内容成为物业服务合同的组成部分从而对全体业主发生效力。公开的方式，包括在小区内散发书面的宣传单、服务指南等，或在小区公告栏进行公示，或在小区业主群内发出承诺内容。

3. 承诺对业主有利

物业服务人公开作出的承诺必须对业主有利，如果该承诺对业主不利，或给业主设定了义务，因该承诺系物业服务人单方作出，则不能作为物业服务合同的组成部分，从而对业主产生法律约束力。

4. 承诺内容不违背法律、行政法规的强制性规定，不违背公序良俗

根据《民法典》第143条的规定，不违反法律、行政法规的强制性规定，不违背公序良俗，是民事法律行为有效的条件之一。第153条亦规定，违反法律、行政法规的强制性规定的民事法律行为无效。违背公序良俗的民事法律行为无效。《合同编通则司法解释》第16条规定："合同违反法律、行政法规的强制性规定，有下列情形之一，由行为人承担行政责任或者刑事责任能够实现强制性规定的立法目的的，人民法院可以依据民法典第一百五十三条第一款关于'该强制性规定不导致该民事法律行为无效的除外'的规定认定该合同不因违反强制性规定无效：（一）强制

---

① 朱庆育：《民法总论》（第二版），北京大学出版社2016年版，第188页。

性规定虽然旨在维护社会公共秩序，但是合同的实际履行对社会公共秩序造成的影响显著轻微，认定合同无效将导致案件处理结果有失公平公正；（二）强制性规定旨在维护政府的税收、土地出让金等国家利益或者其他民事主体的合法利益而非合同当事人的民事权益，认定合同有效不会影响该规范目的实现；（三）强制性规定旨在要求当事人一方加强风险控制、内部管理等，对方无能力或者无义务审查合同是否违反强制性规定，认定合同无效将使其承担不利后果；（四）当事人一方虽然在订立合同时违反强制性规定，但是在合同订立后其已经具备补正违反强制性规定的条件却违背诚信原则不予补正；（五）法律、司法解释规定的其他情形。法律、行政法规的强制性规定旨在规制合同订立后的履行行为，当事人以合同违反强制性规定为由请求认定合同无效的，人民法院不予支持。但是，合同履行必然导致违反强制性规定或者法律、司法解释另有规定的除外。依据前两款认定合同有效，但是当事人的违法行为未经处理的，人民法院应当向有关行政管理部门提出司法建议。当事人的行为涉嫌犯罪的，应当将案件线索移送刑事侦查机关；属于刑事自诉案件的，应当告知当事人可以向有管辖权的人民法院另行提起诉讼。"故物业服务人作出的服务承诺，如违反法律、行政法规的强制性规定，或违背公序良俗，则该承诺内容无效，不能作为物业服务合同的组成部分发生效力。

《民法典》第938条第2款规定，物业服务人公开作出的有利于业主的服务承诺，为物业服务合同的组成部分。因而物业服务人要按照该服务承诺的内容忠实履行义务，如违反该承诺内容的，业主可以要求物业服务人承担违约责任。

（四）物业服务人的其他义务

因物业服务合同关系物业区域范围内的众多业主的利益，为切实保障人民群众的权利，法律法规对物业服务作出了诸多规定，物业服务人在提供物业服务时，除了要忠实履行物业服务合同约定的义务外，还需要遵守法律法规规定的其他义务。具体包括：

1.法律、行政法规规定的义务

《民法典》第942条规定，物业服务人应当按照约定和物业的使用性质，妥善维修、养护、清洁、绿化和经营管理物业服务区域内的业主共有部分，维护物业服务区域内的基本秩序，采取合理措施保护业主的人身、财产安全。对物业服务区域内违反有关治安、环保、消防等法律法规的行为，物业服务人应当及时采取合理措施制止、向有关行政主管部门报告并协助处理。《民法典》第943条规定，物业服务人应当定期将服务的事项、负责人员、质量要求、收费项目、收费标准、履行情况，以及维修资金使用情况、业主共有部分的经营与收益情况等以合理方式向业主公开并向业主委员会报告。《物业管理条例》第46条规定，物业服务企业应当协助做好物业管理区域内的安全防范工作。发生安全事故时，物业服务企业在采取应急措施的同时，应当及时向有关行政管理部门报告，协助做好救助工作。

2. 地方性法规规定的义务

比如，《北京市物业管理条例》第65条规定，物业服务人应当按照物业服务合同的约定提供物业服务，并且遵守下列规定：（1）提供物业服务符合国家和本市规定的标准、规范；（2）及时向业主、物业使用人告知安全、合理使用物业的注意事项；（3）定期听取业主的意见和建议，接受业主监督，改进和完善服务；（4）对违法建设、违规出租房屋、私拉电线、占用消防通道等行为进行劝阻、制止，劝阻、制止无效的，及时报告行政执法机关；（5）发现有安全风险隐患的，及时设置警示标志，采取措施排除隐患或者向有关专业机构报告；（6）对业主、物业使用人违反临时管理规约、管理规约的行为进行劝阻、制止，并及时报告业主委员会或者物业管理委员会；（7）不得泄露在物业服务活动中获取的业主信息；（8）履行生活垃圾分类管理责任人责任，指导、监督业主和物业使用人进行生活垃圾分类；（9）配合街道办事处、乡镇人民政府、行政执法机关和居民委员会、村民委员会做好物业管理相关工作。

3. 物业服务人的服务细则

服务细则是指物业服务人依据《物业管理条例》等规定单方面制定的用于指导物业服务活动的细则。[①] 物业服务人的服务细则中对业主公开且对业主有利的部分，可以视为《民法典》第938条第2款规定的"公开作出的有利于业主的服务承诺"，成为物业服务合同的组成部分。但对于服务细则中违反法律、行政法规强制性规定，违背公序良俗，加重业主责任的条款，不能认为是物业服务合同的组成部分，不对业主产生法律效力。

---

① 黄薇主编：《中华人民共和国民法典合同编解读》（下册），中国法制出版社2020年版，第1382页。

四、辅助信息

《民法典》

第九百三十八条　物业服务合同的内容一般包括服务事项、服务质量、服务费用的标准和收取办法、维修资金的使用、服务用房的管理和使用、服务期限、服务交接等条款。

物业服务人公开作出的有利于业主的服务承诺,为物业服务合同的组成部分。

物业服务合同应当采用书面形式。

《物业管理条例》

第三十四条　业主委员会应当与业主大会选聘的物业服务企业订立书面的物业服务合同。

物业服务合同应当对物业管理事项、服务质量、服务费用、双方的权利义务、专项维修资金的管理与使用、物业管理用房、合同期限、违约责任等内容进行约定。

物业服务合同纠纷案件裁判规则第 3 条

物业服务人将其应当提供的全部物业服务转委托给第三人，或者将全部物业服务支解后分别转委托给第三人，签订的合同无效

【规则描述】　　本条是关于物业服务人全部物业服务转委托行为的效力如何认定的规则。物业服务人将物业服务区域内的部分专项服务事项委托给专业性服务组织或者第三人的，应当就该部分专项服务事项向业主负责。物业服务人不得将其应当提供的全部物业服务转委托给第三人，或者将全部物业服务支解后分别转委托给第三人。若业委会或业主请求确认转委托合同无效的，人民法院应予支持。

一、类案检索大数据报告

　　时间：2023 年 7 月 21 日之前；案例来源：Alpha 案例库；案由：物业服务合同纠纷；检索条件：法院认为包含"物业服务人不得将其应当提供的全部物业服务转委托给第三人，或者将全部物业服务支解后分别转委托给第三人"；案件数量：79 件；数据采集时间：2023 年 7 月 21 日。

　　本次检索获取了 2023 年 7 月 21 日前共 79 篇裁判文书。从图 3-1 的年份分布可以看到当前条件下此类案件数量的变化趋势。

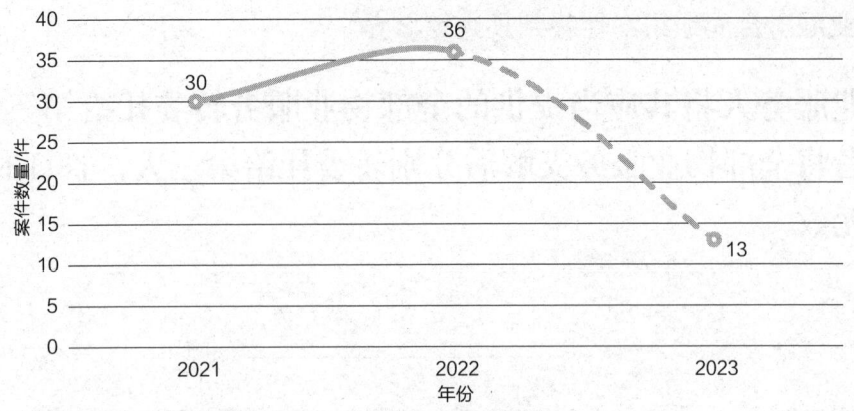

图 3-1 类案时间分布情况

从程序分类统计可以看到此类案件当前的审理程序分布状况。一审案件有 38 件，二审案件有 41 件。

如图 3-2 所示，通过对一审裁判结果的可视化分析可以看到，当前条件下全部/部分支持的有 32 件，占比为 84.21%；全部驳回的有 5 件，占比为 13.16%；其他的有 1 件，占比为 2.63%。

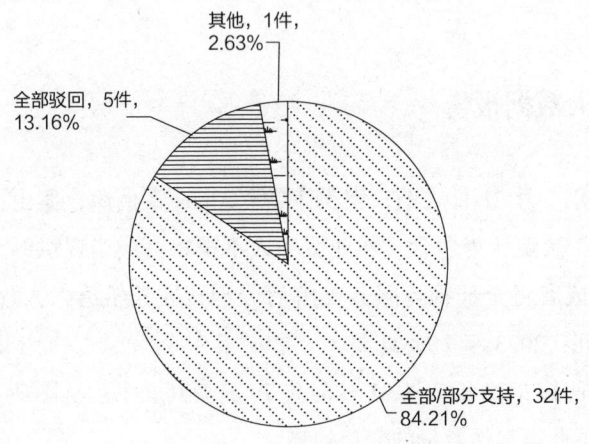

图 3-2 一审裁判结果分析

如图 3-3 所示，通过对二审裁判结果的可视化分析可以看到，当前条件下改判的有 20 件，占比为 48.78%；发回重审的有 13 件，占比为 31.71%；维持原判的有 8 件，占比为 19.51%。

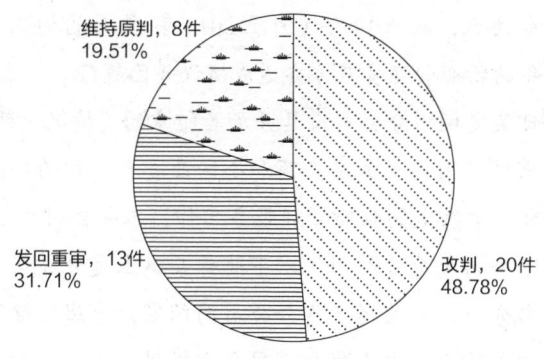

图 3-3 二审裁判结果分析

二、可供参考的例案

> **例案一　绍兴市上虞区某豪物业管理有限公司与绍兴市上虞某建公司资产经营管理有限公司物业服务合同纠纷案**

【法院】

　　浙江省高级人民法院

【案号】

　　（2018）浙民再 655 号

【当事人】

　　再审申请人（一审原告、二审上诉人）：绍兴市上虞区某豪物业管理有限公司

　　被申请人（一审被告、二审被上诉人）：绍兴市上虞某建公司资产经营管理有限公司

【基本案情】

　　浙江省绍兴市上虞区百官街道滨江一号小区由上虞区某发房地产开发有限公司（以下简称某发房开公司）开发建设，该小区的前期物业管理服务由广东某奥物业杭州分公司（以下简称某奥杭州分公司）负责。2014 年 1 月起，该小区的物业管理工作由绍兴市上虞区某豪物业管理有限公司（以下简称某豪物业公司）负责接手。2013 年 6 月 11 日，绍兴市上虞某建资产经营管理公司（以下称上虞某建公司）与某发房开公司签订协议书，由上虞某建公司购买该小区商品房 91 套，并取得了房屋产权。2015 年 2 月 15 日，某豪物业公司与上虞某建公司就 2014 年 12 月 31 日前的物业管

理服务有关事项达成协议，就2014年1月至2014年12月的物业管理费支付达成一致并已履行，2015年的物业管理费双方亦达成协议并已履行。

2018年1月5日某奥杭州分公司出具并加盖印章的《情况说明》记载："原由本分公司与绍兴市上虞区范围内相关房产商和小区业委会签订的物业管理服务合同或前期物业管理服务合同中约定的物业管理服务工作，本分公司于2010年全部交由广东某奥物业管理有限公司上虞分公司（以下简称某奥上虞分公司）负责提供物业管理服务，根据当时本分公司与某奥上虞分公司的约定，上虞区范围内原本分公司签约的各小区物业管理工作由某奥上虞分公司负责提供，各小区业主应支付的物业管理费也全部由其收取并支配。"

现某豪物业公司以其已经与某奥杭州分公司和某奥上虞分公司达成约定，由某豪物业公司收取2013年6月至11月的物业管理费为由，向上虞某建公司主张欠交的上述期间的物业管理费，故成讼。

【案件争点】

某豪物业公司是否有权向上虞某建公司主张欠付物业费。

【裁判摘要】

某豪物业公司在一审中提交的某奥杭州分公司与某奥上虞分公司签订的《债权催收委托书》、2017年4月19日某奥上虞分公司出具的《物业管理收费情况说明》，可以表明某奥杭州分公司将包括上虞某建公司在内的业主所拖欠的物业管理费委托某奥上虞分公司催收；某奥上虞分公司又将物业管理费的收取工作委托给了某豪物业公司。因该两份证据仅能证明某奥杭州分公司将物业管理费的催收工作委托给了某奥上虞分公司，某奥上虞分公司并不因此而取得某奥杭州分公司对上虞某建公司物业管理费之债权，某奥上虞分公司亦无权将上述债权处分给某豪物业公司，故某豪物业公司仅以此主张其有权要求上虞某建公司支付2013年下半年的物业管理费，不应予以支持。

但二审中某豪物业公司提交的2018年1月5日某奥杭州分公司出具的《情况说明》明确：其一，从2010年起上虞区范围内原某奥杭州分公司签约的各小区物业管理工作实际均由某奥上虞分公司负责提供；其二，从2010年起包括上虞某建公司在内的业主应支付的物业管理费由某奥上虞分公司收取并支配。《情况说明》记载内容不违反法律法规的强制性规定，足以证实2010年起上虞某建公司的物业管理工作确由某奥上虞分公司负责提供，某奥上虞分公司亦享有欠缴物业管理费之债权。某奥上虞分公司有权直接向上虞某建公司主张尚未支付的2013年6月至11月的物业管理费,亦有权将该债权转让给某豪物业公司,某豪物业公司向上虞某建公司主张欠缴的物业管理费有相应的依据。

根据《物业管理条例》第39条的规定,《情况说明》中有关某奥杭州分公司将全部物业管理一并委托给某奥上虞分公司的约定,违反了行政法规强制性规定,故该约定部分应当认定为无效。但《情况说明》中关于从2010年起包括上虞某建公司在内的业主应支付的物业管理费由某奥上虞分公司收取并支配的约定,自约定成立时即生效。且在本案诉讼发生之前,某奥上虞分公司于2017年4月19日即作出了《物业管理收费情况说明》,某奥上虞分公司依照《合同法》第80条第1款[①]的规定已通知了上虞某建公司,该项约定对上虞某建公司具有约束力,故上虞某建公司应当依照其与某奥杭州分公司的约定支付相应的物业管理费。

例案二 周某与湘潭某泰置业有限公司物业服务合同纠纷案

【法院】

湖南省湘潭市中级人民法院

【案号】

(2017)湘03民终1770号

【当事人】

上诉人(原审被告):周某

被上诉人(原审原告):湘潭某泰置业有限公司

【基本案情】

2012年3月15日,周某作为某泰和府的业主验收合格其所购买的房屋。同日,周某与湘潭某泰物业有限公司(以下简称某泰物业公司)签订《前期物业管理服务合同》,合同期限由2010年4月1日起至业委会成立,并签订《物业管理服务委托合同》时止。合同约定,住宅1.2元/平方米/月,周某住房面积为123.28平方米。如周某逾期未交,则按每日欠费总额的1‰支付滞纳金。

2012年10月25日,某泰物业公司委托湘潭某泰置业有限公司(以下简称某泰置业公司)进行某泰和府的物业管理,并代为履行与某泰和府业主签订的《前期物业管理服务合同》约定的义务以及代为享受有关权利。授权委托书有效期直至《前

---

① 参见《民法典》第546条第1款。

期物业管理服务合同》终止或解除之日。2012年12月10日，某泰物业公司注销工商登记。某泰置业公司自2012年10月25日开始在某泰和府提供物业服务直至2015年12月31日止。

周某于2012年6月2日向某泰物业公司交纳2000元装修保证金，自2012年10月1日起至2015年12月31日止未曾交纳物业管理费。

【案件争点】

转委托物业合同无效，业主是否有权拒付物业费。

【裁判摘要】

物业服务企业将物业服务区域内的全部物业服务业务一并委托他人而签订的委托合同无效，故某泰物业公司委托某泰置业公司对某泰和府小区进行物业管理服务的转委托行为无效，但转委托行为无效，并不导致某泰和府业主可以不交物业管理费。某泰物业公司已授权委托某泰置业公司在某泰和府小区代为提供物业管理服务、代为收取物业服务费用等，某泰置业公司以自己的名义在某泰和府小区张贴了催缴物管费公告，该小区大部分住户亦已交纳物业管理费。某泰置业公司为某泰和府小区提供了必要的物业管理服务，维持该小区的正常运转，包括周某在内的小区业主实际受益了物业管理服务，应当支付物业管理费。虽双方未签订书面物业管理服务合同，但某泰置业公司要求交纳的物业管理费标准与周某与某泰物业公司签订的物业合同中收费标准一致，也符合湘潭市物价局核定的收费标准，按照该标准收取物业费并未侵害周某的合法权益。

例案三 张某与青岛某诚物业服务有限公司物业服务合同纠纷案

【法院】

山东省青岛市中级人民法院

【案号】

（2018）鲁02民终6618号

【当事人】

上诉人（原审被告）：张某

被上诉人（原审原告）：青岛某诚物业服务有限公司

【基本案情】

2014年4月20日，张某与青岛某瑞物业管理有限公司（以下简称某瑞物业公司）签订《前期物业服务合同》《业主临时管理规约》及《承诺书》。《前期物业服务合同》对物业服务范围、时间、物业服务费支付方式等进行了约定。《业主临时管理规约》对物业服务费计价标准进行了约定。

2014年11月8日，青岛某诚物业服务有限公司（以下简称某诚物业公司）和青岛某源置业有限公司（以下简称某源置业公司）、某瑞物业公司签订《物业项目转让协议》，三方约定：因某瑞物业公司经营不善，现将小区物业面积以及属于小区物业范围内的全部物业面积交由某诚物业公司管理，某诚物业公司有收取各种费用的权利。2014年12月24日，三方又再次签订《转让协议》，约定：某源置业公司、某瑞物业公司同意将某瑞物业公司现管理项目转让给某诚物业公司进行物业管理；某诚物业公司同意接受某源置业公司、某瑞物业公司的转让，对小区项目进行物业管理；收取物业管理费标准，按某瑞物业公司与臻园项目业主签订的《物业管理合同》约定标准执行，其收益归某诚物业公司所有，债务由某诚物业公司承担。

2017年6月9日，小区业主委员会出具《公函》，内容为："小区于2017年6月1日至6日在区物业办的指导与监督下召开业主大会，大会表决通过：解聘某诚物业公司。我方现代表小区业主大会正式通知贵公司，请贵公司提前做好退管准备，在2017年8月7日前离开小区并向我方移交包含但不限于《山东省物业管理条例》第六十八条约定之内容。"

2017年8月30日，青岛市城阳区城区街道管理委员会出具证明，证明某诚物业公司2014年11月入驻小区提供物业服务，至2017年6月被小区业主委员会解聘。因小区没有及时选出新的物业服务公司，暂由某诚物业公司服务至2017年8月31日。后因张某没有及时支付2015年10月1日至2017年8月31日期间的物业管理费，故成诉。

【案件争点】

张某是否应向某诚物业公司支付物业管理费。

【裁判摘要】

张某于2014年4月20日与某瑞物业公司签订《前期物业服务合同》。2014年11月8日及2014年12月24日某源置业公司、某瑞物业公司和某诚物业公司签订的《物业项目转让协议》及《转让协议》虽然无效，但是某诚物业公司提交的青岛市城阳区城区街道管理委员会出具的证明以及小区业主委员会出具的《公函》，可以认定自2014年12月24日起至2017年8月31日止小区的物业管理服务是由某诚物业公司提供，故某诚物业公司与作为臻园小区业主的张某之间已经形成事实上的物业服务关系，且张某实际支付2015年10月1日之前物业服务费的行为亦表明张某认可其与某诚物业公司之间存在事实上的物业服务关系。张某享受了某诚物业公司提供的物业管理服务，应当向某诚物业公司支付物业服务费。

例案四　黄某与重庆某清房地产开发有限公司、重庆市永川区某海莱物业管理有限公司确认合同无效纠纷案

【法院】

重庆市第五中级人民法院

【案号】

（2015）渝五中法民终字第03467号

【当事人】

上诉人（原审原告）：黄某

被上诉人（原审被告）：重庆某清房地产开发有限公司

被上诉人（原审被告）：重庆市永川区某海莱物业管理有限公司

【基本案情】

2006年7月14日，重庆某清房地产开发有限公司（以下简称某清房开公司）与永川区某海莱物业管理有限公司（以下简称某海莱物业公司）签订《前期物业服务合同》，约定由某海莱物业公司为小区提供前期物业服务，合同期限为二年，从2006年7月1日起至2008年6月30日止……合同签订后，某海莱物业公司进入小区提供前期物业服务。

2008年6月25日，某海莱物业公司（甲方）、某清房开公司物业管理部（乙方，以下简称物业管理部）与某清房开公司（丙方）签订《物业服务管理委托协议》（以下简称《委托协议》），约定甲、乙、丙三方在公平、公正的原则下（丙方作为乙方担保），经三方友好协商，就甲方委托乙方全权进行物业服务管理委托事宜达成如下协议："……二、物业服务的委托期暂定两年，从2008年6月26日至2010年6月25日止（注：2008年6月26日至2010年6月25日期间，如果小区业主委员会成立，并通过业主大会三分之二以上业主的同意决定与甲方的服务合同终止的情况下，本协议自动失效）；三、委托期内，乙方物业服务管理的经营完全独立，自负盈亏；四、甲、乙、丙三方的权利、义务及职责：1.乙方的服务管理过程中必须严格按照甲方与小区业主签订的《住户手册》的标准执行；2.乙方在经营管理过程中，

有完全人事任免权，物业服务委托以前甲方从事小区服务的所有员工由甲方负责安置，乙方可选择聘用；3.乙方在经营权利过程中，自负盈亏。经营过程中出现的所有责任事故由乙方承担，并由丙方担保，与甲方无关；4.甲方有义务支持和配合乙方的管理工作，对于乙方日后物业管理过程中需要合理使用公章、开具正常物业经营收入发票（税费由乙方承担）及年检等日常工作应给予支持和配合；5.对于本协议内容，甲、乙、丙三方均有保密义务，违约方须消除影响直至赔偿对方损失……五、关于前期开办费、甲方经营亏损费用以及装修保证金，解决办法如下：1.前期开办费：根据使用清单进行清理移交，缺少部分由甲方补上或以现金形式返还乙方；2.甲方从2007年11月21日至2008年6月25日，经营过程中的费用亏损部分，由甲、乙、丙三方根据实际情况清理核对后，乙、丙方给予甲方补偿清算（注：1项、2项费用已经清算完毕）；3.业主装修押金及装修人员保证金：由甲方分两次移交给乙方，乙方负责在业主装修完工后，按照装修管理规定，验收合格后，给予退还业主，并及时返还甲方开出的收款凭证给甲方；4.协议签订后甲方在物业管理的所有债权、债务与甲方无关，由乙方自行承担解决。六、本协议到期后，经甲、乙、丙协商一致后可续签。若要提前终止本协议，需要提前两个月通知对方，并经甲、乙、丙三方协商一致后方可终止本协议。在小区成立业主委员会，并通过业主大会三分之二以上业主的同意决定与甲方的服务合同终止的情况下，本协议自动失效等。"

2008年5月2日，黄某与其妻子谢某与某清房开公司签订《重庆市商品房买卖合同》，购买了位于重庆市永川区房屋，建筑面积为131.38平方米。

【案件争点】

本案转委托物业合同的效力如何认定。

【裁判摘要】

首先，《委托协议》约定了委托期限，亦明确约定了某海莱物业公司、物业管理部及某清房开公司的权利、义务及职责。若按某清房开公司陈述该协议仅为交接文件，即某海莱物业公司将物业服务交还给某清房开公司，则仅载明交接内容即可，不需要约定物业服务的委托期限，亦不需涉及各方当事人之间的权利义务。

其次，某清房开公司与某海莱物业公司签订的《前期物业服务合同》约定，合同期满前一个月，业主大会尚未成立的，双方应就延长本合同期限达成协议，双方未达成协议的，双方应在合同期限内达成协议，双方未达成协议的，双方应在合同期满后三个月内继续履行本合同。在《前期物业服务合同》期满前，业主大会尚未成立，某海莱物业公司、物业管理部与某清房开公司签订《委托协议》，约定物业管理部在日后物业管理过程中需要合理使用公章、开具正常物业经营收入发票及年检等日常工作，某海莱物业公司应给予支持和配合。易言之，某清房开公司与某海莱物业公司达成协议，在《委托协议》约定的委托期限内由物业管理部以某海莱物业公司的名义继续提供物业服务并收取物业管理费，因此，某海莱物业公司在《前期物业服务合同》届满后仍然是小区名义上的物业服务公司，其对小区的物业管理权限并未丧失，并不存在无权委托的问题。

最后，《委托协议》约定委托期内，某海莱物业公司有义务支持和配合物业管理部的管理工作，对于物业管理部在日后物业管理过程中需要合理使用公章、开具正常物业经营收入发票及年检等日常工作应给予支持和配合。某清房开公司与某海莱物业公司均陈述因物业管理部无资质，故借用某海莱物业公司的名义继续进行物业管理，并借用某海莱物业公司的名义开具票据。因此，按上述合同约定以及当事人陈述，物业管理部对外以某海莱物业公司的名义提供服务并收取物业管理费，其在物业服务合同履行过程中的法律后果对外系由某海莱物业公司承担，即某海莱物业公司将小区的物业服务转委托给物业管理部。《物业管理条例》及司法解释是为了防止物业服务市场混乱、规范物业服务企业的行为而制定。规定物业服务企业转委托无效，其实质目的是防止物业服务企业将物业管理区域内的全部物业管理一并交由他人处理。故本案《委托协议》约定某海莱物业公司委托物业管理部全权管理小区物业，应属无效范畴。

三、裁判规则提要

物业服务人接受业主的委托后，将全部物业服务转委托给第三人，或者将全部物业服务支解后全部转委托给第三人的，转委托合同无效，但委托合同无效并不免除业主支付物业服务费的义务。

（一）物业服务人可以将物业服务区域内的部分专项服务事项委托给专业性服务组织或者其他第三人

《物业管理条例》第 39 条规定，物业服务企业可以将物业管理区域内的专项服务业务委托给专业性服务企业。《民法典》吸收了该规定，对物业服务人将其服务范围内的专项服务委托于第三方持肯定态度。物业服务的内容通常包括维修、养护、绿化、卫生、环保、安全、消防等，物业服务人选择性地将其中某项或某几项转委托于第三人的，此时转委托合同有效。笔者认为，法律作此规定的目的在于物业服务中如保安、保洁、绿化、电梯等共用设施设备的维护等服务，专业性要求较高，雇用专业人员进行服务有利于降低成本，更好地维护业主的利益。同时物业服务人将专业性比较强的专项服务转委托于第三人，有利于提升企业核心竞争力，形成良性循环。因此，法律法规并不禁止物业服务人将这些专业业务转委托给保安公司、保洁公司、绿化公司、电梯维修公司等专业公司进行维护。

实践中哪些专项服务可以转委托？物业服务是一项具有较强专业性的工作，从目前市场现状看，物业服务人的服务更多体现在对管理流程的合理分工和监控上面。对于部分专项服务，物业服务人不得不将其转委托于第三人。首先，对于需要较高的技术含量的专项服务，如电梯、弱电系统设备的运行与维护、消防安全等服务，物业服务人可以委托具有专业资质的第三人提供服务；其次，对于需要购置专业设备的专项服务，物业服务人可以委托专业第三人提供服务，如高档石材的洁净保养、楼宇外墙清洗等；最后，对于某些不存在任何技术含量的劳动密集型业务，物业服务人可以委托第三人提供服务，以达到降低经营成本、提高工作效率、提升服务的目的。但对于物业服务范围内的核心内容，如物业接待、咨询、收费以及日常维修、水、电、气、热等常规服务项目，通常不得转委托。

（二）物业服务人应当就委托给第三人的部分专项服务事项向业主负责

物业服务人应当按照物业服务合同的约定以及相关法律、行政法规的规定，忠实履行合同义务及法律义务。虽然《民法典》和《物业管理条例》都规定允许物业服务人可以将物业服务区域内的部分专项服务事项委托给专业性服务组织或者其他第三人，但这并不意味着物业服务人将该部分合同义务转移给第三人，而自己不承担任何责任。

物业服务人将部分专项服务事项委托给第三人，是自身履行物业服务合同的一种方式。如果第三人完成的事项不符合物业服务合同的约定，由于业主与第三人之间没有合同关系，业主无法直接向第三人主张权利。根据合同的相对性原则，应由物业服务人向业主承担违约责任。事后，物业服务人可以根据与第三人之间的合同向第三人追究责任。即使物业服务人和第三人之间的合同约定，当第三人完成工作不符合约定时，由第三人直接向业主承担责任，但业主并非该合同的当事人，此类约定并不对业主产生拘束力。物业服务人作为物业服务合同的当事人，不论是自己还是另行委托的第三人的工作不符合合同约定，都应向业主承担违约责任。因而

《民法典》第941条第1款规定，物业服务人将物业服务区域内的部分专项服务事项委托给专业性服务组织或者第三人的，应当就该部分专项服务事项向业主负责。

（三）物业服务人不得将其应当提供的全部物业服务转委托给第三人，或者将全部物业服务支解后分别转委托给第三人

《物业管理条例》第39条规定，物业服务企业可以将物业管理区域内的专项服务业务委托给专业性服务企业，但不得将该区域内的全部物业管理一并委托给他人。《民法典》第941条第2款规定，物业服务人不得将其应当提供的全部物业服务转委托给第三人，或者将全部物业服务支解后分别转委托给第三人。

上述法律、行政法规之所以如此规定，主要基于以下考虑：

第一，选聘物业服务人，由业主共同决定，再由业主委员会代表业主与业主大会选聘的物业服务人签订物业服务合同。同时，《物业管理条例》第24条规定，国家提倡建设单位按照房地产开发与物业管理相分离的原则，通过招投标的方式选聘物业服务企业。住宅物业的建设单位，应当通过招投标的方式选聘物业服务企业；投标人少于3个或者住宅规模较小的，经物业所在地的区、县人民政府房产行政主管部门批准，可以采用协议方式选聘物业服务企业。物业服务合同的订立是以业主对物业服务人的信任为基础的，物业服务人将全部物业服务转给第三人，使得广大业主的信任落空。而对于通过招投标程序订立的物业服务合同，物业服务人的全部转委托行为，也破坏了招投标市场的秩序，损害了其他不特定的竞标人的利益。

第二，物业服务是具有很强专业性的服务，不同的物业服务人，其所具有的物业服务能力、服务经验是不同的，从而提供的物业服务质量是不一样的。物业服务人将全部物业服务转委托给第三人，使得第三人实际向业主提供物业服务，但是无法保证物业服务的质量，从而会损害广大业主的利益。

第三，物业服务合同中约定的物业服务费用，包含了物业服务人提供物业服务所支出的成本以及合理的预期利润。物业服务人在将全部物业服务转委托给第三人时，通常会收取一定金额的管理费。这将使得实际履行物业服务合同的第三人，所获得的物业服务费用减少，压缩其利润空间。而第三人为了保证利润，通常会采取降低服务质量来降低成本支出，这也会损害全体业主的合法权益。

总之，物业服务人将全部物业服务转委托给第三人的行为，将导致业主对物业服务人的信任落空，无法保证物业服务的质量，进而损害全体业主的利益，因而《民法典》第941条第2款明确规定予以禁止。

（四）物业服务人将全部物业服务转委托给第三人所签订的合同无效

《民法典》第 153 条规定，违反法律、行政法规的强制性规定的民事法律行为无效。对于"强制性规定"的识别，《九民会议纪要》第 30 条进行了具体的阐述："合同法施行后，针对一些人民法院动辄以违反法律、行政法规的强制性规定为由认定合同无效，不当扩大无效合同范围的情形，合同法司法解释（二）第 14 条将《合同法》第 52 条第 5 项规定的'强制性规定'明确限于'效力性强制性规定'。此后，《最高人民法院关于当前形势下审理民商事合同纠纷案件若干问题的指导意见》进一步提出了'管理性强制性规定'的概念，指出违反管理性强制性规定的，人民法院应当根据具体情形认定合同效力。随着这一概念的提出，审判实践中又出现了另一种倾向，有的人民法院认为凡是行政管理性质的强制性规定都属于'管理性强制性规定'，不影响合同效力。这种望文生义的认定方法，应予纠正。"人民法院在审理合同纠纷案件时，要依据《民法典》第 153 条第 1 款以及参照原《合同法司法解释二》第 14 条的规定慎重判断"强制性规定"的性质，特别是要在考量强制性规定所保护的法益类型、违法行为的法律后果以及交易安全保护等因素的基础上认定其性质，并在裁判文书中充分说明理由。下列强制性规定，应当认定为"效力性强制性规定"：强制性规定涉及金融安全、市场秩序、国家宏观政策等公序良俗的；交易标的禁止买卖的，如禁止人体器官、毒品、枪支等买卖；违反特许经营规定的，如场外配资合同；交易方式严重违法的，如违反招投标等竞争性缔约方式订立的合同；交易场所违法的，如在批准的交易场所之外进行期货交易。关于经营范围、交易时间、交易数量等行政管理性质的强制性规定，一般应当认定为"管理性强制性规定"。《合同编通则司法解释》第 16 条规定："合同违反法律、行政法规的强制性规定，有下列情形之一，由行为人承担行政责任或者刑事责任能够实现强制性规定的立法目的的，人民法院可以依据民法典第一百五十三条第一款关于'该强制性规定不导致该民事法律行为无效的除外'的规定认定该合同不因违反强制性规定无效：（一）强制性规定虽然旨在维护社会公共秩序，但是合同的实际履行对社会公共秩序造成的影响显著轻微，认定合同无效将导致案件处理结果有失公平公正；（二）强制性规定旨在维护政府的税收、土地出让金等国家利益或者其他民事主体的合法利益而非合同当事人的民事权益，认定合同有效不会影响该规范目的的实现；（三）强制性规定旨在要求当事人一方加强风险控制、内部管理等，对方无能力或者无义务审查合同是否违反强制性规定，认定合同无效将使其承担不利后果；（四）当事人一方虽然在订立合同时违反强制性规定，但是在合同订立后其已经具备补正违反强制性规定的条件却违背诚信原则不予补正；（五）法律、司法解释规定的其他情形。法律、行政法规的强制性规定旨在规制合同订立后的履行行为，当事人以合同违反强制性规定为由请求认定合同无效的，人民法院不予支持。但是，合同履行必然导致违反强制性规定或者法律、司法解释另有规定的除外。依据前两款认定合同有效，但是当事人的违法行为未经处理的，人民法院应当向有关行政管理部门提出司法建议。当事人的行为涉嫌犯罪的，应当将案件线索移送刑事侦查机关；属于刑事自诉案件的，应当告知当事人可以向有管辖权的人民法院另行提起诉讼。"《合同编通则司法解释》第17条规定："合同虽然不违反法律、行政法规的强制性规定，但是有下列情形之一，人民法院应当依据民法典第一百五十三条第二款的规定认定合同无效：（一）合同影响政治安全、经济安全、军事安全等国家安全的；（二）合同影响社会稳定、公平竞争秩序或者损害社会公共利益等违背社会公共秩序的；（三）合同背离社会公德、家庭伦理或者有损人格尊严等违背善良风俗的。人民法院在认定合同是否违背公序良俗时，应当以社会主义核心价值观为导向，综合考虑当事人的主观动机和交易目的、政府部门的监管强度、一定期限内当事人从事类似交易的频次、行为的社会后果等因素，并在裁判文书中充分说理。当事人确因生活需要进行交易，未给社会公共秩序造成重大影响，且不影响国家安全，也不违背善良风俗的，人民法院不应当认定合同无效。"

《物业管理条例》第39条规定物业服务企业不得将物业管理区域内的全部物业管理一并委托给第三人。《民法典》第941条第2款规定物业服务人不得将其应当提供的全部物业服务转委托给第三人，或者将全部物业服务支解后分别转委托给第三人。物业服务人将全部物业服务转委托给第三人的行为，因违反《民法典》和《物业管理条例》的强制性规定，根据《民法典》第153条的规定，应当认定无效。

（五）无论第三人是否独立于物业服务人，只要存在一并转委托的情形，转委托合同就无效

实践中，存在物业服务人承接物业服务后，将其承包范围内的管理一并转委托给具有关联关系的第三方，比如，转委托给同一集团公司名下的其他子公司，或由物业服务人投资并持有股份的第三人，如物业服务人的股东单位等，上述情况中对于转委托合同是否有效存在争议。关于《民法典》第941条第2款规定，是禁止物业服务人员将物业服务事项全部转委托给他人，该规定为效力性规定，此类合同在

司法实践中应被认定为无效合同。①

笔者认为，物业服务人将其服务范围内的全部管理一并转委托于第三人，无论第三人是否为其关联企业，只要第三人能以自己名义独立承担法律责任，该转委托合同无效。关于关联企业的认定问题，《公司法》第265条第4项对"关联关系"进行了解释，其规定"关联关系，是指公司控股股东、实际控制人、董事、监事、高级管理人员与其直接或者间接控制的企业之间的关系，以及可能导致公司利益转移的其他关系。但是，国家控股的企业之间不仅因为同受国家控股而具有关联关系"。如上所述，我国法律法规禁止物业服务人将其服务范围内的管理一并转委托于第三人的目的在于维护市场秩序，最大限度地平衡合同双方利益，如果认可物业服务人可以将其服务范围内的全部管理一并转委托给存在关联关系的第三方，将会使这一目的落空。故，笔者认为物业服务人只要存在将其承接的全部物业管理一并转委托给第三方的，转委托合同无效。

（六）转委托合同无效，并不免除业主支付物业服务费的义务

综上所述，笔者认为，物业服务人只要存在将其承接的全部物业管理一并转委托给第三人的，转委托合同无效。转委托合同无效的，是否有权请求业主支付物业服务费？

笔者认为，尽管法律法规禁止物业服务人将全部物业服务转委托给第三人或者将全部物业服务支解后分别转委托给第三人，但如果物业服务人违反该规定，也并不能当然免除业主支付物业服务费的义务。转委托合同无效，并不影响物业服务人与业主或业委会签署的物业服务合同的效力。因此，根据合同相对性原则，业主仍应按照与物业服务人签署的物业服务合同的约定支付物业服务费。当然，如果物业服务人转委托后，业主未能享受到原物业服务合同约定的服务，或者享受的服务质量达不到原物业服务合同约定的质量标准，业主有权主张减少或免除物业服务费，也有权依据其与物业服务人之间的物业服务合同的约定请求物业服务人承担相应的违约责任，若因转委托后第三人的服务造成业主损失的，业主还可以要求物业服务人赔偿相应的损失。同理，物业服务人也并不因转委托合同无效而丧失请求业主支付物业服务费的权利，其仍可以根据双方的物业服务合同约定请求业主支付相应的

---

① 参见最高人民法院民法典贯彻实施工作领导小组编著：《中国民法典适用大全》（合同卷五），人民法院出版社2022年版，第3546页。

物业服务费。

一些地方高院的司法文件对此类问题也作了明确规定。比如，《北京市高级人民法院关于审理物业管理纠纷案件的意见（试行）》第14条规定，物业管理企业与业主委员会签订物业服务合同后，违规将物业服务全部转托给其他物业管理企业的，如果该转托行为已经公告且业主接受了物业服务的，应依公平原则确定业主向实际提供物业管理企业支付适当的物业服务费用。

（七）物业服务人将全部物业服务转委托给第三人的法律责任

如上所述，根据《民法典》规定，物业服务人违反规定将全部物业服务转委托给第三人或者将全部物业服务支解后分别转委托给第三人的，在民事上，除了转委托合同将被认定无效外，物业服务人还可能承担相应的行政责任。比如，《物业管理条例》第59条规定，违反本条例的规定，物业服务企业将一个物业管理区域内的全部物业管理一并委托给他人的，由县级以上地方人民政府房地产行政主管部门责令限期改正，处委托合同价款30%以上50%以下的罚款。委托所得收益，用于物业管理区域内物业共用部位、共用设施设备的维修、养护，剩余部分按照业主大会的决定使用；给业主造成损失的，依法承担赔偿责任。根据该条规定，如果物业服务人违反规定转委托，除了承担相应的民事责任外，还可能被房地产行政主管部门处以委托合同价款30%以上50%以下的罚款。

四、辅助信息

《民法典》

　　第九百四十一条　物业服务人将物业服务区域内的部分专项服务事项委托给专业性服务组织或者其他第三人的，应当就该部分专项服务事项向业主负责。

　　物业服务人不得将其应当提供的全部物业服务转委托给第三人，或者将全部物业服务支解后分别转委托给第三人。

《物业管理条例》

　　第三十九条　物业服务企业可以将物业管理区域内的专项服务业务委托给专业性服务企业，但不得将该区域内的全部物业管理一并委托给他人。

第五十九条 违反本条例的规定，物业服务企业将一个物业管理区域内的全部物业管理一并委托给他人的，由县级以上地方人民政府房地产行政主管部门责令限期改正，处委托合同价款30%以上50%以下的罚款。委托所得收益，用于物业管理区域内物业共用部位、共用设施设备的维修、养护，剩余部分按照业主大会的决定使用；给业主造成损失的，依法承担赔偿责任。

物业服务合同纠纷案件裁判规则第 4 条

物业服务合同中不合理地免除或者减轻物业服务人责任、加重业主责任、限制业主主要权利，或排除业主主要权利的格式条款无效

【规则描述】　　本条是关于物业服务合同中格式条款无效的规则。物业服务人采用格式条款订立合同的，物业服务人应当遵循公平原则确定当事人之间的权利和义务，并采用合理的方式提示业主委员会和业主注意免除或者减轻其责任等与业主有重大利害关系的条款，按照业主的要求，对该条款予以说明。物业服务人未履行提示或者说明义务，致使业主没有注意或者理解与其有重大利害关系的条款的，业主委员会或业主可以主张该条款不成为合同的内容。如果物业服务人提供的物业服务合同中不合理地免除或者减轻其责任、加重业主责任、限制业主主要权利，或排除业主主要权利的，人民法院应当认定该格式条款无效。

一、类案检索大数据报告

时间：2023 年 7 月 21 日之前；案例来源：Alpha 案例库；案由：物业服务合同纠纷；检索条件：法院认为包含"物业服务合同中免除物业服务企业责任、加重业主委员会或者业主责任、排除业主委员会或者业主主要权利的条款"；案件数量：911 件；数据采集时间：2023 年 7 月 21 日。

本次检索获取了 2023 年 7 月 21 日前共 911 篇裁判文书。从图 4-1 的年份分布可以看到当前条件下此类案件数量的变化趋势。

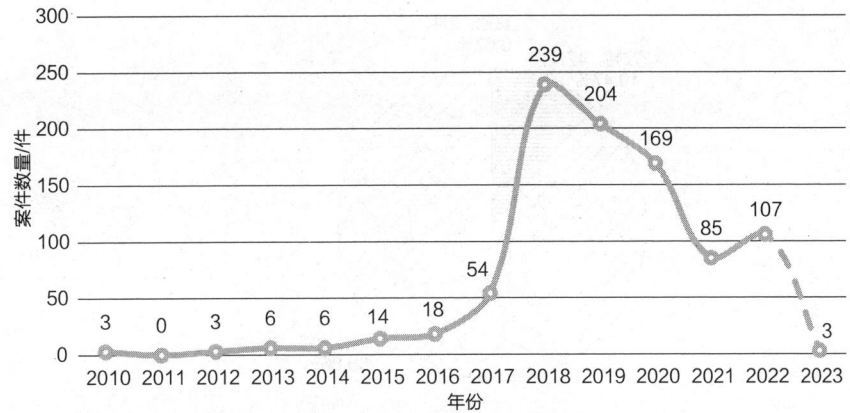

图 4-1　类案时间分布情况

从程序分类统计可以看到此类案件当前的审理程序分布状况。一审案件有 423 件，二审案件有 449 件，再审案件有 39 件。

如图 4-2 所示，通过对一审裁判结果的可视化分析可以看到，当前条件下全部/部分支持的有 285 件，占比为 67.38%；全部驳回的有 127 件，占比为 30.02%；驳回起诉的有 10 件，占比为 2.36%。

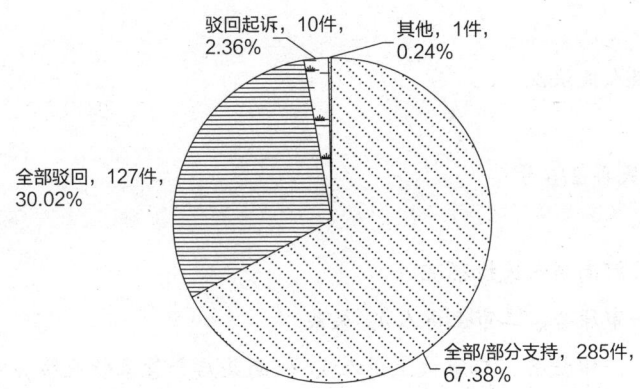

图 4-2　一审裁判结果分析

如图 4-3 所示，通过对二审裁判结果的可视化分析可以看到，当前条件下维持原判的有 399 件，占比为 88.86%；改判的有 47 件，占比为 10.47%；其他的有 3 件，占比为 0.67%。

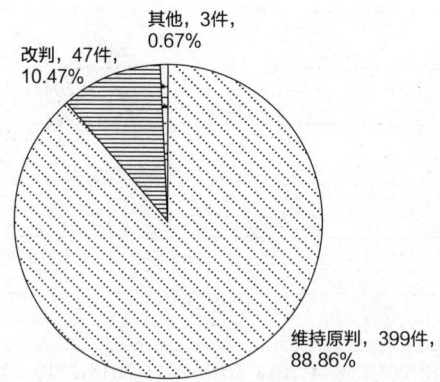

图 4-3 二审裁判结果分析

二、可供参考的例案

例案一 渠某与河南某启金管家物业服务有限公司物业服务合同纠纷案

【法院】

河南省高级人民法院

【案号】

（2020）豫民再 276 号

【当事人】

抗诉机关：河南省人民检察院

申诉人（一审原告、二审上诉人）：渠某

被申诉人（一审被告、二审被上诉人）：河南某启金管家物业服务有限公司（原河南某达物业管理有限公司）

一审被告：河南某达置业有限公司

【基本案情】

2013 年 2 月 2 日，渠某与河南某达置业有限公司（以下简称某达置业公司）签订商品房买卖合同，购买该公司商品房，用途为办公，建筑面积 175.44 平方米，总价款为 1743872 元。渠某系上述房屋业主，河南某启金管家物业服务有限公司（以下简称某管家物业公司）系渠某所在小区的物业管理单位。2014 年 9 月 2 日，渠某与某管家物业公司签订《前期物业管理服务协议》，协议就双方的权利义务，物业管理服务的内容、质量、费用及其他事项作了规定。协议第五章第21条规定，物业服务费按建筑面积计算，办公标准暂定为6.8元／平方米·月。以上费用不包含空调费和公共水电分摊；空调费用分户计量，按实际发生收取；公共水电按实际发生量计算，按建筑面积据实分摊。第26条规定，公用水电（电梯、公用照明、绿化、景观水电、公共卫生间等）用量，按实际消耗依建筑面积据实分摊。协议由渠某签字摁手印，某管家物业公司负责人签字并加盖公章予以确认。同日，渠某与某达置业公司签订的《业主临时管理规约》规定某达聚源国际物业管理区域的物业使用、维护、管理，业主的共同利益及违约责任。《业主临时管理规约》第七章第1条规定，业主或物业使用人违反本临时规约及前期物业管理服务协议的约定，未能按时足额地交纳物业服务费，应每天千分之五的标准支付违约金。逾期超过1个月的，甲方有权采取停水停电等措施暂停对当事业主提供服务。拖欠物业服务费在6个月以上的，物业管理企业可依法向违约业主提起法律诉讼。渠某对该规约作出承诺，同意履行、遵守该规约的责任和义务，并签字摁手印予以确认。

2015年7月13日，渠某起诉至郑州市高新技术产业开发区人民法院，请求判令：（1）确认《前期物业管理服务协议》第五章第21条第1项、第26条关于渠某应按建筑面积据实分摊公用水电的合同条款无效；（2）确认某达置业公司制定的《业主临时管理规约》第七章第1条关于业主逾期交纳物业服务费时，物业服务公司有权采取停水、停电等措施暂停对当事业主提供服务的条款无效。

【案件争点】

渠某要求确认《前期物业管理服务协议》第21条第1项及第26条关于渠某应按建筑面积据实分摊公用水电的合同条款无效的主张是否成立。

【裁判摘要】

《物业服务收费管理办法》第11条规定，物业共用部位、共用设施设备的日常运行、维护费用，物业管理区域清洁卫生、绿化养护、秩序维护等费用计入物业服务成本或物业服务支出。《郑州市物业管理条例》第43条规定，物业管理区域内共用部位、共用设施设备日常运行、维护和管理发生的费用，计入物业服务成本，由物业企业承担。根据生活常识，物业共用部位、共用设施设备的日常运行、维护，必然会产生水电消耗，根据上述规定，该部分水电消耗费用是物业企业正常经营所必须支出的成本，应由物业服务企业承担。而本案中，首先，渠某与某管家物业公司签订的《前期物业管理服务协议》第21条第1项及第26条关于公共水电按实际消耗依建筑面积据实分摊，明显与上述规定不符。原审法院认为物业管理协议中约定的公共水电实际消耗费用并不属于共用部位、共用设施设备日常运行、维护发生的费用，显属错误。其次，法律规定，采取格式条款订立合同的，提供格式条款的一方应当遵循公平原则确定当事人之间的权利和义务，并采取合理的方式提请对方注意免除或者限制其责任的条款，按照对方的要求，对该条款予以说明。格式条款是当事人为了重复使用而预先拟定，并在订立合同时未与对方协商的条款。本案中，某管家物业公司系案涉小区的前期物业服务企业，其提供给业主的《前期物业管理服务协议》均是事先打印好后重复使用的，案涉协议的第21条第1项及第26条也是打印好的固定条款，业主没有选择权，该条款属于格式条款，而某管家物业公司也没有提供证据证明其采取合理方式提请业主注意该格式条款并予以说明。《合同法》第40条①规定，格式条款具有……情形的，或者提供格式条款一方免除其责任、加重对方责任、排除对方主要权利的，该条款无效。2009年《物业纠纷司法解释》第2条第1款第2项规定，物业服务合同中免除物业服务企业责任、加重业主委员会或者业主责任、排除业主委员会或者业主主要权利的条款，业主委员会或者业主请求确认合同或者合同相关条款无效的，人民法院应予支持。某管家物业公司与渠某签订的《前期物业管理服务协议》中关于按建筑面积据实分摊公共水电的条款，显属免除物业服务企业责任，加重业主责任的条款，应属无效。

例案二　某智慧社区服务集团股份有限公司与杨某物业服务合同纠纷案

【法院】
　　北京市第三中级人民法院

【案号】
　　（2018）京03民终15838号

【当事人】
　　上诉人（原审被告）：某智慧社区服务集团股份有限公司
　　被上诉人（原审原告）：杨某

---

① 参见《民法典》第497条。

【基本案情】

2016年7月29日，案涉小区开发商作为甲方与乙方某智慧社区服务集团股份有限公司（以下简称某公司）签《物业服务合同》一份，将小区物业项目委托由某公司提供物业服务。双方约定物业服务费用为包干制，由业主按照拥有物业的建筑面积交纳，其中公寓收费标准为每建筑平方米2.68元每月每平方米；物业服务内容包括：（1）物业共用部位的维修、养护和管理；（2）物业共用设施的运行、维修、养护和管理；（3）物业共用部位和相关场地的清洁卫生，垃圾的收集、清运及雨水、污水管道的疏通；（4）公共绿化的养护和管理；（5）车辆停放管理；（6）公共秩序维护、安全防范等事项的协助管理；（7）物业接管验收管理活动策划；（8）物业向业主交房以及业主入伙管理；（9）装饰装修管理服务；（10）物业档案资料管理。关于质量标准双方约定为一级，服务内容及质量标准符合《北京市住宅物业服务标准》。同时双方对物业的承接验收、使用与维护、经营与管理、合同的变更与解除及违约责任等内容进行了具体约定。合同签订后，某公司即进驻小区提供物业服务至今。

杨某系小区业主，其房屋建筑面积为168.81平方米。因杨某未按合同约定向某公司交纳2016年8月25日至2017年8月24日期间的物业服务费，经催收未果，故某公司起诉至法院，要求杨某立即给付拖欠的物业服务费5428.93元及违约金。

【案件争点】

案涉物业合同违约金条款的效力如何认定。

【裁判摘要】

本案中，在涉案小区尚未成立业主委员会的情况下，建设单位选聘某公司作为物业服务企业并与之签订《物业服务合同》，是双方真实意思表示，并未违反法律法规的强制性规定，该合同对小区全体业主具有约束力。某公司主张根据《物业服务合同》第22条约定"乙方的物业服务达不到本合同约定的服务内容和质量标准，应按甲方或业主所交纳的年物业服务费总额的10%向甲方或业主支付违约金"，因此，即便物业服务不达标亦只应减少10%的物业服务费。法院认为，前述条款属于明显减轻自身责任的格式条款，且未经加黑、加粗等特殊强调，应属无效。当事人对自己提出的诉讼请求所依据的事实或者反驳对方诉讼请求所依据的事实有责任提供证据加以证明。没有证据或者证据不足以证明当事人的事实主张的，由负有举证责任的当事人承担不利后果。根据杨某提供的证据，可以证明某公司提供的物业服务与约定的标准有一定差距，某公司虽主张杨某提供的证据并非其服务期间的小区状态，但其并未就此提出反证以证明其主张，故其应承担举证不能的不利后果。根据本案现有证据，某公司要求杨某全额支付物业服务费依据不足，法院酌减20%的物业服务费。

例案三　易某与重庆市某流物业服务有限公司物业服务合同纠纷案

【法院】
　　重庆市第一中级人民法院
【案号】
　　（2020）渝01民终894号
【当事人】
　　上诉人（原审原告）：易某
　　被上诉人（原审被告）：重庆市某流物业服务有限公司
【基本案情】
　　2018年11月15日，小区业主委员会（以下简称业委会，甲方）与重庆市某流物业服务有限公司（以下简称某流物业公司，乙方）签订《重庆市物业服务合同》一份，主要约定："第1条：物业基本情况：建筑面积：80855平方米……第3条：甲方委托乙方提供的物业服务主要内容为：1.物业共用部位的日常维修、养护和管理。2.物业共用设施、设备的维修、养护、运行和管理。3.市政公用设施（不属市政部门管理的）和附属建筑物、构筑物的维修、养护和管理。4.公用绿地、花木、建筑小品等的养护和管理。5.附属配套设施和建筑的维修、养护和管理。6.公共场所、房屋共用部分的清洁卫生，垃圾的收集、清运，排水管道、污水管道的疏通。7.交通秩序与车辆停放的管理。8.协助做好物业管理区域的安全防范工作。9.物业档案资料管理。10.装修管理。11.物业服务费和本合同规定的其他费用的收取。12.法律法规规定的应由乙方管理服务的其他事项……第5条：乙方提供的物业管理服务应达到指定的标准，物业服务标准执行《重庆市住宅物业服务等级标准》一级。第6条：本物业管理区域的物业服务收费采取包干制（按建筑面积收取）。费用：（1）住宅：0.5元/平方米/月；（2）商业用房：1.00元/平方米/月。第7条：共用的专项设备运行的能耗费用，独立计量核算，采取分摊制向业主分摊计收。第8条：业主应于次月初日起交纳物业服务费或物业服务资金……第21条：本合同期限为五年，自2018年12月1日至2022年11月30日止。本合同期限届满前三个月内，甲方作出续聘或选聘的决定，在甲方续聘或选聘的物业管理企业签订的物业服务合同生效时本合同终止……第28条：甲方、业主或物业使用人违反合同约定，未能按时如数交纳物业服务费的，应按每日千分之三的标准向乙方支付违约金。"合同签订后，某流物业公司为"明珠苑"小区提供了物业服务，如清淘化粪池、排水主管改造、疏通下水管道、消防设施设备的检查、公共区域的清洁卫生、花木维护与修剪、蚊虫灭杀、安保巡逻，并对小区的道路及广场进行维修、增设监控、道闸、增设小区内公共区域设施、楼道及墙面维修、组织小区文化活动等。

易某系小区房屋所有权人，其房屋建筑面积为134.4平方米。易某向一审法院起诉请求：（1）确认某流物业公司向易某提供了20%的物业服务；（2）因《重庆市物业服务合同》第27条、第28条权利义务不对等，变更双方签订的《重庆市物业服务合同》第27条约定为"乙方违反本合同任何条款，致使管理服务达不到本合同物业服务质量约定的，由乙方按应收物管费的千分之三支付违约金"；（3）本案诉讼费由某流物业公司承担。审理中，易某变更第2项诉讼请求为"要求确认《重庆市物业服务合同》第28条无效"。

【案件争点】

业主关于确认《重庆市物业服务合同》第28条无效的主张是否成立。

【裁判摘要】

业委会与某流物业公司签订的《重庆市物业服务合同》系双方真实意思表示，内容不违反法律、行政法规的强制性规定，合法有效，应受法律保护。该合同第28条系规定在违约责任部分，而该合同第27条、第28条约定双方在违约时应当承担违约责任。虽然第27条没有约定赔偿标准，但某流物业公司不会因此而免除责任；虽然第28条约定了赔偿标准，但也不意味着业主必定承担较重的责任。且上述两条只有在发生违约情形时才会适用，该合同条款并不存在免除物业服务企业责任、加重业主委员会或者业主责任、排除业主委员会或者业主主要权利的情形，因此，对易某要求确认《重庆市物业服务合同》第28条无效的诉讼请求不予支持。

例案四　王某、刘某与广州市花都某华物业管理有限公司物业服务合同纠纷案

【法院】

广东省广州市中级人民法院

【案号】

（2020）粤01民终8497号

【当事人】

上诉人（原审被告）：王某

上诉人（原审被告）：刘某

被上诉人（原审原告）：广州市花都某华物业管理有限公司

【基本案情】

2013年11月19日，王某、刘某（乙方）与广州市花都某华物业管理有限公司（以下简称某华物业公司）（甲方）签订《前期物业服务合同》，约定由某华物业公司为涉案房屋所在的小区提供物业管理服务。收楼之日起先支付三个月的物业服务费，三个月以后按年月顺延，按月交纳，业主或物业使用人应在每月10日前履行交纳义务。物业收费标准，按每月每平方米2.8元收费，签订《前期物业合同》后前三年按每月每平方米1.8元收费，三年后由物业公司根据政府公布的消费者物价指数调整物业管理服务费收费标准，乙方不持异议。今后甲方每年或每季根据政府有关部门对物价、物业服务管理费用（含车位费）进行调整的，则按调整后的标准收取费用。以上费用均未包含公共能源及耗损分摊，公共水电、电梯电费按实际产生进行分摊到各住户后，收取分摊费用。乙方出租物业（含车位）的，物业管理服务费用由乙方交纳，乙方与物业使用人约定由物业使用人交纳物业服务费用的，从其约定，乙方负连带交纳责任；公共用水、用电由甲方向乙方或物业使用人按实摊收。甲方的权利义务：（1）甲方有权制定本物业的物业管理制度和《临时管理规约》；（2）建立本物业的物业管理档案资料；（3）制止违反本物业的物业管理制度和《临时管理规约》的行为；（4）物业管理企业可委托专业公司承担本物业的专项管理与服务业务；（5）依据本合同向乙方/物业使用人收取物业服务费用，包括汽车、摩托车、自行车的车位租金。违约责任：（1）乙方违反本合同，使甲方未达到管理服务质量约定目标的，甲方有权要求乙方限期改正，逾期未改正给甲方造成损失的，乙方承担相应的经济和法律责任；（2）乙方不按本合同约定的收费标准和时间交纳有关费用的，甲方要求乙方补交并从逾期之日起按每天千分之一交纳违约金，至缴清欠款及违约金为止，否则甲方直接向人民法院起诉，诉讼费、律师费、执行费由乙方支付。合同还对其他事项进行了约定。因王某、刘某未按约支付物业费等导致本案成讼。

【案件争点】

王某、刘某是否需要向某华物业公司支付违约金、律师费。

【裁判摘要】

对于逾期违约金和律师费的问题，从某华物业公司与王某、刘某双方签订的《前期物业服务合同》第10条违约责任约定来看，该违约条款仅有两条，均是写明乙方（王某、刘某）违约应承担的责任，而对于甲方（某华物业公司）如果违约而应承担的违约责任却没有任何规定，该合同第10条属于法律规定的格式条款无效的情形，因此该违约责任条款无效。对于某华物业公司主张王某、刘某支付逾期违约金和律师费的请求，法院不予支持。

三、裁判规则提要

物业服务合同文本（尤其前期物业服务合同）多由物业服务企业在各地主管机关颁布示范文本的基础上，预先拟定而反复使用。其中会出现减轻或者免除物业服务企业责任、加重业主责任、免除业主主要权利等影响业主重大利害关系的条款。为防止原本不平等的双方在权利义务上严重失衡，需要通过订立控制及内容控制两个手段先后对格式条款内容予以过滤。针对与对方具有重大利害关系的条款内容，格式条款提供方须履行提示、说明的义务。否则，对方可以主张该条款不成为合同的内容。在物业服务企业就与业主方具有重大利害关系的格式条款已经尽到提示、说明义务，从而该条款成为合同内容。此时还需甄别物业服务人免除或者减轻己方责任、加重对方责任、限制对方主要权利的条款设定是否合理，一旦不具有合理性，或者直接排除业主及业委会的主要权利的，该格式条款将被认定为无效。对于排除业主或业主委员会主要权利的格式条款，亦应被认定无效。

（一）我国格式条款的立法沿革

《民法典》第496条第1款规定，格式条款是指合同当事人一方为重复使用而预先拟定，在合同订立时未与对方协商的条款。格式条款在我国台湾民法上被称为"定型化契约条款"（或称定式契约），"缔结契约在传统上是由当事人个别磋商，可以讨价还价，议定条款内容。为适应现代社会大量交易活动，目前保险、银行、运送、旅游、预售房屋等企业厂商为与不特定多数人订立契约，多事先拟定契约条款，由相对人决定是否接受，学说上称为定型化契约条款"[1]。德国民法上称之为"一般

---

[1] 王泽鉴：《民法学说与判例研究》，北京大学出版社2019年版，第458页。

交易条件",2002年1月1日修改生效的《德国民法典》废止了1976年制定的关于格式条款的《德国一般交易条款法》,并将其实质性规定全部纳入《德国民法典》第二编"债法"的第二部分。现行《德国民法典》第305条第1款规定,一般交易条件是指为一系列的多次交易而预先制定的,由契约一方当事人(一般交易条件使用方)在缔约之际向相对人提出的合同条款。日本民法将格式条款称为"普通条款",英美法中称之为"不公平合同条款"(Unfair Contract Terms),法国民法称之为"附合契约"。

我国最早关于格式条款的立法体现在1993年颁布的《消费者权益保护法》,该法第24条①规定:"经营者不得以格式合同、通知、声明、店堂告示等方式作出对消费者不公平、不合理的规定,或者减轻、免除其损害消费者合法权益应当承担的民事责任。格式合同、通知、声明、店堂告示等含有前款所列内容的,其内容无效。"其后在1999年颁布的《合同法》第39条②、第40条③、第41条④对"格式条款"分别从格式条款定义及使用人义务、格式条款的无效、格式条款的解释等方面作出了更

---

① 2013年修正的《消费者权益保护法》第26条规定:"经营者在经营活动中使用格式条款的,应当以显著方式提请消费者注意商品或者服务的数量和质量、价款或者费用、履行期限和方式、安全注意事项和风险警示、售后服务、民事责任等与消费者有重大利害关系的内容,并按照消费者的要求予以说明。经营者不得以格式条款、通知、声明、店堂告示等方式,作出排除或者限制消费者权利、减轻或者免除经营者责任、加重消费者责任等对消费者不公平、不合理的规定,不得利用格式条款并借助技术手段强制交易。格式条款、通知、声明、店堂告示等含有前款所列内容的,其内容无效。"

② 《合同法》第39条规定:"采用格式条款订立合同的,提供格式条款的一方应当遵循公平原则确定当事人之间的权利和义务,并采取合理的方式提请对方注意免除或者限制其责任的条款,按照对方的要求,对该条款予以说明。格式条款是当事人为了重复使用而预先拟定,并在订立合同时未与对方协商的条款。"

③ 《合同法》第40条规定:"格式条款具有本法第五十二条和第五十三条规定情形的,或者提供格式条款一方免除其责任、加重对方责任、排除对方主要权利的,该条款无效。"

④ 《合同法》第41条规定:"对格式条款的理解发生争议的,应当按照通常理解予以解释。对格式条款有两种以上解释的,应当作出不利于提供格式条款一方的解释。格式条款和非格式条款不一致的,应当采用非格式条款。"

为详细的规定。《合同法司法解释二》第6条①、第9条②、第10条③又对"采取合理的方式"的认定及举证责任、格式条款的效力等作出了更为具体的解释规定。

《民法典》在吸收《合同法》及其司法解释相关规定精神的基础上，在第496条、第497条和第498条中对"格式条款"相关问题作出了规定。第496条第1款规定了格式条款的定义，第2款规定了格式条款提供方的提示及说明义务；第497条规定了格式条款无效的情形；第498条规定了格式条款的解释方法。《合同编通则司法解释》第9条④、第10条⑤又对"格式条款"的适用作了进一步细化的规定。

（二）格式条款的识别

根据《民法典》第496条第1款关于格式条款的定义，即"格式条款是当事人为了重复使用而预先拟定，并在订立合同时未与对方协商的条款"，格式条款应同时具备三个特征：一是预先拟定；二是重复使用；三是未与对方协商。格式条款最实

---

① 《合同法司法解释二》第6条规定："提供格式条款的一方对格式条款中免除或者限制其责任的内容，在合同订立时采用足以引起对方注意的文字、符号、字体等特别标识，并按照对方的要求对该格式条款予以说明的，人民法院应当认定符合合同法第三十九条所称'采取合理的方式'。提供格式条款的一方对已尽合理提示及说明义务承担举证责任。"

② 《合同法司法解释二》第9条规定："提供格式条款的一方当事人违反合同法第三十九条第一款关于提示和说明义务的规定，导致对方没有注意免除或者限制其责任的条款，对方当事人申请撤销该格式条款的，人民法院应当支持。"

③ 《合同法司法解释二》第10条规定："提供格式条款的一方当事人违反合同法第三十九条第一款的规定，并具有合同法第四十条规定的情形之一的，人民法院应当认定该格式条款无效。"

④ 《合同编通则司法解释》第9条规定："合同条款符合民法典第四百九十六条第一款规定的情形，当事人仅以合同系依据合同示范文本制作或者双方已经明确约定合同条款不属于格式条款为由主张该条款不是格式条款的，人民法院不予支持。从事经营活动的当事人一方仅以未实际重复使用为由主张其预先拟定且未与对方协商的合同条款不是格式条款的，人民法院不予支持。但是，有证据证明该条款不是为了重复使用而预先拟定的除外。"

⑤ 《合同编通则司法解释》第10条规定："提供格式条款的一方在合同订立时采用通常足以引起对方注意的文字、符号、字体等明显标识，提示对方注意免除或者减轻其责任、排除或者限制对方权利等与对方有重大利害关系的异常条款的，人民法院可以认定其已经履行民法典第四百九十六条第二款规定的提示义务。提供格式条款的一方按照对方的要求，就与对方有重大利害关系的异常条款的概念、内容及其法律后果以书面或者口头形式向对方作出通常能够理解的解释说明的，人民法院可以认定其已经履行民法典第四百九十六条第二款规定的说明义务。提供格式条款的一方对其已经尽到提示义务或者说明义务承担举证责任。对于通过互联网等信息网络订立的电子合同，提供格式条款的一方仅以采取了设置勾选、弹窗等方式为由主张其已经履行提示义务或者说明义务的，人民法院不予支持，但是其举证符合前两款规定的除外。"

质的特征在于"未与对方协商"。"未与对方协商"就是指格式条款提供方没有就条款内容与相对方进行实质上的磋商,相对方对条款内容没有进行实际修改的余地。按照自愿原则,当事人有权选择与谁订立合同、自主决定合同的内容。但格式条款的提供方为了追求交易便捷、高效等,利用自己的优势地位,事先拟定合同,相对方往往只能选择接受或者拒绝,不能实质上影响合同内容。相对方虽然在合同上签字,但并不一定是真正的内心意愿表达。① "重复使用"并不是格式条款的本质特征,而仅仅是为了说明"预先拟定"的目的,② 并非司法认定格式条款的必要条件。"如果将其作为格式条款的构成要件,那么当事人在主张某条款为格式条款时就负有这样的举证责任,需证明该条款已经被重复使用的事实。让当事人承担这样的举证责任,显然过于严苛,有违立法本意。"③

（三）格式条款提供方的义务

根据《民法典》第496条第2款的规定,即"采用格式条款订立合同的,提供格式条款的一方应当遵循公平原则确定当事人之间的权利和义务,并采取合理的方式提示对方注意免除或者减轻其责任等与对方有重大利害关系的条款,按照对方的要求,对该条款予以说明",格式条款提供方应履行三个方面的义务:

一是应当遵循公平原则确定当事人之间的权利和义务。格式条款是单方提供,对方并没有就条款进行实际磋商的机会,格式条款提供方可能会恣意追求自己的单方利益,违背公平原则,不合理地分配合同交易中的风险和负担。④《民法典》第6条规定,民事主体从事民事活动,应当遵循公平原则,合理确定各方的权利和义务。格式条款提供方通常是具有优势地位的一方,为避免其滥用优势地位制定不公平的格式条款,该条规定强调了订立合同的公平原则。

二是采取合理的方式提示对方注意免除或者减轻其责任等与对方有重大利害关系的条款。对于"合理的方式",《合同法司法解释二》第6条规定,提供格式条款

---

① 黄薇主编:《中华人民共和国民法典合同编解读》（上册）,中国法制出版社2020年版,第124页。

② 参见王利明:《对〈合同法〉格式条款规定的评析》,载《政法论坛（中国政法大学学报）》1999年第6期。

③ 最高人民法院研究室编著:《最高人民法院关于合同法司法解释（二）理解与适用》,人民法院出版社2009年版,第82页。

④ 黄薇主编:《中华人民共和国民法典合同编解读》（上册）,中国法制出版社2020年版,第129页。

的一方对格式条款中免除或者限制其责任的内容,在合同订立时采取足以引起对方注意的文字、符号、字体等特别标识,并按照对方的要求对该格式条款予以说明的,人民法院应当认定符合"采取合理的方式"。虽然该解释已被废止,但此规定的内容仍然可以作为人民法院认定格式条款提供人是否采取合理的方式的参考。对于"重大利害关系的条款",根据《民法典》第470条第1款规定的一般合同内容,应当认为合同中约定的标的、数量、质量、价款或者报酬、履行期限、地点和方式、违约责任、解决争议的方法等条款,都属于此处的"与对方有重大利害关系的条款"。

三是在对方有要求时对格式条款予以说明。最高人民法院研究室在2000年发布的《关于对〈保险法〉第十七条规定的"明确说明"应如何理解的问题的答复》中指出,1995年《保险法》第17条①规定:"保险合同中规定有关于保险人责任免除条款的,保险人在订立保险合同时应当向投保人明确说明,未明确说明的,该条款不产生效力。"这里所规定的"明确说明",是指保险人在与投保人签订保险合同之前或者签订保险合同之时,对于保险合同所约定的免责条款,除了在保险单上提示投保人注意外,还应当对有关免责条款的概念、内容及其法律后果等,以书面或者口头形式向投保人或其代理人作出解释,以使投保人明了该条款的真实含义和法律后果。《最高人民法院关于适用〈中华人民共和国保险法〉若干问题的解释(二)》第11条第2款规定,保险人对保险合同中有关免除保险人责任条款的概念、内容及其法律后果以书面或者口头形式向投保人作出常人能够理解的解释说明的,人民法院应当认定保险人履行了《保险法》第17条第2款规定的明确说明义务。

因格式条款未与相对方进行实际磋商,相对方对条款的内容并不充分了解,对与自己有重大利害关系的条款并不一定能注意到,即使注意到了,也不一定能真正理解。因此,法律对格式条款的使用者课以提示注意并说明的义务。②《合同法》第39条规定了使用方需要采取合理的方式提请对方注意免除或者限制其责任的条款。《民法典》第496条第2款在此基础上新增了"与对方有重大利害关系的条款"作为兜底,扩大了提示说明义务的范围。针对提供格式条款的一方对格式条款中免除或

---

① 现行《保险法》第17条规定:"订立保险合同,采用保险人提供的格式条款的,保险人向投保人提供的投保单应当附格式条款,保险人应当向投保人说明合同的内容。对保险合同中免除保险人责任的条款,保险人在订立合同时应当在投保单、保险单或者其他保险凭证上作出足以引起投保人注意的提示,并对该条款的内容以书面或者口头形式向投保人作出明确说明;未作提示或者明确说明的,该条款不产生效力。"

② 黄薇主编:《中华人民共和国民法典合同编释义》,法律出版社2020年版,第85页。

限制其责任等与对方具有重大利害关系的内容，法律明确要求采取合理的方式提请对方注意，按照对方要求，对条款予以说明。这里"采取合理的方式"，一般而言系在合同订立时采用足以引起对方注意的文字、符号、字体等特别标识。具体需根据情况而定，判断是否已经尽到了提请注意的义务。

（四）格式条款提供方未履行提示或者说明义务的法律后果

对于格式条款提供方未履行提示或者说明义务，会导致什么样的法律后果，《合同法》第39条并未作出规定。实践中主要存在三种观点：第一种观点认为导致该格式条款无效；第二种观点是对方可以请求撤销该格式条款；第三种观点认为对方可以主张该格式条款视为未订入合同。2009年《合同法司法解释二》第9条规定，提供格式条款的一方当事人未尽提示和说明义务，导致对方没有注意免除或者限制其责任的条款，对方当事人申请撤销该格式条款的，人民法院应当支持。但民事法律行为的撤销有除斥期间的限制，不利于相对方的权利保护。

《民法典》采纳了上述第三种观点，第496条第2款规定，提供格式条款的一方未履行提示或者说明义务，致使对方没有注意或者理解与其有重大利害关系的条款的，对方可以主张该条款不成为合同的内容。"格式条款提供方未履行提示或者说明义务，即使对方对合同已经签字确认，但基于对方没有注意或者理解，仍然可以视为当事人双方就这些条款并没有真正达成意思表示一致，因此将格式条款提供方未履行提示或者说明义务的法律效果问题归属于合同订立的制度范畴比较合适。"[①] 需要注意的是，只能由相对方主张"该条款不成为合同的内容"，格式条款提供方无权提出该项主张，这也是从制度设计的角度对格式条款相对方的倾斜性保护。另外，法条中的表述是"可以"，如果随着情况的变化，格式条款的内容变得有利于相对方时，相对方也可以主张该格式条款成为合同的内容，该格式条款对双方均产生法律约束力。

（五）格式条款无效情形

《民法典》第497条规定："有下列情形之一的，该格式条款无效：（一）具有本法第一编第六章第三节和本法第五百零六条规定的无效情形；（二）提供格式条款一方不合理地免除或者减轻其责任、加重对方责任、限制对方主要权利；（三）提供格

---

① 黄薇主编：《中华人民共和国民法典合同编解读》（上册），中国法制出版社2020年版，第127页。

式条款一方排除对方主要权利。"根据该条的规定，格式条款的无效情形主要包括：

1. 违反法律一般规定的格式条款无效

《民法典》第一编第六章第三节规定了"民事法律行为的效力"，主要包括：第144条规定的无民事行为能力人实施的民事法律行为无效。第146条规定的行为人与相对人以虚假的意思表示实施的民事法律行为无效。第153条规定的违反法律、行政法规的强制性规定的民事法律行为无效；违背公序良俗的民事法律行为无效。第154条规定的行为人与相对人恶意串通，损害他人合法权益的民事法律行为无效。《民法典》第506条规定了两种合同免责条款无效：造成对方人身损害的；因故意或者重大过失造成对方财产损失的。

2. 不合理地免除或者减轻其责任、加重对方责任、限制对方主要权利的格式条款无效

《合同法》第40条规定提供格式条款一方免除其责任、加重对方责任的条款无效。《民法典》在此规定的基础上增加了"不合理"的限制，明确"提供格式条款一方不合理地免除或者减轻其责任、加重对方责任、限制对方主要权利"的格式条款无效。结合《民法典》第496条的规定，格式条款提供方对于与对方有重大利害关系的条款首先有提示和说明的义务，如果其未履行该义务，对方也没有注意或者理解相应条款的，则对方有权主张相应条款不成为合同的内容。如果其履行了提示和说明义务，还要区别该条款免除或者减轻提供方的责任、加重对方责任、限制对方主要权利是否合理，才能确定条款的效力。如果该格式条款是合理的，也不具有其他无效的情形，则该条款有效。如果是不合理的，则该条款无效。[①] 对于是否"合理"，人民法院应当根据案件实际情况、行业惯例、交易习惯等综合予以认定。

3. 排除对方主要权利的格式条款无效

对于"排除对方主要权利"的格式条款，不论合理与否，不论格式条款提供方是否进行了提示或说明，均属于无效。对于何为"主要权利"，合同千差万别，性质不同，当事人享有的"主要权利"也不可能完全一样。认定"主要权利"不能仅仅看双方当事人签订的合同的内容是什么，而应就合同本身的性质来考察。如果依据合同的性质能够确定合同的主要内容，则应以此确定当事人所享有的主要权利。[②]

---

① 最高人民法院民法典贯彻实施工作领导小组主编：《中华人民共和国民法典合同编理解与适用（一）》，人民法院出版社2020年版，第251页。

② 王利明：《对〈合同法〉格式条款规定的评析》，载《政法论坛（中国政法大学学报）》1999年第6期。

（六）格式条款的解释方法

《民法典》第 498 条规定了格式条款的解释方法，即"对格式条款的理解发生争议的，应当按照通常理解予以解释。对格式条款有两种以上解释的，应当作出不利于提供格式条款一方的解释。格式条款和非格式条款不一致的，应当采用非格式条款。"该规定包含了格式条款解释的三个规则：

一是通常解释规则。对于格式条款，不能以格式条款制定者或者行业专家的理解进行解释，应当以一般人的理解来进行解释，对于特殊术语应进行日常的、一般意义上的、通俗的解释。

二是不利解释规则。对于格式条款有两种以上解释的，应当以不利于提供格式条款一方的解释为准。需要注意的是，应当先适用通常解释规则，在通常解释下有两种以上解释的，才能适用不利解释规则。《保险法》第 30 条[①]和《旅行社条例》第 29 条第 2 款[②]均有所体现。

三是非格式条款优先规则。格式条款是一方当事人预先拟定未与对方协商的条款，不能体现双方当事人的真实意思表示。而非格式条款是双方当事人自由协商的结果，体现了双方共同的真实意思。非格式条款优先是民事法律行为自愿原则的体现，更符合公平原则。

（七）物业服务合同中的格式条款认定

一方面，现代社会交易高度发达，出于节约交易成本和追求经济效率的需要，格式合同或格式条款在众多领域被推广使用。另一方面，随着社会分工和专业化、技术化程度的不断提高，合同当事人在经济实力、信息掌握程度等方面存在显著差异，此时，格式合同的使用人往往利用自己的优势，在合同中事先加入一些对己方有利而对对方不利的不公平合同条款，而相对人"要么接受、要么走开"[③]。司法实践中，物业服务合同一般均以格式合同的形式存在，即由物业服务企业提供合同格式

---

① 《保险法》第 30 条规定："采用保险人提供的格式条款订立的保险合同，保险人与投保人、被保险人或者受益人对合同条款有争议的，应当按照通常理解予以解释。对合同条款有两种以上解释的，人民法院或者仲裁机构应当作出有利于被保险人和受益人的解释。"

② 《旅行社条例》第 29 条第 2 款规定："旅行社和旅游者签订的旅游合同约定不明确或者对格式条款的理解发生争议的，应当按照通常理解予以解释；对格式条款有两种以上解释的，应当作出有利于旅游者的解释；格式条款和非格式条款不一致的，应当采用非格式条款。"

③ 参见贺栩栩：《〈合同法〉第 40 条后段（格式条款效力审查）》，载《法学家》2018 年第 6 期。

文本，尤其是前期物业服务合同更是如此。① 其中，通常会有物业服务企业关于减轻或者免除自己责任、加重业主权利限制的条款设定，难免会损害作为合同相对方的业主的权利。因此，需要事后予以矫正，以防止当事人的权利义务显失均衡。

2009年《物业纠纷司法解释》第2条规定了业主委员会或者业主可以请求确认"物业服务合同中免除物业服务企业责任、加重业主委员会或者业主责任、排除业主委员会或者业主主要权利的条款"无效。该条解释与《合同法》第40条的规定内容相一致。《民法典》施行后，《合同法》被废止，同时鉴于《民法典》中已对格式条款规则进行了详细的规定，2020年修正后的《物业纠纷司法解释》删除了上述规定，对于物业服务合同纠纷下的格式条款规则应当按照《民法典》的规定予以认定。

物业服务人采用格式条款订立合同的，物业服务人应当遵循公平原则确定当事人之间的权利和义务，并采用合理的方式提示业主委员会和业主注意免除或者减轻其责任等与业主有重大利害关系的条款，按照业主的要求，对该条款予以说明。物业服务人未履行提示或者说明义务，致使业主没有注意或者理解与其有重大利害关系的条款的，业主委员会或业主可以主张该条款不成为合同的内容。如果物业服务人提供的物业服务合同中不合理地免除或者减轻其责任、加重业主责任、限制业主主要权利，或排除业主主要权利的，人民法院应当认定该格式条款无效。

物业服务合同签订时，物业公司基于商业上的考量安排，以及物业服务牵涉业主个体与业主整体之间利益均衡的特征，出于团体利益的角度合理限制个人所有权的行使，此种情形下应当认为具有一定的社会妥当性（合理性）。反之，如果物业服务合同中不合理地免除或者减轻物业服务企业责任、加重业主委员会或业主责任、限制业主委员会或者业主主要权利的条款无效；排除业主委员会或者业主主要权利的条款无效。

格式条款的审查（评价）标准为是否对影响当事人合同利益实现的权利、义务、责任进行了限制，是否会对相对方构成不合理的"利益减损"即"免除其责任、加重对方责任、排除对方主要权利"，且此类权利、义务和责任，应对合同目的（合同利益）实现至关重要。其中，合同性质标准又与重要的合同义务密切相关，且后者确定前者。有待评估的主要有以下几个方面：义务的均衡性、风险负担的合理性、

---

① 参见王利明主编：《最高人民法院建筑物区分所有权、物业服务司法解释原理精解·案例与适用》，中国法制出版社2010年版，第261页。

责任限制是否危及当事人合同利益（合同目的）之实现。①

物业服务合同原先并非《合同法》规定的有名合同之一。关于物业服务合同的性质，有"委托合同说""服务合同说""混合合同说""承揽说"等。随着社会实践的发展，物业服务蓬勃发展，由于无法简单归入任何一类传统合同，《民法典》将其新增为独立的有名合同。《民法典》第937条规定，物业服务合同是物业服务人在物业服务区域内，为业主提供建筑物及其附属设施的维修养护、环境卫生和相关秩序的管理维护等物业服务，业主支付物业费的合同。物业服务合同的缔结，于业主而言，其目的在于通过支付相关费用，保障整个建筑区划内建筑物及附属设施的有效运转，利用物业服务企业的服务，维护自己的不动产财产、居住环境等合法权益。②可见，既有对专有部位的利用，又有维持并促进公共部位小区整体的功能。因此，比如，物业管理规约中"禁止封闭阳台"的条款，多系为维护小区外立面的和谐统一，属于为实现小区整体利益的目的而对业主专有权利（主要权利）进行合理而适当的限制。这本身没有排除业主的主要权利。在遵守约定不封闭阳台的情况下，业主依然可以正常行使对阳台享有的占有、使用、收益和处分的权利。又如，物业企业利用建筑物的共有空间及其他配套设施对外从事经营性活动，又排除业主对此享有收益等约定的，实际上是剥夺了业主对共有部分的权利。法律赋予了业主对共有部分的占有、使用、收益权。该基本而核心的权利一旦被排除，应当构成此类格式条款系排除相对方的主要权利而无效。③

（八）物业服务合同约定的格式管辖条款效力

物业服务合同中通常会对发生争议时的管辖法院进行约定，一般多约定由物业所在地人民法院管辖。但有些物业服务合同中会约定由原告所在地或者甲方（物业服务人）所在地人民法院管辖。在物业服务人所在地与物业所在地并不在同一区域时，对该条款的效力往往会发生争议。比如，北京朝阳区的物业服务人为海淀区的小区提供物业服务，物业服务合同约定，发生争议时向甲方（物业服务人）所在地人民法院起诉。物业服务人起诉业主支付物业费时，业主需要前往北京市朝阳区人

---

① 贺栩栩：《〈合同法〉第40条后段（格式条款效力审查）》，载《法学家》2018年第6期。
② 最高人民法院民事审判第一庭编著：《最高人民法院建筑物区分所有权、物业服务司法解释理解与适用》，人民法院出版社2009年版，第268页。
③ 参见最高人民法院民事审判第一庭编著：《最高人民法院建筑物区分所有权、物业服务司法解释理解与适用》，人民法院出版社2009年版，第268页。

民法院应诉。业主起诉物业服务人主张权利时，业主要到北京市朝阳区人民法院提起诉讼。对业主而言极为不便，业主往往会提起管辖权异议，认为应当由物业所在地人民法院管辖。

1. 司法实践中的争议

司法实践中，有的法院认为物业服务合同应当适用不动产专属管辖。这些法院认为，《民事诉讼法》及其司法解释虽均未明确规定物业服务合同纠纷属于因不动产提起的纠纷，但也并未限制不动产纠纷类型，对此应采取宽松理解，无论是不动产物权纠纷还是不动产债权纠纷，都应适用专属管辖制度。物业服务合同签订亦是为了业主更好地使用、保护和管理自己的专有和共有之不动产物权。物业服务合同纠纷之症结亦在于业主认为物业服务人服务不到位继而拒交物业服务费，案件之审理多牵扯到合同双方对专有和共有部分物权的使用、管理、收益、保护等。物业服务合同纠纷与不动产联系密切，认定是因不动产纠纷提起的诉讼，合理合法；物业服务合同纠纷按不动产专属管辖符合"方便当事人、方便法院"的两便原则。《民事诉讼法》设计管辖制度之原则即在于为了"方便当事人、方便法院"这一两便原则。不动产纠纷专属管辖之设置目亦在于方便法院调查相关不动产状况及围绕不动产之确认、分割、占有、使用、收益、处分和保护等情况，并便于当事人参加诉讼。协议管辖之设计在于尊重当事人意思自治。因此，若置物业服务合同纠纷与不动产之密切联系而不顾，允许协议约定物业所在地以外法院管辖，既有碍于法院查明案件事实，又削弱了业主一方当事人参加诉讼之积极性，且物业服务合同多为格式合同，实际难以体现尊重当事人意思自治。故认可物业服务合同协议管辖有效，由不动产之外法院管辖该类案件，实有不妥。

物业服务合同纠纷按不动产专属管辖有利于统一裁判尺度和防止发生群体性事件。物业服务合同纠纷裁判的关键之一在于对物业服务质量的评判，房管局等主管部门对当地小区物业服务质量的考评结果往往会成为法院裁判的重要参考，而各地物业服务的整体要求和水平不尽相同，房管局等主管部门和法院的评判标准也可能略有出入，将物业服务合同按不动产专属管辖，有利于统一裁判尺度和判后的执行。同时，物业服务合同具有业主一方人数众多的特点，通常因服务质量双方已产生不少矛盾后才诉至法院，若再要求业主到物业所在地以外法院参加诉讼，难免会激化矛盾进而引发群体性事件。唯有以不动产专属管辖来确定管辖法院，才有可能较大程度避免物业服务合同中协议管辖之弊端，最终实现法律效果和社会效果的统一。

但更多法院认为，物业服务合同纠纷的法律关系客体是服务行为，而非不动产的物，在法律、司法解释均未规定物业服务合同纠纷适用专属管辖的情况下，应当认定协议管辖有效，不能适用专属管辖。①

2. 物业服务合同纠纷不适用专属管辖

《民事诉讼法》第34条第1项规定，因不动产纠纷提起的诉讼，由不动产所在地人民法院管辖。《民诉法解释》第28条第1款规定，《民事诉讼法》第34条第1项规定的不动产纠纷是指因不动产的权利确认、分割、相邻关系等引起的物权纠纷。同时该条第2款规定对于一些特殊的涉及不动产的合同纠纷的管辖规则，"农村土地承包经营合同纠纷、房屋租赁合同纠纷、建设工程施工合同纠纷、政策性房屋买卖合同纠纷，按照不动产纠纷确定管辖"。物业服务合同纠纷显然不属于物权纠纷，而《民诉法解释》第28条第2款规定的几类特殊合同纠纷按照不动产纠纷确定管辖，使用的是有限列举，并未有"等"字的表述。"基于专属管辖属于强制性规定，不允许当事人通过合意进行变通，其适用范围应当尽可能限定在确有必要的范围内。"②因而物业服务合同纠纷不能按照不动产纠纷确定管辖。

3. 业主委员会或业主可以主张不合理的管辖格式条款无效

若物业服务人与每个业主签订的物业服务合同中约定的管辖条款均一致，应当认为该管辖条款属于格式条款。根据《民法典》第497条第2项的规定，提供格式条款一方不合理地免除或者减轻其责任、加重对方责任、限制对方主要权利的，该格式条款无效。在物业服务合同履行过程中发生争议，通过提起诉讼向物业服务人主张权利，或者在物业服务人提起诉讼后进行应诉，显然属于业主的主要权利之一。如果物业服务合同中约定的是物业所在地或合同履行地法院管辖，或者约定物业服务人所在地法院管辖但该地也在物业所在地的，对于业主而言，并没有任何不方便的地方，因而认为该约定不属于"限制对方主要权利"，或者认为该限制尚属合理，应当认可其效力。

如果物业服务人所在地与物业所在地不属同一行政区域，而物业服务合同约定了由物业服务人所在地、原告所在地或被告所在地法院管辖，导致业主起诉或应诉需要到外地法院的，因广大业主均生活居住在物业所在地，要求业主前往外地起诉或应诉的，显然增加了业主的负担，应当属于《民法典》第497条第2项规定的

---

① 比如，上海市第二中级人民法院（2015）沪二中民二（民）终字第77号民事裁定书，浙江省温州市中级人民法院（2017）浙03民辖终679号民事裁定书。

② 最高人民法院民法典贯彻实施工作领导小组办公室编著：《最高人民法院新民事诉讼法司法解释理解与适用》（上册），人民法院出版社2022年版，第134页。

"不合理地"限制了业主的主要权利,人民法院应当认为该管辖格式条款无效,应当按照《民事诉讼法》第24条规定的一般合同纠纷确定管辖。

四、辅助信息

《民法典》

第四百九十六条 格式条款是当事人为了重复使用而预先拟定,并在订立合同时未与对方协商的条款。

采用格式条款订立合同的,提供格式条款的一方应当遵循公平原则确定当事人之间的权利和义务,并采取合理的方式提示对方注意免除或者减轻其责任等与对方有重大利害关系的条款,按照对方的要求,对该条款予以说明。提供格式条款的一方未履行提示或者说明义务,致使对方没有注意或者理解与其有重大利害关系的条款的,对方可以主张该条款不成为合同的内容。

第四百九十七条 有下列情形之一的,该格式条款无效:

(一)具有本法第一编第六章第三节和本法第五百零六条规定的无效情形;

(二)提供格式条款一方不合理地免除或者减轻其责任、加重对方责任、限制对方主要权利;

(三)提供格式条款一方排除对方主要权利。

第四百九十八条 对格式条款的理解发生争议的,应当按照通常理解予以解释。对格式条款有两种以上解释的,应当作出不利于提供格式条款一方的解释。格式条款和非格式条款不一致的,应当采用非格式条款。

《合同编通则司法解释》

第九条 合同条款符合民法典第四百九十六条第一款规定的情形,当事人仅以合同系依据合同示范文本制作或者双方已经明确约定合同条款不属于格式条款为由主张该条款不是格式条款的,人民法院不予支持。

从事经营活动的当事人一方仅以未实际重复使用为由主张其预先拟定且未与对方协商的合同条款不是格式条款的,人民法院不予支持。但是,有证据证明该条款不是为了重复使用而预先拟定的除外。

第十条 提供格式条款的一方在合同订立时采用通常足以引起对方注意的

文字、符号、字体等明显标识，提示对方注意免除或者减轻其责任、排除或者限制对方权利等与对方有重大利害关系的异常条款的，人民法院可以认定其已经履行民法典第四百九十六条第二款规定的提示义务。

提供格式条款的一方按照对方的要求，就与对方有重大利害关系的异常条款的概念、内容及其法律后果以书面或者口头形式向对方作出通常能够理解的解释说明的，人民法院可以认定其已经履行民法典第四百九十六条第二款规定的说明义务。

提供格式条款的一方对其已经尽到提示义务或者说明义务承担举证责任。对于通过互联网等信息网络订立的电子合同，提供格式条款的一方仅以采取了设置勾选、弹窗等方式为由主张其已经履行提示义务或者说明义务的，人民法院不予支持，但是其举证符合前两款规定的除外。

物业服务合同纠纷案件裁判规则第 5 条

物业服务合同无效，已经提供物业服务的物业服务人要求业主给付相应物业服务费的，人民法院可以结合物业服务合同约定、物业服务人实际提供的物业服务水平、有关部门提供的物业服务成本、当地物业服务费标准等因素合理确定

【规则描述】　　本条是关于物业服务合同无效后如何认定物业费具体数额的规则。合同无效后的法律效果是返还或折价补偿，物业服务人已实际提供了物业管理服务的，由于业主已经接受了该服务，客观上不能向提供服务的物业服务人进行返还，而只能折价补偿。至于折价补偿的标准，人民法院可以结合物业服务合同约定、物业服务人实际提供的物业服务水平、有关部门提供的物业服务成本、当地物业服务费标准等因素合理确定。

一、类案检索大数据报告

时间：2023 年 9 月 20 日之前；案例来源：Alpha 案例库；案由：物业服务合同纠纷；检索条件：法院认为包含"物业服务合同无效""支付服务费"；案件数量：34 件；数据采集时间：2023 年 9 月 20 日。

本次检索获取了 2023 年 9 月 20 日前共 34 篇裁判文书。从图 5-1 的年份分布可以看到当前条件下此类案件数量的变化趋势。

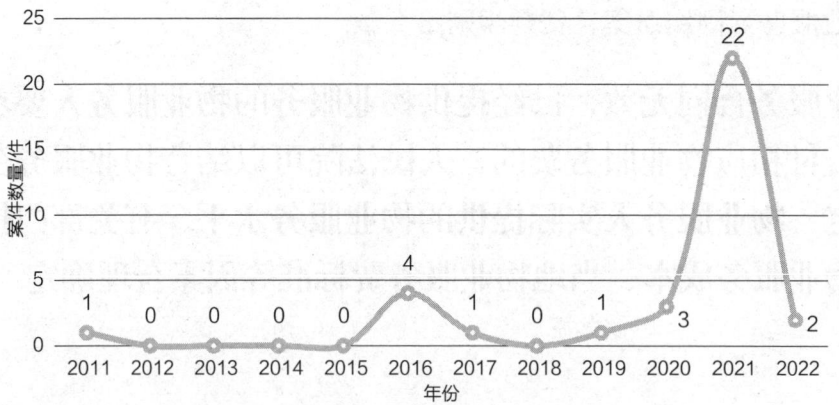

图 5-1　类案时间分布情况

从图 5-2 的程序分类统计可以看到此类案件当前的审理程序分布状况。一审案件有 26 件，二审案件有 8 件。

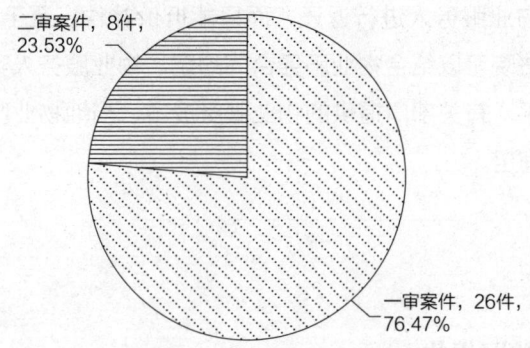

图 5-2　审理程序分布情况

如图 5-3 所示，通过对一审裁判结果的可视化分析可以看到，当前条件下全部/部分支持的有 24 件，占比为 92.31%；全部驳回的有 2 件，占比为 7.69%。

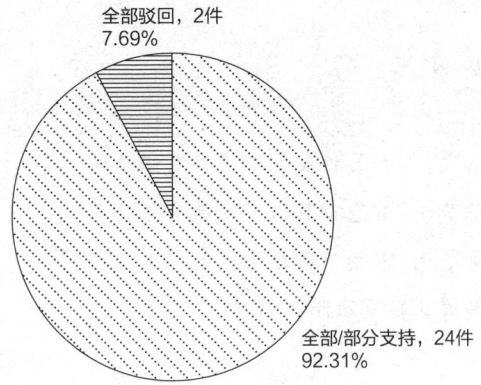

图 5-3　一审裁判结果分析

如图 5-4 所示，通过对二审裁判结果的可视化分析可以看到，当前条件下维持原判的有 8 件，占比为 100.00%。

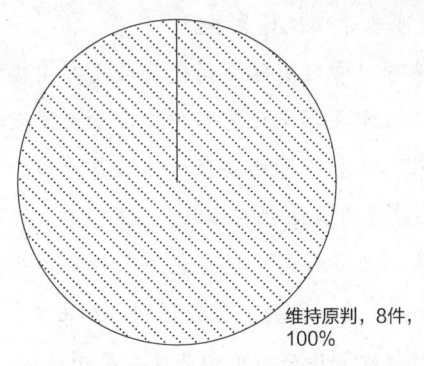

图 5-4　二审裁判结果分析

二、可供参考的例案

> **例案一**　湖南某物业管理服务有限公司与常德市某城市发展有限公司、常德市某岸文化艺术有限公司、湖南某置业投资有限公司关联交易损害责任纠纷案

【法院】

　　湖南省常德市中级人民法院

【案号】

（2020）湘 07 民终 892 号

【当事人】

上诉人（原审被告）：湖南某物业管理服务有限公司

被上诉人（原审原告）：常德市某城市发展有限公司

被上诉人（原审原告）：常德市某岸文化艺术有限公司

原审被告：湖南某置业投资有限公司

【基本案情】

2015 年 6 月 17 日，湖南某置业投资有限公司（以下简称某置业公司）认缴 1000 万元成立了全资子公司即湖南某物业管理服务有限公司（以下简称某物业公司）。2015 年 12 月 1 日，常德市某城市发展有限公司（以下简称某城发公司）由全民所有制改制成有限责任公司，某置业公司为某城发公司原股东之一，委派其法定代表人彭某担任某城发公司副董事长兼任执行董事。

2017 年 6 月，湖南某项目管理有限公司受某城发公司委托，对临江棚户区改造项目 A04 地块展示中心（沅水某岸文化艺术中心）物业管理服务项目进行国内公开招标。投标文件对投标人作出如下资格要求，不得存在下列情形之一：与招标人或招标代理机构存在隶属关系或者其他利害关系。

2017 年 7 月 3 日，某物业公司递交投标文件，确定物业管理服务项目投标总价为 1557080 元 / 年，包含项目员工薪金、劳保福利、加班费三项。同日，常德市某岸文化艺术有限公司（以下简称某岸公司）由某城发公司认缴 500 万元出资注册成立。2017 年 7 月 6 日，某物业公司中标常德市某临江棚户区改造项目 A04 地块展示中心（沅水某岸文化艺术中心）物业管理服务项目。2017 年 7 月 12 日，某城发公司与某物业公司就某岸文化艺术中心物业服务事宜签订《物业服务合同》。物业坐落位置为常德市鼎城区临沅路 ×× 号；占地面积为 1600 平方米，建筑面积为 3900 平方米，物业类型为文化艺术中心；合同期限为三年，自 2017 年 7 月 12 日至 2020 年 7 月 11 日止；年度物业服务人工费为 1557080 元；还约定某物业公司对物业产权人的房屋自用部位、自用设备的维修养护及其他特约服务，采取成本核算方式，按实际发生费用计收。

2017 年 10 月 16 日，某岸公司与某物业公司签订《保洁服务协议书》，约定由某物业公司为某岸文化艺术中心提供室内保洁服务。服务期限为 2017 年 9 月 9 日至 2018 年 9 月 8 日；服务范围为某岸文化艺术中心所有非公共区域的地面、门窗玻璃及家具表面的保洁；服务时间为每日营业后；服务酬金为15000元／月。另查明，某城发公司与某岸公司向某物业公司共计支付物业服务费1913768.83元。

在诉讼过程中，某城发公司、某岸公司申请对某物业公司物业服务项目合法、合理、正常成本进行司法审计。2019年12月3日，湖南某联合会计师事务所作出湘德源审字（2019）6022号《审计报告》，审计结论为：某岸文化艺术中心物业服务费按504000元／年为合理的年收费，每平方米的服务费为10.76元／平方米／月。

【案件争点】

物业服务合同无效，物业服务费用如何确定。

【裁判摘要】

《招标投标法实施条例》第34条规定："与招标人存在利害关系可能影响招标公正性的法人、其他组织或者个人，不得参加投标。单位负责人为同一人或者存在控股、管理关系的不同单位，不得参加同一标段投标或者未划分标段的同一招标项目投标。违反前两款规定的，相关投标均无效。"本案中，某物业公司系某置业公司的全资子公司，某置业公司系某城发公司的股东，某置业公司的法定代表人彭某同时担任某城发公司的副董事长和执行董事，根据公司章程规定，彭某实际掌控某城发公司及其全资子公司某岸公司的人事权、财务权及日常经营权。从以上事实来看，某城发公司的股东某置业公司与某物业公司系关联公司。另根据某城发公司招投标文件约定，投标人不得存在如下情形之一：与招标人或者招标代理机构存在隶属关系或者其他利害关系，某物业公司因与某置业公司系关联公司，存在利害关系，其不符合投标人资格。因某物业公司不具备投标人资格，其投标行为违反了法律的禁止性规定，该投标行为无效，某城发公司与某物业公司依据中标结果而签订的《物业服务合同》应认定为无效合同。

因案涉《物业服务合同》无效，依照法律规定，某物业公司依据合同所取得的物业服务费应当予以返还，但某物业公司确实履行了物业服务义务，对于其提供物业服务的合理成本，应当予以扣除。根据湖南某联合会计师事务所作出的湘德源审字（2019）6022号《审计报告》的结论，某岸文化艺术中心物业服务费504000元／年为合理的收费标准，即每平方米的服务费为10.76元／平方米／月。某物业公司上诉称鉴定机构没有司法鉴定资格，且价格评估超出了会计师事务所的经营范围，《审计报告》不能作为认定案件事实的依据。经查，湖南某联合会计师事务所是在一审诉讼中经双方选定，一审法院委托的鉴定机构，其在对某物业公司财务资料进行审查后，参考《湖南省物业管理服务收费等级标准》《高层写字楼物业管理人员的定岗定编标准》所作出的案涉物业服务费为504000元每年的标准符合本案实际，也符合常德市物业服务收费的市场行情，可以作为认定本案事实的依据。某物业公司应在扣除合理的物业服务成本后返还某城发公司、某岸公司已支付的费用。

例案二　四川某华物业服务有限公司与成都市某进出口贸易有限公司物业服务合同纠纷案

【法院】

四川省成都市中级人民法院

【案号】

（2020）川01民终13454号

【当事人】

上诉人（原审原告）：四川某华物业服务有限公司

被上诉人（原审被告）：成都市某进出口贸易有限公司

【基本案情】

成都市某进出口贸易有限公司（以下简称某贸易公司）系开发商的关联企业，同时也系某华苑小区业主，拥有该小区商业用房704.07平方米、车位1396.13平方米。2016年8月，小区第四届业主委员会（以下简称业委会）委托四川某招标代理有限公司负责某华苑小区物业服务企业的招投标工作。同年9月7日，四川某招标代理有限公司向四川某华物业服务有限公司（以下简称某华物业公司）发放《中标通知书》，确定其为该项目中标供应商。2016年9月23日，业委会与某华物业公司签订《某华苑物业服务合同》，约定由某华物业公司为某华苑小区提供物业服务；物业费多层住宅为0.8元/月/平方米，高层住宅1.2元/月/平方米，商业用房3元/月/平方米，业主按季度交纳，逾期交纳物业费的违约金从逾期之日起按每天应交物业费的千分之三计算；机动车停车场（库）车位使用权由业主购置，车位使用人按40元/个/月标准交纳车位物业费；合同期限自2016年9月23日起至2017年9月22日止。合同签订后，某华物业公司按约于2016年10月8日进驻某华苑小区。

2017年10月9日，龙某、郭某等11人向一审法院对业主大会提起业主撤销权诉讼。一审法院经审理后于2018年1月18日作出民事判决，以决议违反法律程序为由，判决撤销业主大会作出的聘请某华物业公司为新的物业服务企业的决议。该判决现已发生法律效力。2019年7月19日，某华物业公司通过律师事务所以邮政特快专递形式向某贸易公司寄发《律师函》，要求某贸易公司交纳2018年4月1日至2019年6月30日的物业费12685.35元、垃圾处理费120元、2019年5月7日至7月8日的电费4153.87元、以90个车位计算的2016年10月20日至2019年6月30日的车位服务费116620.27元。邮政速递物流单显示该信件于7月20日由物业签收。

2019年8月10日，某华物业公司在业委会见证下，将小区物业管理权、资料以及进驻小区后接收的设施设备、物业管理用房、人员移交成都某乐物业服务有限公司，三方签署了《物业退场移交三方确认书》。一审法院另查明，某贸易公司自2016年10月20日起的车位服务费、2018年4月1日起的商业用房物业费、2019年5月7日起的电费未向某华物业公司支付。

【案件争点】

物业服务合同无效，物业服务费如何计取。

【裁判摘要】

物业费是物业企业按物业服务合同约定对房屋及配套设施设备和相关场地进行维修、养护、管理，维护相关区域内的环境卫生和秩序，向业主所收取的费用。小区业主享受了物业服务企业提供的物业服务，自然应当按照合同履行相应的交费义务。本案中，武侯区某华苑业主大会作出的聘请某华物业公司进驻小区从事物业服务的决议被生效的民事判决予以撤销，其与业委会与某华物业公司签订的《物业服务合同》无效，对包括某贸易公司在内的小区业主没有约束力。

虽然根据生效法律文书载明的内容，案涉小区业主大会作出的聘请某华物业公司为新物业公司的决议因违反法律程序被撤销，但某华物业公司仍为案涉小区提供物业服务至其退场，双方之间的物业服务关系成立，包括某贸易公司在内的案涉小区业主应向某华物业公司支付相关物业费。关于车位管理费，从本案现有证据看，某华物业公司从进驻案涉小区时起就以563.79平方米面积按1.5元/平方米标准收取其商业用房物业费并一直未向某贸易公司收取过车位管理费，且案涉停车场一直由某贸易公司进行经营，某华物业公司亦未提交其对地下停车场提供物业服务的相关证据，某华物业公司关于车位管理费的主张不予支持。

物业服务合同纠纷案件裁判规则研究

例案三 珠海市某城物业管理有限公司与刘某刚、刘某宇物业服务合同纠纷案

【法院】

广东省珠海市中级人民法院

【案号】

（2016）粤04民终1753号

【当事人】

上诉人（原审被告）：刘某刚

上诉人（原审被告）：刘某宇

被上诉人（原审原告）：珠海市某城物业管理有限公司

【基本案情】

广东省珠海市某庭雅苑房地产开发有限公司（以下简称某庭房开公司）与珠海市某城物业管理有限公司（以下简称某城物业公司）签订《物业管理合同》，合同未注明签订时间。该合同约定由某城公司为案涉小区提供物业服务，物业服务费为楼梯住宅每月每平方米1元，电梯住宅每月每平方米1.5元；物业服务费交纳日期为每月15日前支付上月管理费；拖欠物业服务费违约金为从逾期之日起按每日千分之一计算违约金；约定的服务期限为自2009年1月1日至业主委员会成立。

2009年2月8日，某庭房开公司在报纸上刊登《海逸豪庭入伙通知》，通知业主于2009年2月28日前办理入伙手续。2015年11月18日，社区居民委员会出具证明，证明自2007年9月10日起某城物业公司开始为小区提供服务。2015年12月4日，珠海市斗门区白蕉镇人民政府出具证明，证明自2007年9月10日起某城物业公司开始为小区提供物业服务。

另查明，刘某刚、刘某宇是小区业主，房产建筑面积148.48平方米，该房所在楼栋总层数为16层。

【案件争点】

物业服务合同无效，物业服务费的数额如何确定。

【裁判摘要】

某城物业公司没有提交证据证明其是小区建设单位通过招投标的方式选聘的具有相应资质的物业服务企业，也没有提交证据证明涉案小区属于投标人少于3个或住宅规模较小的，经物业所在地的区、县人民政府房地产行政主管部门批准，可

以采用协议方式选聘物业服务企业的情况。因此，小区建设单位与某城公司签订的《物业管理合同》，违反了《物业管理条例》第24条第2款的强制性规定，应认定无效。

虽然小区建设单位与某城物业公司签订的《物业管理合同》无效，但某城物业公司实际上为涉案小区提供了物业服务，刘某刚、刘某宇作为涉案小区的业主实际享受了相关的服务，应当支付相应的对价。参照2001年2月1日起施行的《珠海市城区住宅小区物业管理服务收费办法》（已失效）第6条"本市城区住宅小区物业管理服务收费政府指导价的标准（按每月每平方米房屋建筑面积计算）如下：……（二）高层住宅（8层及以上有电梯）：一级：每平方米1.20元；二级：每平方米1.00元；三级：每平方米0.90元；四级：每平方米0.80元；五级：每平方米0.70元"的规定，结合珠海市斗门区近年来的物价上涨水平及近年来珠海市斗门区当地物业服务行业的一般收费标准，酌定某城公司按每月每平方米1.50元的标准收取刘某刚、刘某宇2010年1月至2015年12月的物业服务费。

例案四　广州市某达城物业管理有限公司与陈某物业服务合同纠纷案

【法院】

广东省江门市中级人民法院

【案号】

（2014）江中法民一终字第619号

【当事人】

上诉人（原审被告）：陈某

被上诉人（原审原告）：广州市某达城物业管理有限公司

【基本案情】

因广东省江门市某甲公司于2012年9月请求小区业委会调整物业管理费未果，经协商，某甲公司最后决定于2013年1月10日撤场，据此，小区业委会决定以公开竞标的方式选定新的物业公司。2013年1月9日，小区业委会与广州市某达城物业管理有限公司（以下简称某达城物业公司）签订《江门市小区物业管理委托合同》一份，合同约定："甲方（业主委员会）将小区委托乙方（某达城物业公司）实行物业管理服务，物业服务费收费标准为：一期住宅（步梯）住宅按建筑面积每月每平方米0.9元。二、三期住宅（电梯）住宅按建筑面积每月每平方米1.3元，车场停放服务费每月每平方米0.9元，公共使用的专项设备运行的能源消耗如公共使用的水电费，由业主合理分摊计收；业主于每月5日前交纳当月的物业服务费，逾期交纳的，从逾期之日起按每日应交管理费的千分之三交纳滞纳金；合同期限自2013年1月10日至2015年7月9日。"签订上述物业服务合同后，某达城物业公司即进入小区，提供物业管理服务，对拖欠物业费的业主，以及小区各项公共开支等信息资料，某达城公司均在小区的公告栏进行了催收和公示。

开庭期间，某达城物业公司根据小区公共分摊水电费清单，陈述公共分摊水电费先由某达城物业公司垫付。分摊办法是按照每月每幢楼宇实际产生的公共水电费按户分摊，并在公告栏向业主公示。对小区公共分摊水电费，陈某在庭上表示同意交纳。陈某是小区业主，其房屋的建筑面积为139.44平方米。从2013年1月至2014年3月，陈某欠费时间是14个月又22天。某达城物业公司以其在管理小区期间，陈某拖欠物业服务费及公共水电分摊费，经某达城物业公司催收未果，遂向法院起诉。

另查，2013年1月24日，小区业委会向全体业主出具《业委会工作报告》，就业委会的成立、业委会选聘新物管公司、新旧物管公司交接等问题作出报告。其中提及业委会选聘某达城物业公司为小区新物管公司时，已经得到过半数业主签票授权。同年1月30日，江门市蓬江区街社区居民委员会发出《关于暂停业主委员会进行招聘物管公司公投的通知》，要求业委会暂停公投活动，并按照规定要求制定选聘物业公司工作方案，向全体业主征求意见后按照工作方案重新组织招聘工作。其间，业委会中8名成员决定辞职。

再查，蓬江区物价局网上公布的《江门市蓬江区物业服务收费政府指导价及管理办法》，该办法的附件《蓬江区物业服务管理收费政府指导价》列表分无电梯住宅和有电梯住宅两类，有电梯住宅按照小区设置和服务质量，指导价又分三级：一级小区基准价为（住宅）每月每平方米2.0元，二级小区基准价为（住宅）每月每平方米1.60元，三级小区基准价为（住宅）每月每平方米1.25元。上述基准价可上下浮动20%。该办法从2013年2月1日起执行，有效期5年。

某达城物业公司向原审法院提交的《物业服务企业资质证书》于2009年12月4日申请领取，资质等级为二级，有效期至2012年12月4日。至本案起诉之日，某达城物业公司未能向原审法院提交有效的物业服务企业资质证书。

【案件争点】

物业服务合同无效，物业服务费用应按照何标准计取。

【裁判摘要】

案涉物业服务合同由小区业委会与某达城物业公司签订，且未有证据证明小区业委会曾对某达城物业公司不具备物业服务资质的情况提出异议并请求某达城物业公司退出物业服务区域，其事实上仍认可某达城物业公司进驻小区提供物业服务。该物业服务合同虽因违反行政法规的强制性规定而无效，但合同无效的法律效果是相互返还或折价补偿，由于业主已经接受的物业管理服务客观上不能向提供服务的物业服务公司返还而只能折价补偿。基于上述情况，某达城物业公司事实上已向业主提供了相应的物业服务，相应的物业服务费用仍应由包括陈某在内的小区各业主承担。导致物业服务合同无效的原因在于某达城物业公司不具备物业服务资质，故其属主要过错方，相应的物业服务费标准应根据某达城物业公司提供的物业服务项目、质量，参照当地政府部门制定的指导价确定。根据物价局公布的《物业服务收费政府指导价及管理办法》，物业服务政府指导价中，电梯房屋最低级别的最高价为1.5元，最低价为1元。故法院结合涉案小区的设施、绿化率、业主满意度等情况，酌定按每月每平方米1.3元计算电梯房屋的物业服务费。

三、裁判规则提要

物业服务合同无效，物业服务人已经提供物业服务的，人民法院可以结合物业服务合同约定、物业服务人实际提供的物业服务水平、有关部门提供的物业服务成本、当地物业服务费标准等因素合理确定折价补偿的标准。同时，对于导致物业服务合同无效有过错的一方，应当赔偿对方由此所受到的损失。

（一）合同无效的法律效果

合同无效，是指当事人所缔结的合同因严重欠缺生效要件，在法律上不按当事人合意的内容赋予效力。[①]《民法典》第143条规定，具备下列条件的民事法律行为有效：（1）行为人具有相应的民事行为能力；（2）意思表示真实；（3）不违反法律、行政法规的强制性规定，不违背公序良俗。据此，如果某一民事法律行为的行为人为无民事行为能力人（第144条），意思表示不真实（第146条），违反法律、行政法规的强制性规定（第153条第1款），违背公序良俗（第153条第2款）的，该民

[①] 韩世远：《合同法总论》（第四版），法律出版社2018年版，第213页。

事法律行为因欠缺有效要件，而不能够发生当事人所欲发生的法律效力，人民法院应当认定依据该民事法律行为签订的合同无效。

合同无效，只是不发生当事人所希望发生的法律效果，但是会产生法律规定的效果。《民法典》第 157 条规定，民事法律行为无效、被撤销或者确定不发生效力后，行为人因该行为取得的财产，应当予以返还；不能返还或者没有必要返还的，应当折价补偿。有过错的一方应当赔偿对方由此造成的损失；各方都有过错的应当各自承担相应的责任。因此，合同无效的具体法律效果包括：

1. 财产返还

在合同无效时，当事人依据合同履行行为取得的财产，因丧失合法依据而应予返还。对于财产返还的性质，存在两种观点：一种观点认为，其性质属于不当得利返还请求权，当事人可以基于不当得利请求返还原物；另一种观点认为，其性质属于物权请求权性质的返还原物请求权。

2. 折价补偿

合同无效，当事人因履行合同取得的财产，在不能返还或者没有必要返还的情况下，应当折价补偿。"不能返还"包括事实上的不能返还和法律上的不能返还。法律上的不能返还，主要是指一方当事人受领的财产已经转让给善意第三人，第三人取得该财产符合善意取得的条件。事实上的不能返还，主要是指因标的物已经消灭，造成客观上无法返还，且原物又是不可替代物。"没有必要返还"，主要包括以下两种情况：一是如果当事人接受的是劳务等，在性质上不能恢复原状；二是一方当事人是通过使用对方的知识产权获得的利益，因知识产权属于无形财产，此时应折价补偿对方当事人。①

3. 赔偿损失

合同无效情形下发生的损失赔偿责任在性质上属于缔约过失责任，② 如一方当事人对导致合同无效有过错的，应当赔偿另一方当事人因合同无效产生的损失；如果各方当事人均有过错的，则各自承担相应的责任。

（二）物业服务合同的无效情形

物业服务合同是物业服务人在物业服务区域内，为业主提供建筑物及其附属设

---

① 参见最高人民法院民法典贯彻实施工作领导小组主编：《中华人民共和国民法典总则编理解与适用》（下），人民法院出版社 2020 年版，第 786 页。

② 韩世远：《合同法总论》（第四版），法律出版社 2018 年版，第 322 页。

施的维修养护、环境卫生和相关秩序的管理维护等物业服务，业主支付物业费的合同。物业服务合同无效的情形，除《民法典》总则编中关于民事法律行为无效的规定情形以外，还包括：

第一，住宅物业的建设单位没有通过招投标的方式选聘物业服务人，或招投标程序存在违反《招标投标法》禁止性规定的情形，导致中标无效。《物业管理条例》第24条第2款规定，住宅物业的建设单位，应当通过招投标的方式选聘物业服务企业；投标人少于3个或者住宅规模较小的，经物业所在地的区、县人民政府房地产行政主管部门批准，可以采用协议方式选聘物业服务企业。《九民会议纪要》第30条的规定，下列强制性规定，应当认定为"效力性强制性规定"：……交易方式严重违法的，如违反招投标等竞争性缔约方式订立的合同。因此，如住宅物业的建设单位没有通过招投标的方式选聘物业服务人，所签订的物业服务合同根据《民法典》第153条的规定因违反了法律、行政法规的强制性规定而无效。在招投标程序中，若出现违反《招标投标法》禁止性规定，依法应当认定中标无效的情形。根据该无效中标结果签订的物业服务合同，也应当认定无效。

第二，物业服务人将全部物业服务转委托签订的合同无效。《物业管理条例》第39条规定，物业服务企业可以将物业管理区域内的专项服务委托给专业性服务企业，但不得将该区域内的全部物业管理一并委托给他人。《民法典》第941条第2款规定，物业服务人不得将其应当提供的全部物业服务转委托给第三人，或者将全部物业服务支解后分别转委托给第三人。物业服务人将全部物业服务转给第三人的行为，使得业主订立物业服务合同的信赖基础丧失，无法保证物业服务的质量，进而损害了广大业主的利益，对转委托签订的合同，人民法院应当认定无效。但对于业主和物业服务人签订的物业服务合同，如不存在其他无效情形，应为有效合同。

第三，物业服务合同中免除物业服务企业责任、加重业主委员会或者业主责任、排除业主委员会或业主主要权利的条款无效。《民法典》第496条规定，格式条款是当事人为了重复使用而预先拟定，并在订立合同时未与对方协商的条款。采用格式条款订立合同的，提供格式条款的一方应当遵循公平原则确定当事人之间的权利和义务，并采取合理的方式提示对方注意免除或者减轻其责任等与对方有重大利害关系的条款，按照对方的要求，对该条款予以说明。提供格式条款的一方未履行提示或者说明义务，致使对方没有注意或者理解与其有重大利害关系的条款的，对方可以主张该条款不成为合同的内容。同时根据《民法典》第497条的规定，提供格式条款一方不合理地免除或者减轻其责任、加重对方责任、限制对方主要权利，以及排除对方主要权利的格式条款无效。因此,在物业服务合同中,对于不合理地免除物业服务企业责任、加重业主委员会或者业主责任、限制业主委员会或业主主要权利,以及排除业主委员会或者业主主要权利的条款,人民法院应当依法认定其不发生法律效力。

(三)物业服务合同无效后物业费的认定

物业服务合同被认定无效后,因物业服务人实际提供的是劳务等服务,属于"不能返还"或"没有必要返还"的情况,根据《民法典》第157条的规定,如物业服务人已经提供物业服务的,业主应当向物业服务人进行折价补偿。而对于折价补偿的标准,司法实践中存在两种意见:一种意见是物业服务人有权请求业主参照物业服务合同约定的计费标准支付物业费。比如,《江苏省高级人民法院关于审理物业服务合同纠纷案件若干问题的意见》第13条规定,物业服务合同被确认无效后,已经提供物业服务的物业服务人要求业主参照合同约定的物业服务费用标准给付相应的服务费用的,人民法院应予支持。另一种意见是人民法院应当综合各因素合理确定物业费标准。比如,《浙江省高级人民法院民一庭关于审理物业服务合同纠纷案件适用法律若干问题的意见(试行)》第13条规定,物业服务合同被确认无效或者撤销后,已经提供物业服务的物业服务人要求业主给付相应物业服务费的,可以结合物业服务合同约定、物业服务人实际提供的物业服务水平、有关部门提供的物业服务成本、当地物业服务费标准等因素合理确定。

笔者认可后一种意见,即在物业服务合同被认定无效后,人民法院不能参照合同约定的计费标准确定物业费数额,而应当结合物业服务合同关于物业费计价的约定、物业服务人实际提供物业服务的质量、当地政府部门或行业协会出具的物业收费指导意见等来合理确定业主应当向物业服务人支付的物业费具体数额,必要时可以委托司法鉴定机构对合理的市场价格进行鉴定,由人民法院根据鉴定意见以及案件具体情况,酌情确定折价补偿的物业费标准。

《民法典》第157条规定了合同无效的法律后果,包括财产返还和折价补偿,最后一句指出"法律另有规定的,依照其规定"。这里的"另有规定"指的是民事法律行为效力被否定后,并非在任何情况下都存在返还财产、折价补偿或者赔偿损失的责任问题,如在民事法律行为因违法被宣告无效后,并不存在双方当事人相互返还财产的问题,而是需要根据相关法律、行政法规的规定对其予以没收、收缴等。① 但

---

① 黄薇主编:《中华人民共和国民法典释义》(上),法律出版社2020年版,第312页。

法律对物业服务合同无效后果有特殊的规定。因此，物业服务合同无效后，只能按照《民法典》第157条的规定发生效果，人民法院不能任意创设规则参照合同约定付款。

虽然物业服务合同无效，关于物业费计价标准的约定也无效，但是该约定反映了业主和物业服务人对于物业费标准的意思，应当作为人民法院确定折价补偿标准的重要考量因素。《物业管理条例》第40条规定，物业服务收费应当遵循合理、公开以及费用与服务水平相适应的原则，区别不同物业的性质和特点，由业主、物业服务企业按照国务院价格主管部门会同国务院建设行政主管部门制定的物业服务收费办法，在物业服务合同中约定。因此，人民法院还需要考量物业服务人提供物业服务的水平，并结合政府部门制定的物业收费办法和当地物业服务市场的实际情况，来合理确定折价补偿的标准。

四、辅助信息

《民法典》

第一百四十三条　具备下列条件的民事法律行为有效：

（一）行为人具有相应的民事行为能力；

（二）意思表示真实；

（三）不违反法律、行政法规的强制性规定，不违背公序良俗。

第一百五十七条　民事法律行为无效、被撤销或者确定不发生效力后，行为人因该行为取得的财产，应当予以返还；不能返还或者没有必要返还的，应当折价补偿。有过错的一方应当赔偿对方由此所受到的损失；各方都有过错的，应当各自承担相应的责任。法律另有规定的，依照其规定。

《物业管理条例》

第四十条　物业服务收费应当遵循合理、公开以及费用与服务水平相适应的原则，区别不同物业的性质和特点，由业主和物业服务企业按照国务院价格主管部门会同国务院建设行政主管部门制定的物业服务收费办法，在物业服务合同中约定。

物业服务合同纠纷案件裁判规则第 6 条

物业服务人未能忠实履行维修、养护、管理和维护义务，业主可以请求物业服务人承担继续履行、采取补救措施或者赔偿损失等违约责任

【规则描述】　　本条是关于物业服务人违约责任承担的规则。物业服务人的主要合同义务是为业主提供物业服务，涵盖了"对物的管理"和"对人的服务和管理"两个层次，具体的物业服务内容由物业服务合同予以明确。物业服务人未能忠实履行维修、养护、管理和维护义务的，业主及业主委员会均可依据物业服务合同之约定要求物业服务人承担继续履行、采取补救措施或赔偿损失等违约责任。

一、类案检索大数据报告

时间：2023 年 7 月 24 日之前；案例来源：Alpha 案例库；案由：物业服务合同纠纷；检索条件：法院认为包含"物业服务企业未能履行物业服务合同的约定，导致业主人身、财产安全受到损害的，应当依法承担相应的法律责任"；案件数量：1665 件；数据采集时间：2023 年 7 月 24 日。

本次检索获取了 2023 年 7 月 24 日前共 1665 篇裁判文书。从图 6-1 的年份分布可以看到当前条件下此类案件数量的变化趋势。

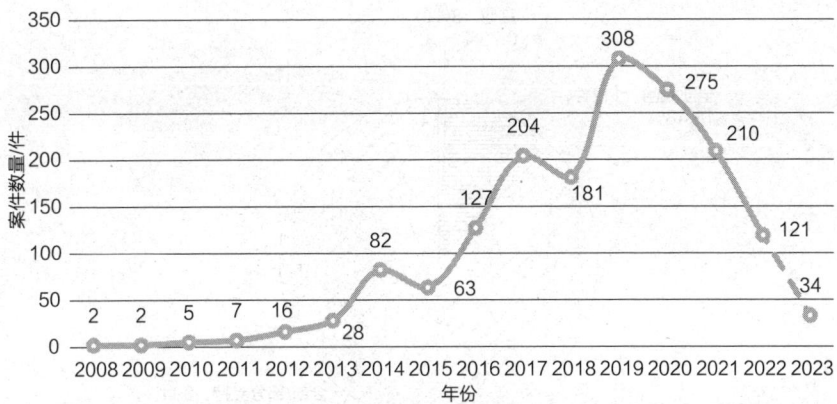

图 6-1　类案时间分布情况

从图 6-2 的程序分类统计可以看到此类案件当前的审理程序分布状况。一审案件有 1019 件，二审案件有 599 件，再审案件有 46 件，督促案件有 1 件。

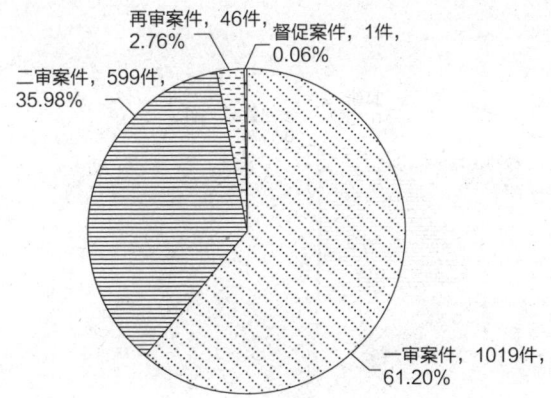

图 6-2　审理程序分布情况

如图 6-3 所示，通过对一审裁判结果的可视化分析可以看到，当前条件下全部/部分支持的有 894 件，占比为 87.73%；全部驳回的有 117 件，占比为 11.48%；其他的有 8 件，占比为 0.79%。

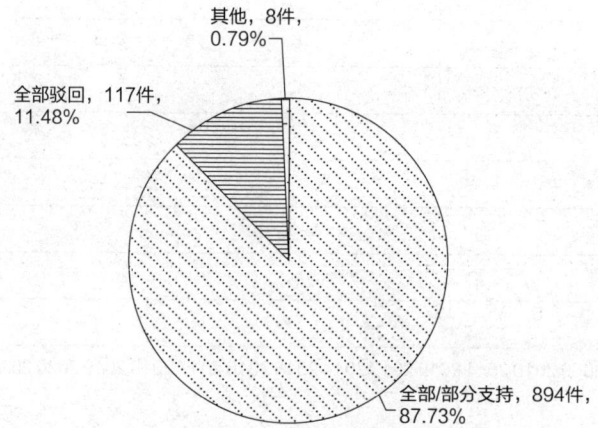

图 6-3 一审裁判结果分析

如图 6-4 所示,通过对二审裁判结果的可视化分析可以看到,当前条件下维持原判的有 461 件,占比为 76.96%;改判的有 135 件,占比为 22.54%;其他的有 2 件,占比为 0.33%。

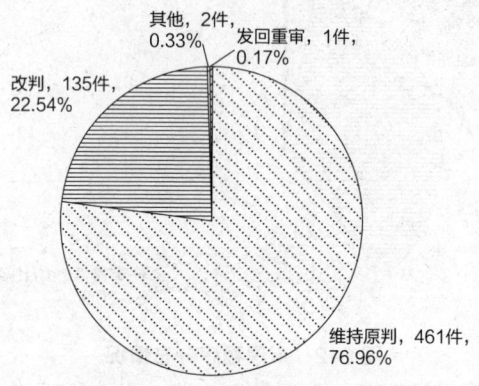

图 6-4 二审裁判结果分析

二、可供参考的例案

例案一　凤城市某光物业服务有限公司与王某物业服务合同纠纷案

【法院】

辽宁省高级人民法院

【案号】

（2018）辽民再350号

【当事人】

再审申请人（一审原告、反诉被告、二审被上诉人）：凤城市某光物业服务有限公司

被申请人（一审被告、反诉原告、二审上诉人）：王某

【基本案情】

2011年1月1日，凤城市某光物业服务有限公司（以下简称某光物业公司）与业主委员会签订小区物业服务合同，约定：某光物业公司对小区实行物业管理服务，自2011年1月1日起至2013年12月31日止。该合同第6条约定：小区内住宅、商业用房的建筑本体的共有部位，包括：建筑物的基础、承重墙体、柱、梁、楼板、屋顶以及户外的墙面、门厅、走廊通道、楼梯间、扶手、护栏、电梯井道及设备间等养护管理和维修、更新、改造。该合同第8条第2款：上述第6条、第7条、第8条中各项依法应当由公用事业单位承担的维修、养护责任除外；未到保修期限的除外。第23条约定：根据房屋的共用部位、共用设施设备技术状态，合理进行维修、养护、更新、改造。对于确需进行大修和更新改造的物业共用部位、共用设施设备，根据业主的要求，按照《住宅专项维修资金管理办法》的规定，进行及时、妥善的维修，促进小区物业的保值增值。第26条第3项约定：小区共用部位、共用设施设备的维修，在保修期限内的，依法由建设单位和施工单位负责。但某光物业公司接受建设单位、施工单位和业主委托提供有偿服务，费用由委托方支付；超过保修期限和保修范围的，某光物业公司承担维修、更新和改造责任，费用在住宅专项维修资金账户内支付。第32条约定：物业共用部位、共用设施设备的维修、更新、改造费用，由物业管理区域内的全体业主按照各自拥有的住宅建筑面积比例共同分摊，在住宅专项维修资金中列支。2013年12月31日，某光物业公司与某新城业主委员会签订某新城小区物业服务合同，约定：某光物业公司对某新城小区实行物业管理

服务，自2014年1月1日起至2015年12月31日止。第17条第8项约定，业主和物业使用人不得以物业本体的建筑质量（如屋面漏水、墙体透寒等）和共用设施设备的质量问题（如草坪死亡和监控设施更新等）或物业专有部位的维修责任无理指责某光物业公司并以此为由拒交物业服务费。第31条约定，物业共用部位、共用设施设备的维修、更新、改造费用，由物业管理区域内的相关业主按照各自拥有的住宅建筑面积比例共同分摊，在住宅专项维修资金中列支。其他的条款与2011年5月11日合同大体相同。

王某于2007年12月12日购买了小区房屋，建筑面积为182.39平方米，保修期从2006年6月18日开始计算。王某购房后，对房屋进行了装修。2010年开始，王某楼房出现墙体透寒、漏水现象，王某自行维修，主张支付维修费5900元。2011年王某楼房屋顶出现漏水现象，王某自认某光物业公司进行了屋顶维修。王某的房屋仍然存在墙体、屋顶透水问题，王某申请鉴定，法院委托丹某华资产评估有限公司作出丹东华评（2016）37号资产评估报告书，评估维修费用：（1）客厅、餐厅大白、乳胶漆2685元；（2）厨房吊柜300元；（3）三个卧室大白、乳胶漆4142元；（4）两个卧室墙壁纸2176元；（5）四个卧室地板维修处理1500元；（6）卧室窗套889元；（7）阁楼刮大白4009元；（8）重新刮大白前处理3500元；（9）外墙保温防水层8107元；（10）屋面维修27518元，总计为54826元。其中，室内维修费用是19201元，外墙保温防水层和屋面维修为35625元，支付鉴定费4000元。

某光物业公司向王某索要2011年度至2015年度物业服务费及违约金合计7111元，于2016年3月22日诉至法院。某光物业公司提起诉讼后，王某于2016年4月向某光物业公司报修，某光物业公司按照物业维修基金使用的要求，对相关业主履行签字手续，王某要求全面维修房盖，因物业维修基金不足，只能进行部分维修，王某不同意，王某楼房漏雨问题目前尚未解决。另王某丹反诉请求：某光物业公司赔偿因违约造成的经济损失54826元。

【案件争点】

某光物业公司是否应赔偿王某室内维修费用损失。

【裁判摘要】

本案中，王某的房屋2010年出现墙体透寒、漏水现象，2011年屋顶出现漏水现象。至本案原审诉讼期间，王某的房屋仍然存在墙体、屋顶漏水问题。某光物业公司2011年1月对案涉小区实行物业管理服务，在王某公司房屋墙体、屋面保修期满（2011年6月）后，某光物业公司未进行有效的维修，且至本案原审诉讼前亦未及时提出使用住宅专项维修资金建议，应认定某光物业公司未完全履行自己的义务，应承担相应的赔偿责任。某光物业公司称王某在本案原审诉讼前从未向其报修，明显不符合常理，其主张不能成立。原审诉讼过程中一审法院委托评估机构进行评估，经评估王某室内维修等费用为 19201 元，原二审考虑某光物业公司对案涉小区实施物业管理服务前王某的房屋即出现漏水，认为某光物业公司对当时漏水造成的室内损失不宜承担赔偿责任，根据本案的实际情况对王某室内维修费用酌定由某光物业公司赔偿 16000 元，并无不当。

例案二　黄某与北京某豪物业管理有限公司信阳分公司物业服务合同纠纷案

【法院】

　　河南省信阳市中级人民法院

【案号】

　　（2019）豫 15 民终 5140 号

【当事人】

　　上诉人（一审原告）：黄某

　　被上诉人（一审被告）：北京某豪物业管理有限公司信阳分公司

【基本案情】

　　黄某购买了案涉小区的房屋。北京某豪物业管理有限公司信阳分公司（以下简称某豪物业公司）为该小区的物业管理公司，该小区尚未成立业主委员会。某豪物业公司因黄某拖欠其物业费和公摊水电费曾向法院起诉黄某，要求其支付拖欠的物业费和公摊水电费，黄某在该判决书中提出过丢失电瓶车和房屋渗水问题，该判决书未对黄某的该两项答辩予以处理。

　　黄某购买的房屋系多层住宅建筑，位于最顶层；2013 年 1 月 28 日，某豪物业公司承接该小区物业管理服务；2013 年 9 月 28 日，黄某的电动车在该小区内被一男一女盗走，当时其向某豪物业公司和信阳市公安局平桥派出所报案并调取录像监控，至今该车辆未找回。被盗的电动车系黄某 2013 年 9 月 8 日购买，价款 3880 元，前后时间仅 20 天；2017 年，黄某的房顶漏水严重，同年 12 月，黄某委托河南省某建筑防水工程有限公司信阳分公司对其房屋漏水进行修缮，花去维修费 6500 元。黄某向一审法院起诉请求：（1）判令某豪物业公司赔偿房屋维修费 6500 元；（2）判令某豪物业公司赔偿电瓶车一辆价值 3880 元；（3）由某豪物业公司承担本案诉讼费用。

【案件争点】

黄某向某豪物业公司主张的车辆丢失损失和房屋漏水修缮费的请求应否支持。

【裁判摘要】

黄某电动车被盗地点系小区公共场所、房屋漏水部位属于物业公用部位，均属于该合同约定的某豪物业公司维修、养护、管理职责义务。基于上述查明的事实，根据《物业管理条例》第 2 条"本条例所称物业管理，是指业主通过选聘物业服务企业，由业主和物业服务企业按照物业服务合同约定，对房屋及配套的设施设备和相关场地进行维修、养护、管理，维护物业管理区域内的环境卫生和相关秩序的活动"和 2009 年《物业纠纷司法解释》①第 3 条第 1 款"物业服务企业不履行或者不完全履行物业服务合同约定的或者法律、法规规定以及相关行业规范确定的维修、养护、管理和维护义务，业主请求物业服务企业承担继续履行、采取补救措施或者赔偿损失等违约责任的，人民法院应予支持"的规定，某豪物业公司未履行合同中约定义务，疏于对小区公共场所管理，不履行对物业公用部分管理、维修义务，系导致黄某的电动车被盗和修复物业公用部位而造成的损失的主要原因，应承担民事赔偿责任。

例案三　嵊州市某湾国际业主委员会与杭州某全物业管理有限公司物业服务合同纠纷案

【法院】

浙江省高级人民法院

【案号】

（2017）浙民申 2599 号

【当事人】

再审申请人（一审被告、二审上诉人）：杭州某全物业管理有限公司

被申请人（一审原告、二审被上诉人）：嵊州市某湾国际业主委员会

---

① 该解释已于 2020 年 12 月 23 日被《最高人民法院关于修改〈最高人民法院关于在民事审判工作中适用〈中华人民共和国工会法〉若干问题的解释〉等二十七件民事类司法解释的决定》修正。

【基本案情】

2014年9月2日，在浙江省嵊州市经济开发区城东社区居委会的组织下，在嵊州市物业主管部门的指导、监督下，某湾国际小区首届业主委员会成立。9月22日，嵊州市住房和城乡建设局同意业委会备案。杭州某全物业管理有限公司（以下简称某全物业公司）曾向法院起诉要求撤销嵊州市住房和城乡建设局对业委会的备案行为，经法院审理，驳回了某全物业公司的诉请。根据《前期物业服务合同》《委托管理服务期限补充说明》，某全物业公司的服务期限自2009年1月1日起至业委会与物业管理公司签订物业管理服务合同止。根据《前期物业服务合同》第8条至第12条的约定，某全物业公司的管理服务义务：房屋建筑共用部位的维修、养护、管理，包括楼盖、屋顶、外墙面、承重结构、楼梯间、走廊通道、门厅；公共设施、设备的维修、养护、运行和管理，包括共用的上下水管道、落水管、共用照明、高压泵房、楼内消防设施设备、电梯、中央监控设备、建筑物防雷设施；附属建筑物、构筑物的维修、养护和管理，包括道路、室外上下水管道、生化池、沟渠、池、井、自行车库、停车场；共用绿地、花木、建筑景观小品等维护和管理；附属配套建筑及其设施的维修、养护和管理。第21条约定，某全物业公司需要保持房屋外观良好、设备运行正常、房屋及设施设备维修养护完好、公共环境整洁、绿化达到城市小区绿化标准以及房屋共用部位设施设备的急修、小修迅速、及时。第25条第2点约定，保修期满后，在本物业共用部位、共用设施设备和场地经营性收入以及按规定许可的物业维修基金中列支，不足部分按规定续筹。第27条第8点约定，某全物业公司负责编制房屋及其附属建筑物、构筑物、设施、设备、绿化等年度维修养护计划以及保修期满后的大修、中修、更新、改造方案，经协商议定后由某全物业公司组织实施。2014年12月11日，嵊州市经济开发区城东社区居民委员会、小区业委会、浙江某都建设集团有限公司、某全物业公司就小区设施、设备、资料交接验收过程存在的设施设备故障、损坏、缺失等26项问题进行协商，其中，某全物业公司代表在会议纪要中认为涉及消防系统、弱电部件等设施、设备的，应当从物业维修基金中支出。2014年12月25日，嵊州市住房和城乡建设局、嵊州市经济开发区城东社区居民委员会、小区业委会、浙江某都建设集团有限公司、杭州某宇物业管理有限公司嵊州分公司、某全物业公司再次就上述遗留问题进行协商，其中某全物业公司参与人员陈述对保修期满后设施设备的维修应从物业维修基金中支出，但对小修、小补的费用同意由某全物业公司支付。根据业委会提交的小区维修方案汇总、资产评估报告书、评估费发票，可确认小区维修项目及金额如下：已修复的费用 273073.45 元、可视对讲门系统 3000 元、周界安防系统 11730 元、消防报警系统 88200 元、小区音响系统 11040 元、游泳池系统 7200 元、地下防火卷帘损坏 13000 元、绿化补偿 9 万元，合计 497243.45 元。另，嵊州市某湾国际业主委员会已预付评估费 12000 元。

【案件争点】

小区业委会是否具有本案诉讼主体资格，某全物业公司是否存在违约行为，应否承担赔偿责任。

【裁判摘要】

关于小区业委会是否具有本案诉讼主体资格问题，经查，小区业委会于 2014 年 9 月 2 日在嵊州市经济开发区城东社区居委会的组织下，在嵊州市物业主管部门的指导、监督下成立，并于同年 9 月 22 日在嵊州市住房和城乡建设局备案。据此，原审认定业委会已经合法成立并无不当。建设单位依法与物业服务企业签订的《前期物业服务合同》，以及业委会与业主大会依法选聘的物业服务企业签订的物业服务合同，对业主具有约束力。《物业管理条例》第 19 条规定，业主大会、业主委员会应当依法履行职责，不得作出与物业管理无关的决定，不得从事与物业管理无关的活动。从本案事实来看，业委会虽不是涉案《前期物业服务合同》的签订方，但该合同与全体业主有法律上的利害关系；业委会作为经业主选举产生的业主委员会，其提起本案诉讼属于从事与物业管理有关的活动，涉及全体业主利益，也没有超过法律授予业主委员会的职责范围。故业委会提起本案诉讼主体适格，原审法院对此认定正确。

关于某全物业公司是否应承担赔偿责任问题，2009 年《物业纠纷司法解释》第 3 条规定，物业服务企业不履行或者不完全履行物业服务合同约定的或者法律、法规规定以及相关行业规范确定的维修、养护、管理和维护义务，业主请求物业服务企业承担继续履行、采取补救措施或者赔偿损失等违约责任的，人民法院应予支持。根据《前期物业服务合同》的约定，某全物业公司有保证设备运行正常、设施设备修复养护完好的义务，对小修、急修部分应及时、迅速地完成修缮义务，对大修、中修、更新、改造部分应及时编制年度维修养护计划及制定修缮方案。但根据原审查明事实，某全物业公司未及时、迅速履行小修、急修义务，未及时发现设备设施存在需大修、中修、更新、改造情形，也未及时编制年度维修养护计划、制定修缮方案，从而造成损失的进一步扩大。故某全物业公司构成违约并根据其过错程度，法院酌定其承担 60% 的赔偿责任。

例案四　白某、王某与重庆某爱生活服务股份有限公司物业服务合同纠纷案

【法院】

重庆市第五中级人民法院

【案号】

（2019）渝05民终8168号

【当事人】

上诉人（原审被告）：重庆某爱生活服务股份有限公司

被上诉人（原审原告）：白某

被上诉人（原审原告）：王某

【基本案情】

白某、王某系重庆市渝中区石油路建筑面积114.8平方米房屋的权利人。2010年8月18日，重庆某物业管理服务有限公司（乙方）（后变更名称为重庆某爱生活服务股份有限公司，以下简称某爱公司）与重庆某信控股集团阿卡迪亚房地产开发有限公司（甲方）签订了《协信阿卡迪亚BC、D3、E2、E3区前期物业服务合同》，约定某爱公司为案涉物业提供物业服务，合同第二章物业服务事项第3条载明："乙方提供的物业服务的主要内容为：……8.公共秩序、消防等事项的协助管理和服务，包括安全监控、巡视、门岗执勤等。前款约定的事项不含业主、非业主使用人的人身、财产保险和财产保管责任。双方另签订人身、财产保险和财产保管专项合同的，按合同约定执行。"合同第三章物业服务质量第5条载明："乙方提供的物业服务应达到约定的标准（具体服务标准见附件二）。"第九章违约责任第23条载明："乙方服务违反本合同的约定，未能达到本合同第三章'物业服务质量'约定的，应承担违约责任，并赔偿甲方及业主相应的损失；"合同附件《物业服务标准》载明："……物业服务区域的车辆实施证、卡管理，引导车辆有序通行、停放……对重点区域、重点部位每2小时定时巡查一次；配有安全监控设施的，实施24小时监控。对进出物业服务区域的装修、家政等劳务人员实行临时出入证管理。"

2017年2月9日，白某因家中被盗向重庆市公安局渝中区分局石油路派出所报案。2018年1月14日重庆某爱公司阿卡迪亚物业服务中心向白某出具《情况说明》，载明："兹有某信阿卡迪亚E2组团10-X业主（白某），在2017年年初报案派出所室内被盗，派出所备案被盗金额约8万元，业主将其物品发票（约8万元票据原件）

移交给物业,后由于物业工作人员变动,不慎将其票据(约8万元票据原件)遗失,此情况属实。"

白某、王某向一审法院起诉请求:判令某爱公司支付白某、王某被盗损失补偿费人民币25000元;判令某爱公司承担本案诉讼费。

【案件争点】

某爱公司是否应对业主室内被盗损失承担赔偿责任。

【裁判摘要】

白某、王某发现家中被盗后的公安机关报案回执以及某爱公司出具的《情况说明》,能够形成证据链并据以确认白某、王某家中被盗的事实。根据小区前期物业服务合同约定,某爱公司的物业服务内容包括安全监控、巡视、门岗执勤以及车辆、人员的出入管理等职责。白某、王某起诉某爱公司的理由为某爱公司在物业服务中的安全管理过失导致了白某、王某家中被盗的事实,故某爱公司应举证证实其已经按照物业服务合同约定履行了安全管理职责,但某爱公司在一审法院对其释明后至今仍未举示前述相关证据,某爱公司应承担举证不能之后果,故应认定某爱公司违反物业服务合同约定,未尽到安全防范义务。某爱公司疏于管理、未履行合同约定的安保管理义务与白某、王某财产被盗之间存在因果关系,某爱公司应当承担赔偿责任。一审法院结合本案现有证据,基于公平原则酌情确定某爱公司赔偿金额为1万元亦无不当。

三、裁判规则提要

物业服务合同,一般是指物业服务人与业主依法订立的以物业服务人提供物业服务、业主支付物业管理费用为内容的,规范物业服务人与业主之间权利义务关系的协议。物业服务人的主要合同义务是为业主提供物业服务,涵盖了"对物的管理"和"对人的服务和管理"两个层次,具体的物业服务的内容则需根据物业服务合同予以明确。物业服务人未能忠实履行合同约定的维修、养护、管理和维护义务的,业主及业主委员会有权提起违约之诉,要求物业服务人承担继续履行、采取补救措施或赔偿损失等违约责任。并且,在加害给付的场合,将产生违约责任与侵权责任竞合的问题,此时,业主可择一主张其权利。

（一）物业服务人的合同义务范围

根据《物业管理条例》第2条规定，物业管理活动，系指业主通过选聘物业服务企业，由业主和物业服务企业按照物业服务合同约定，对房屋及配套的设施设备和相关场地进行维修、养护、管理，维护物业管理区域内的环境卫生和相关秩序的活动。《物业管理条例》第35条规定，物业服务企业未能履行物业服务合同的约定，导致业主人身、财产安全受到损害的，应当依法承担相应的法律责任。由上述规定内容可以将物业服务人的合同义务概括为以下两个层次：一是对物的管理，二是对人的服务和管理。

首先，对物的管理方面，应当包括：（1）对物业共用部位及共用设施设备的承接查验；（2）对公共区域的设施设备和相关场地进行维修、养护、运行和管理；（3）公共绿化的日常养护；（4）对物业管理区域公共环境卫生的维护与垃圾的处理。

其次，对人的服务和管理方面，应当包括：（1）对物业管理区域进出人员及车辆的登记管理；（2）对业主违反规章、物业服务合同和业主临时管理规约的行为及时予以制止与纠正，但应注意的是，物业服务人并无行政执法权限，在其履行了告知、制止、报告义务后，业主仍拒不改正的，不应苛求物业服务人直接予以干预整改，典型的如业主违章建筑问题的处理；（3）协助相关政府部门及社区落实相关行政管理措施；（4）对业主装饰装修活动进行管理；（5）物业管理区域内安全防护义务，包括对业主的人身和财产方面；（6）发生安全事故时的及时救助义务；（7）对超出物业服务合同约定范围以外的维修事项的协助处理义务，该维修事项一般是指业主专有部分的维修以及按照《物业服务收费管理办法》第11条所规定的应当通过专项维修资金予以列支的中修、大修和更新、改造事项或物业服务合同约定的超出一定维修金额的维修事项，对上述维修内容，如在保修期内的，物业服务人应及时通知建设单位进行维修，已超出保修期并属于共用部分的，应及时报告社区或主管部门并按照相关规定申报使用专项维修基金。

上述合同义务是根据一般物业服务合同约定内容及实践中物业服务人应履行的管理职责所总结的一般情况下物业服务人应当承担的义务范围，实际上根据不同物业管理区域的特点及业主要求不同，物业服务人的合同义务范围亦当有所区别，且物业服务人还可为单个业主提供特约服务和专项服务。另，根据《民法典》第938条第2款之规定，物业服务人公开作出的有利于业主的服务承诺，为物业服务合同的组成部分。因此，该部分内容亦应纳入物业服务人合同义务范围之内，如未履行或未按照约定履行的，物业服务人应当承担违约责任。

（二）物业服务人违约行为之判定

根据《民法典》第 577 条"当事人一方不履行合同义务或者履行合同义务不符合约定的，应当承担继续履行、采取补救措施或者赔偿损失等违约责任"之规定，可以将物业服务人的违约形态区别为不履行合同义务及履行合同义务不符合约定两种。

实践中争议较大的是物业服务人"履行合同义务不符合约定"的判定问题。对于该问题，有学者引入"结果债务"与"手段债务"的概念，以尝试厘清合同领域的给付瑕疵问题。"结果债务"与"手段债务"的概念源自法国民法学说，所谓"结果债务"，就是债务人承诺一定结果发生之债务，而"手段债务"则是指债务人不担保一定结果之发生，而仅承诺尽力使结果发生之债务。① 需要指出的是，判断是"手段债务"还是"结果债务"，并不是对某一类合同所作的判断，而应该是对合同中某一具体债务的性质所作的判断。②

按照上述区分，物业服务人对"物的管理"方面的义务一般情况下应属于"结果债务"。比如，共用部位、共用设施设备的维修义务与作为承揽合同的修理合同在给付内容上较为相似，理论上一般认为，承揽合同的承揽人所负给付义务应为"结果债务"，合同约定的结果未出现，则可初步推定承揽人给付存在瑕疵。③ 而物业服务人对"人的服务和管理"方面的义务一般情况下应属于"手段债务"。"手段债务"债务人仅负有依善良管理人或有理性之人之注意提出给付之义务，而不负有使一定结果发生之义务，债务人尽其注意义务为给付即符合契约本旨，故债权人应主张债务人提出给付并未尽此等注意义务而生损害方得依不完全给付请求损害赔偿。④ 典型的如物业管理区域内的安全防范义务，除双方另有约定外，不应苛求物业服务人承担确保业主在物业管理区域内的人身和财产绝对安全的义务，且对物业服务人施加该等要求也明显不符合公平原则。物业服务人为小区业主提供的是物业服务区域内的公共秩序和公共安全的防范性保护义务，在性质上是一种行为义务，而非结果义

---

① 陈自强：《不完全履行与不完全给付》，载《北航法律评论》2013 年第 1 辑。
② 周江洪：《服务合同的类型化及服务瑕疵研究》，载《中外法学》2008 年第 5 期。
③ 张质：《物业服务的不完全给付及其司法救济》，载《武汉理工大学学报（社会科学版）》2018 年第 1 期。
④ 陈自强：《不完全履行与不完全给付》，载《北航法律评论》2013 年第 1 辑。

务，无法确保业主的财产不受损失，只有当物业服务人未尽到善良管理人应尽的注意义务和谨慎勤勉义务，导致损害时才应承担相应赔偿责任。① 因此，物业服务人应仅负有按照合同约定、法律规定及行业规范实施管理、采取保障措施的义务，如物业服务人已尽到相应的注意义务并履行其管理职责的，则不应对业主受到的损害承担责任，反之，物业服务人应当承担违约责任。

（三）业主及业主委员会均有权提起违约之诉

在物业服务人未能忠实履行维修、养护、管理和维护义务的情况下，单个业主可作为诉讼主体提起违约之诉并要求物业服务人承担违约责任应无疑义，因为无论从立法规定还是法理来说，业主都是物业服务合同中与物业服务人相对的实际权利的享有者和义务承担者。但对于业主委员会的诉讼主体资格问题并未明确，笔者认为，对于物业服务人违反合同约定的行为，业主委员会亦有权依据该条款提起违约之诉。

首先，根据《物业管理条例》规定，业主大会代表和维护物业管理区域内全体业主在物业管理活动中的合法权益，业主委员会是由业主大会依法选举产生，履行业主大会赋予的职责，执行业主大会决定的事项，接受业主监督的自治组织，并代表业主与业主大会与物业服务人签订、履行与物业服务相关的合同。

其次，《民法典》第102条规定："非法人组织是不具有法人资格，但是能够依法以自己的名义从事民事活动的组织。"经依法登记备案的业主委员会虽不具有法人资格，但属于能够依法以自己的名义从事各种民事活动，具有应受民法调整的"非法人组织"民事主体资格的地位。② 最高人民法院于2003年8月20日作出的《关于金湖新村业主委员会是否具备民事诉讼主体资格请示一案的复函》亦认为"根据《中华人民共和国民事诉讼法》第四十九条、最高人民法院《关于适用〈中华人民共和国民事诉讼法〉若干问题的意见》第四十条的规定，金湖新村业主委员会符合'其他组织'条件，对房地产开发单位未向业主委员会移交住宅区规划图等资料、未提供配套公用设施、公用设施专项费、公共部位维护费及物业管理用房、商业用房的，可以自己名义提起诉讼。"因此，对涉及全体业主公共利益的事项，业主委员会

---

① 广西壮族自治区高级人民法院民一庭课题组：《物业纠纷案件若干法律问题》，载《人民司法》2014年第9期。

② 北京市石景山区人民法院课题组：《关于业主委员会社区治理纠纷法律适用问题的思考》，载《中国应用法学》2018年第6期。

应有权以自己的名义提起诉讼。

最后，如果仅赋予单个业主以违约请求权，将会极大限制该条款的效力，特别是在瑕疵给付的场合，单个业主由于法律素养、诉讼成本等问题，仅仅依靠其行使违约请求权，效果往往不尽如人意，明确业主委员会可根据该条款提起违约之诉，可以达到明确责任主体、简化程序、降低诉讼成本的效果。司法实践中，对于业主根据相关法律、法规，经相关程序正式成立，并依法进行备案登记的业主委员会的诉讼主体资格问题，亦基本上予以肯定。

但需要予以注意的是，在加害给付且受害人为单个业主的情形下，如共用设施设备未及时维修、保养或者物业服务人未履行或未适当履行安全防范义务等导致业主人身或财产损害的，业主系物业服务人违约行为的直接受损害者，此时仅能由业主自行主张权利。

（四）物业服务人违约应承担的法律责任形式

《民法典》第577条规定："当事人一方不履行合同义务或者履行合同义务不符合约定，应当承担继续履行、采取补救措施或者赔偿损失等违约责任。"

依据上述规定，物业服务人不履行合同义务或履行合同义务不符合约定构成违约的，应当承担相应的违约责任，具体形式主要有：

第一，继续履行。在我国《民法典》规定的诸多违约责任的承担方式中，"继续履行"位居基础地位。依照《民法典》第580条、第581条之规定，对于违约行为，除了非金钱债务在法律或事实上不能履行、债务的标的不适用强制履行或履行费用过高、债权人在合理期限内未要求履行这几种特殊情形外，一般情况下均以继续履行为原则。但实践中对于物业服务人的违约行为，业主一般会选择主动更换物业服务人或要求赔偿损失的方式主张权利，要求继续履行的颇为少见。

第二，采取补救措施。如果是非金钱债务的不完全履行，针对质量不符合约定的情形，《民法典》于第582条具体规定了相应的违约责任方式，其中可纳入强制履行范畴的包括修理、更换、重作，可称为"补救的履行请求"，属于《民法典》第577条规定的"采取补救措施"的一个组成部分。[1]按照韩世远教授的观点，采取补救措施与继续履行均属于强制履行的范畴。

第三，赔偿损失。因物业服务人的违约行为造成业主损失的，业主可以要求物

---

[1] 参见韩世远编著：《合同法总论》（第三版），法律出版社2011年版，第608页。

业服务人赔偿相应的损失。审判中此类案件所占比重较大，如物业服务企业怠于履行消防、水患、坍塌等重大安全管理义务，并造成重大损失的，业主或者业主团体可以向物业服务人主张，返还相应的物业管理服务费用、承担赔偿损失的责任。①

第四，支付违约金。《民法典》第585条规定，当事人可以约定一方违约时应当根据违约情况向对方支付一定数额的违约金，也可以约定因违约产生的损失赔偿额的计算方法。合同中对于违约金的约定，是当事人之间对于损害赔偿额的预先合意，有利于赔偿数额的确定，并在一定程度上减轻了守约方对于其损失的举证责任。

第五，减价。在物业服务合同纠纷中，业主往往会以物业服务人未按照合同约定履行维护、管理义务等主张减少物业费。实践中，物业服务瑕疵情形下减价之适用，存在须以重大瑕疵为前提，以及无须重大瑕疵，但酌减幅度须符合实际情况之不同见解。②但因物业服务具有内容多样性、时间持续性、对象广泛性等特点，在单个案件中主张减少物业费的处理问题，还需要予以进一步探讨。

（五）违约责任与侵权责任的竞合

在加害给付的场合，因物业服务人未能忠实履行合同义务致使业主遭受人身或财产损害的，此时将产生违约责任与侵权责任竞合的问题。业主既可依物业服务合同之约定主张违约责任，又可依据《民法典》第1198条之规定，主张物业服务人未尽到安全保障义务，而应承担侵权责任。

《民法典》第186条规定："因当事人一方的违约行为，损害对方人身权益、财产权益，受损害方有权选择请求其承担违约责任或者侵权责任。"当事人在违约责任与侵权责任竞合的场合下，二者仅能择其一，而不得同时主张。

因违约责任与侵权责任存在明显区别，业主需予以谨慎选择，其中主要区别有：

第一，义务来源不同。《民法典》以意思自治为原则，违约责任是基于当事人对双方约定的权利义务的违反，而侵权责任则是基于当事人对法定义务的违反。

第二，归责原则不同。违约责任以严格责任为原则而以过错责任为例外，侵权

---

① 参见最高人民法院民事审判第一庭编著：《最高人民法院建筑物区分所有权、物业服务司法解释理解与适用》，人民法院出版社2009年版，第278页。

② 金晶：《〈合同法〉第111条（质量不符合约定之违约责任）评注》，载《法学家》2018年第3期。

责任则以过错责任为原则而以无过错责任为例外。① 归责原则的区别直接导致了当事人举证责任负担的不同。

第三，责任承担不同。一般来说，在合同责任中，当事人常常通过约定来安排违约损害赔偿的计算方法，这也为事后计算损害赔偿数额提供了方便，而侵权责任有关损害赔偿的计算方法，应当依据法定的标准来计算，当事人私法自治的空间相对狭小。②

第四，责任范围不同。侵权损害赔偿责任的范围包括财产损失、人身伤害和精神损害，而违约损害赔偿责任仅以财产损失为限，且适用可预见规则限定赔偿范围。③ 在实践中，能否获得精神损害赔偿、能否直接依据合同中的违约条款主张权利往往成为当事人选择违约之诉或侵权之诉的重要因素，而请求权基础的选择可能直接影响业主的诉讼请求能否获得法院支持，因此，对于业主而言属实重要。

四、辅助信息

《民法典》

第五百七十七条　当事人一方不履行合同义务或者履行合同义务不符合约定的，应当承担继续履行、采取补救措施或者赔偿损失等违约责任。

第九百三十七条　物业服务合同是物业服务人在物业服务区域内，为业主提供建筑物及其附属设施的维修养护、环境卫生和相关秩序的管理维护等物业服务，业主支付物业费的合同。

物业服务人包括物业服务企业和其他管理人。

第九百三十八条　物业服务合同的内容一般包括服务事项、服务质量、服务费用的标准和收取办法、维修资金的使用、服务用房的管理和使用、服务期限、服务交接等条款。

物业服务人公开作出的有利于业主的服务承诺，为物业服务合同的组成

---

① 参见最高人民法院民事审判第一庭编著：《最高人民法院建筑物区分所有权、物业服务司法解释理解与适用》，人民法院出版社2009年版，第283页。

② 王利明：《侵权责任法与合同法的界分——以侵权责任法的扩张为视野》，载《中国法学》2011年第3期。

③ 参见王利明编著：《民法》（第五版），中国人民大学出版社2000年版，第591页。

部分。

物业服务合同应当采用书面形式。

《物业管理条例》

第二条 本条例所称物业管理,是指业主通过选聘物业服务企业,由业主和物业服务企业按照物业服务合同约定,对房屋及配套的设施设备和相关场地进行维修、养护、管理,维护物业管理区域内的环境卫生和相关秩序的活动。

第三十五条 物业服务企业应当按照物业服务合同的约定,提供相应的服务。

物业服务企业未能履行物业服务合同的约定,导致业主人身、财产安全受到损害的,应当依法承担相应的法律责任。

物业服务合同纠纷案件裁判规则第 7 条

业主实施妨碍物业服务与管理的行为，物业服务人可以请求业主承担停止侵害、排除妨害、恢复原状等民事责任

【规则描述】　本条是关于业主实施妨碍物业管理与服务行为的情况下，物业服务人有权诉讼予以制止的规则。业主的专有权和共有权在行使过程中可能产生权利冲突，为平衡业主之间的利益冲突，有必要对业主的专有权和共有权进行必要的限制，法律法规、管理规约对此有规定的，业主应当遵守，如业主违反法律法规、管理规约等规定的，物业服务人有权诉请业主承担恢复原状、停止侵害、排除妨害等民事责任。

一、类案检索大数据报告

时间：2023 年 7 月 21 日之前；案例来源：Alpha 案例库；案由：物业服务合同纠纷；检索条件：法院认为包含"业主违反物业服务合同或者法律、法规、管理规约，实施妨碍物业服务与管理的行为，物业服务人请求业主承担停止侵害、排除妨害、恢复原状等民事责任"；案件数量：102 件；数据采集时间：2023 年 7 月 21 日。

本次检索获取了 2023 年 7 月 21 日前共 102 篇裁判文书。从图 7-1 的年份分布可以看到当前条件下此类案件数量的变化趋势。

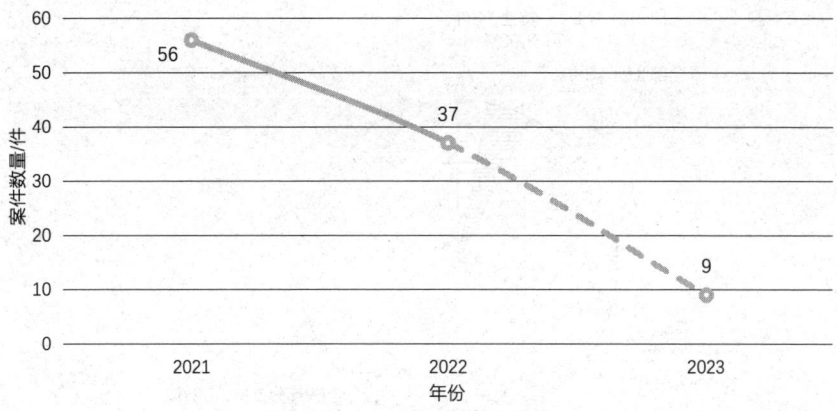

图 7-1　类案时间分布情况

从图 7-2 的程序分类统计可以看到此类案件当前的审理程序分布状况。一审案件有 67 件，二审案件有 35 件。

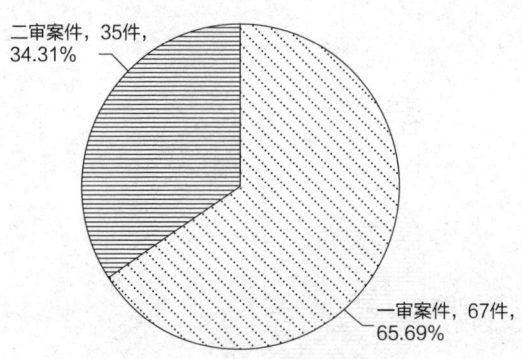

图 7-2　审理程序颁布情况

如图 7-3 所示，通过对一审裁判结果的可视化分析可以看到，当前条件下全部/部分支持的有 62 件，占比为 92.54%；全部驳回的有 3 件，占比为 4.48%；其他的有 2 件，占比为 2.99%。

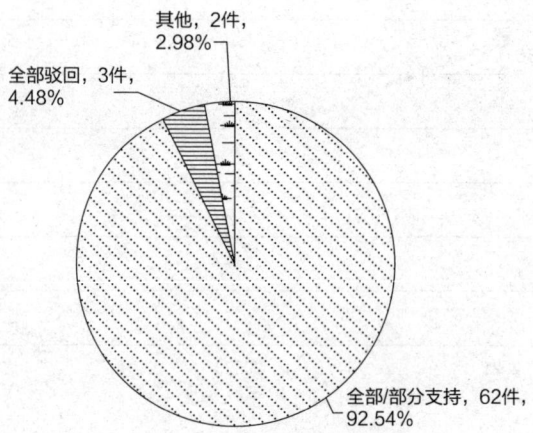

图 7-3　一审裁判结果分析

如图 7-4 所示，通过对二审裁判结果的可视化分析可以看到，当前条件下维持原判的有 18 件，占比为 51.43%；改判的有 12 件，占比为 34.29%；其他的有 5 件，占比为 14.29%。

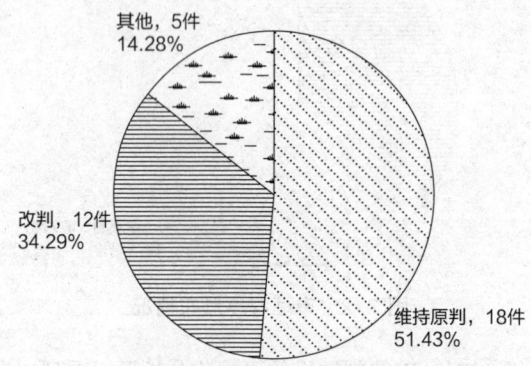

图 7-4　二审裁判结果分析

二、可供参考的例案

例案一 昌某与某置地（北京）物业管理有限责任公司物业服务合同纠纷案

【法院】

北京市第二中级人民法院

【案号】

（2020）京02民终3039号

【当事人】

上诉人（原审被告）：昌某

被上诉人（原审原告）：某置地（北京）物业管理有限责任公司

【基本案情】

2017年9月29日，昌某与北京某林西房地产开发有限公司（以下简称某林西公司）签订《北京市商品房预售合同》，购买了位于北京市丰台区的案涉房屋。同日，昌某（甲方、业主）与某林西公司（乙方、建设单位）签订《北京市前期物业服务合同》及《临时管理规约》。其中，《北京市前期物业服务合同》约定，就乙方为甲方提供前期物业服务的有关事宜，协商订立本合同。第1条规定："本物业项目基本情况如下：名称【暂定名】。类型【住宅】。"第15条规定："甲方的权利义务：……4.遵守临时管理规约以及物业管理区域内物业共有部分的使用、公共秩序和环境卫生的维护等方面的规章制度；自觉维护公共场所的整洁、美观、畅通及公用设施的完好，不得有任何破坏、占用、影响观瞻等行为；不得占用、损坏本物业的共用部位、共用设施设备或改变其使用功能……9.甲方进行装修，应当符合北京市装饰装修工程施工管理的相关规定以及《临时管理规约》的约定。"第22条规定："……甲方违反本合同的约定，实施妨害物业服务行为的，应当承担恢复原状、停止侵害、排除妨碍等相应的民事责任。"第30条其他约定："1.乙方选聘某置地（北京）物业管理有限责任公司（以下简称某物业公司）对本物业管理区域内全部具体物业服务事务进行管理……"《临时管理规约》第三部分物业共用部分使用、维修和管理第6条约定："业主、物业使用人等在使用物业共用部分时，应当遵守建设单位根据《前期物业服务合同》制定的物业共用部分使用、公共秩序和环境卫生维护等方面的规章制度。因使用人不当使用给物业共用部分造成损害的，责任人应当依法承担恢复原状、赔偿损失等法律责任。"2018年9月4日，委托方（以下简称甲方）某林西公司与受托方（以下简称乙方）某物业公司签订《前期物业服务委托合同书》约定，乙方为甲方提供前期物业服务。

2019年3月6日，某物业公司（甲方、物业公司）、昌某（乙方、业主）及叶某（丙方）签订《装饰装修管理服务协议书》约定："一、装修地点及装修期限1.装修地点：2号楼1单元×室。2.装修期限：2019年3月6日至2019年5月30日。三、三方权责：……5.乙方、丙方在住宅室内装饰装修活动中禁止下列行为：……（5）损坏房屋原有节能设施、降低节能效果……15.甲方有权随时检查装修施工现场，乙方、丙方有义务配合甲方对装修施工现场进行检查，对任何不符合《住宅室内装饰装修管理办法》要求的装修施工内容，甲方有权责令其停工、整改，乙方、丙方必须按照要求进行整改。"

一审庭审中，某物业公司称昌某在装修时私自将案涉楼栋共用的太阳能热水器的上下水管道拆除，其公司收到其他业主投诉，后某物业公司向昌某发出违规违约停工告知函并与其沟通要求其恢复原状。

另，一审法院于庭审后对昌某所在的房屋进行了现场勘验，昌某确已将太阳能热水器的上下水管道拆除。勘验现场时，某物业公司、本案所涉楼栋其他业主、昌某均到场。各方均表示，就拆除太阳能管道问题业主曾向某物业公司进行反映，某物业公司表示，只要楼栋有一户业主不同意拆除管道，就不可将管道拆除，在本案所涉楼栋业主未达成一致的情况下，包括昌某在内的部分业主已经将太阳能热水器的上下水管道进行了拆除。昌某表示其担心太阳能热水器无法满足全部业主用水需求，且占用屋内使用面积，影响美观，小区有此问题的业主大多都拆除了太阳能热水器。昌某认可收到过物业公司发送的违规违约停工函，且物业公司不让其工人进场装修，但其认为从装修进度上看，必须拆除。

该楼栋未拆除管道的业主表示："我们认为太阳能热水器节能环保，且改燃气需要铺设管线，成本高，我们坚持使用太阳能热水器，目前也已装修完毕，无法再改燃气，现因昌某等业主私自拆除管道导致其无法使用热水，无法入住。"故坚决要求昌某恢复太阳能热水器上下水管道。

某物业公司表示，公司与涉案楼栋业主进行过沟通，但业主无法达成一致。我方下了停工函，但后期业主锁门，我方无法再入户核实，且即便业主均同意拆除热水器管道也需要在公司按照流程进行审批，涉案楼栋共25户业主，之前仅收到十余户表示同意拆除管道，但目前物业公司掌握的情况是只有三户房屋业主将管道拆除。

某物业公司向一审法院起诉请求：（1）判令昌某立即按照合同约定将其私自拆除的小区共用的上下水管恢复原状；（2）判令昌某承担本案诉讼费。

【案件争点】

某物业公司是否有权要求业主将其拆除的共用的太阳能热水器的上下水管道接通，使其恢复原状。

【裁判摘要】

建设单位依法与物业服务企业签订的前期物业服务合同，以及业主委员会与业主大会依法选聘的物业服务企业签订的物业服务合同，对业主具有约束力。业主违反物业服务合同或者法律、法规、管理规约，实施妨害物业服务与管理的行为，物业服务企业请求业主承担恢复原状、停止侵害、排除妨害等相应民事责任的，人民法院应予支持。

本案中，昌某系案涉房屋业主，与某林西公司签订了《北京市前期物业服务合同》《临时管理规约》；前述《北京市前期物业服务合同》约定某林西公司选聘某物业公司进行物业管理和服务。2018年9月4日，某林西公司与某物业公司签订《前期物业服务委托合同书》，某林西公司作为委托方，委托某物业公司提供前期物业服务。据此，某物业公司对于案涉小区及房屋有进行管理和服务的权利，昌某作为业主，应当按照相关法律及物业服务合同约定行使权利、履行义务。上述《北京市前期物业服务合同》明确约定业主不得占用、损坏本物业的共用部位，共用设施设备或者改变其适用功能，同时约定业主实施妨害物业服务行为的，应当承担恢复原状、停止侵害、排除妨害等相应民事责任。上述《临时管理规约》亦明确业主、物业使用人等在使用物业共用部分时，应当遵守相关规章制度，因使用人不当使用给物业共用部分造成损害的，责任人应当依法承担恢复原状、赔偿损失等法律责任。《北京市前期物业服务合同》《临时管理规约》经当事人签字确认，系双方真实意思表示，不违反法律法规的规定，对当事人均具有约束力。昌某作为业主、某物业公司作为物业服务提供方，均应当依约履行。

根据查明的事实，2019年3月6日，昌某与某物业公司、叶某就案涉房屋装修签订《装饰装修管理服务协议书》，明确了三方权责关系，同时明确业主及装修公司禁止损坏房屋原有节能设施、降低节能效果，某物业公司有权责令业主及装修公司对不符合规定的装修施工内容停工、整改。昌某认可在对案涉房屋装修过程中其将管道拆除，2019年7月案涉房屋装修完工。在昌某装修过程中，某物业公司接其他业主投诉，向昌某发出违规违约停工告知函并与其沟通要求恢复原状。昌某认可收到上述告知函。在案2019年4月17日聊天记录显示，某物业公司在其装修完工前已经明确提示储水罐供回水管道为共用管道，如同户型其他业主不同意拆除或者要留用，昌某不能私自拆除供回水管道。昌某在某物业公司已经作出明确提示并发出停工告知函的情况下，拆除案涉管道的行为违反了《北京市前期物业服务合同》《临时管理规约》及《装饰装修管理服务协议书》的约定。现某物业公司主张要求昌某恢复原状依据充分，应当予以支持。

关于昌某上诉所提案涉管道设计不合理、功能欠佳，影响其对于案涉房屋使用，故其拆除案涉管道情有可原一节，案涉房屋预售合同中已明确房屋生活热水方式为太阳能，案涉管道系建筑配建的共用供排水基础设施，此项内容系昌某购买案涉房屋时与开发商约定内容之一，管道设计及敷设并非物业管理服务的内容，昌某主张某物业公司对此存在过错缺乏依据。即使其为了改善案涉房屋居住环境，需要对屋内自用设施予以拆除或者改造，也应当在不影响建筑物其他权利人使用太阳能供用生活热水的前提下进行。关于昌某所提拆除案涉管道已经三分之二以上业主同意、无须全体业主同意一节，某物业公司在本案一审中亦认可之前收到案涉楼栋十余户业主表示同意拆除管道的意见。但因案涉共用管道拆留涉及相关建筑设计方案的调整，也涉及管道通联的其他住户能否正常使用太阳能生活热水以及房屋节能效用的发挥，甚至涉及管道通联房屋内部管路改造和费用负担、后续使用成本等诸多问题，不同业主基于不同利益考量自然会作出不同的方案选择，各相关业主权利均应当予以平等保护。在本案一审现场勘验过程中，相关业主也对拆除案涉管道明确提出异议。在此情况下，拆除管道是否合理不能以人数多寡、面积占比大小作为权衡标准。关于昌某上诉所提案涉楼栋已有其他业主已经拆改共用管道、其对案涉房屋装修已完成，因此限期恢复原状无现实意义一节，昌某作为案涉房屋业主，理应按照《北京市前期物业服务合同》《临时管理规约》的约定维护建筑物共用设施的完好及功能发挥，其在某物业公司已经指出案涉管道属于共用设施并要求其停工、管道拆除未征得楼栋全体业主协商同意的情况下，仍将案涉共用管道予以拆除显系不妥，应当就此承担相应的不利后果。其他业主是否存在拆除行为与本案无涉，亦非免除昌某在本案中所应承担法律责任的法定事由。

例案二 李某与某物业管理有限公司恢复原状纠纷案

【法院】

辽宁省营口市中级人民法院

【案号】

（2020）辽08民终512号

【当事人】

上诉人（原审被告）：李某

被上诉人（原审原告）：某物业管理有限公司

【基本案情】

某物业管理有限公司（以下简称某物业公司）系案涉小区的物业服务企业，李某为小区业主。李某将案涉房屋南面的公共绿地进行了占用。某物业公司认为李某侵占公共绿地，其行为违反了《物业管理合同》第4条、《物业管理条例》第49条、《辽宁省物业管理条例》第71条第8项等合同约定及法律法规，故向一审法院起诉请求：（1）请求判令李某将侵占的公共绿化带恢复原状；（2）诉讼费由李某负担。

【案件争点】

某物业公司是否有权要求李某将侵占的公共绿化带恢复原状。

【裁判摘要】

李某与某物业公司签订的《物业管理合同》系双方当事人真实的意思表示，且合法有效，故该合同对李某有约束力，李某应依照合同约定履行义务。本案中，李某侵占公共绿地的行为违反了《物业管理合同》第4条"不得占用公共场地，损害公共设施，不得践踏、占用绿地，攀折花木"之约定，故原审判决李某将侵占的公共绿地恢复原状并无不当。关于李某主张的某物业公司不是本案适格的诉讼主体一节，双方当事人基于共同签订的物业管理合同形成了相应的民事法律关系，且物业管理合同对业主占用绿地等涉及物业管理内容的事项已经作出了相关约定，业主实施了违反合同约定的行为，物业公司以合同相对方的名义作为原告提起诉讼符合法律规定，故应当认定某物业公司是本案适格的诉讼主体。此外，李某占用公共绿地并非出于正常生产生活的基本需要，李某为了一己私利损害了小区公共利益，也侵害了小区其他业主的利益，于法于理都应予以纠正。居住小区的良好环境需要每一位业主的自觉维护，只有大家相互尊重体谅，自觉遵守规则，生活才能更加安宁和谐。

例案三　陈某与北京某鸿宝地物业管理经营有限公司恢复原状纠纷案

【法院】

北京市第二中级人民法院

【案号】

（2020）京02民终2671号

【当事人】

上诉人（原审被告）：陈某

被上诉人（原审原告）：北京某鸿宝地物业管理经营有限公司

【基本案情】

北京某鸿宝地物业管理经营有限公司（以下简称某鸿物业公司）系案涉房屋所在小区的物业服务企业。陈某系案涉房屋所有权人。陈某在入住房屋后将其居住房屋前公共通道内加装防盗门。某鸿物业公司曾多次向陈某发出《通知》，告知其私自占用公共空间，违反相关规定，存在严重安全隐患，并要求其将防盗门拆除，将公共通道恢复原状。陈某称其从未收到任何通知。

2018年8月22日，北京市东城区公安消防支队向某鸿物业公司发出《行政处罚决定书》，内容为：现查明2018年8月6日，东城区公安消防支队消防监督员在对由某鸿物业公司负责管理的案涉小区进行消防监督抽查时，发现某鸿物业公司未进行经常性的内部防火安全检查，及时制止、纠正违法、违章行为，发现并消除火灾隐患，其行为违反了《北京市消防安全责任监督管理办法》（已失效）第8条第4项的规定；未保证防火门处于正常状态，其行为违反了《北京市消防安全责任监督管理办法》（已失效）第8条第6项的规定；未保证疏散通道、安全出口的畅通，其行为违反了《北京市消防安全责任监督管理办法》（已失效）第8条第7项的规定。根据《北京市消防安全责任监督管理办法》（已失效）第18条第4项、第6项、第7项的规定，现决定给予某鸿物业公司罚款3万元的行政处罚。某鸿物业公司在收到《行政处罚决定书》后曾多次要求陈某拆除防盗门，将公共通道恢复原状，但均被陈某拒绝。

庭审中，陈某称其居住的×号房屋门前的楼道并非公共通道，该区域属于其个人空间。其在该区域加装防盗门不影响邻里之间的通风、采光，因此系合情合理，某鸿物业公司无权起诉。经查，涉案房屋所有权证书中的房地平面图并未包含房屋门前的公共通道部分。

某鸿物业公司向一审法院起诉请求：（1）判令陈某拆除其修建的案涉房屋所在公共通道内的防盗门，并将上述公共通道恢复原状；（2）诉讼费由陈某负担。

【案件争点】

某鸿物业公司是否有权要求陈某拆除其修建的位于公共通道内的防盗门，并将公共通道恢复原状。

【裁判摘要】

业主对建筑物内的住宅等专有部分享有所有权，对专有部分以外的共有部分享有共有和共同管理的权利。业主行使权利不得危及建筑物的安全，不得损害其他业主的合法权益。业主违反法律、法规、管理规约，实施妨害物业服务与管理的行为，物业服务企业请求业主承担恢复原状、停止侵害、排除妨害等相应民事责任的，人民法院应予支持。本案中，某鸿物业公司以陈某在公共楼道内加装防盗门为由，向陈某提起恢复原状之诉。经审查，该防盗门的安装占用了共有部分的空间，影响了疏散通道的畅通，陈某的行为确已侵害其他业主对于共有部分的权利，影响公共安全，存在严重的消防安全隐患，故法院对某鸿物业公司关于恢复原状的诉讼请求予以支持。

三、裁判规则提要

由于区分所有建筑物在物理构造和权利归属上的特性，业主在行使专有权或共有权时，往往会产生权利冲突，为维护小区的安宁和谐，有必要平衡业主间的权利和利益诉求，对业主的专有权和共有权进行必要的限制。对业主权利的限制既可以法律法规的形式作出，又可通过业主自治的方式进行。其中，管理规约就是全体业主为规范区分所有建筑物的管理、使用等而制定的自治规则，对全体业主具有约束力。对于业主违反物业服务合同或者法律法规、管理规约，实施的妨碍物业服务与管理的行为，《物业纠纷司法解释》第1条赋予了物业服务人作为原告的诉讼主体资格，其有权请求相应业主承担停止侵害、排除妨碍、恢复原状等相应民事责任。

（一）业主对专有部分和共有部分的权利和限制

根据《民法典》第271条规定，业主对建筑物内的住宅、经营性用房等专有部分享有所有权，对专有部分以外的共有部分享有共有和共同管理的权利。由此，业主享有的建筑物区分所有权包括业主对建筑物的专有部分享有的占有、使用、收益和处分的权利，对小区共有部分享有的共有权和基于共有关系而形成的成员权，小区共有部分归属全体业主所有，业主有权共同决定共有部分的用途、经营方式、修缮方案及相关收益的处置等。

但同时，《民法典》第272条亦明确规定，业主行使权利不得危及建筑物的安全，不得损害其他业主的合法权益。由于建筑物区分所有的特性，业主在行使专有权或共有权时，往往可能涉及其他业主的利益。业主专有权的客体是专有部分，毕竟不同于传统所有权的客体独立物，因此，其所受到的限制要高于对传统所有权的限制。传统所有权的客体是独立物，无论是在物理形态上、观念上、法律上都能够与其他物相区别而独立存在，业主专有权的客体是专有部分，专有部分不具有物理上的独立性，尽管依靠交易观念及法律规定能够成为专有权的客体，但并不能改变其无法独立存在、必须和其他专有部分相互依存的现实，虽然是在其专有部分内行使权利，但会影响其他业主的利益、共同生活的安宁，不能仅凭个人意志行使专有权，因此，为了维护其他业主的权利，对专有权的限制要高于对传统所有权的限制。[①] 比如，业主擅自封闭房屋阳台、安装防盗窗的行为，将会影响小区整体的外立面形象，损害小区品质。又如，业主在公共楼道安装防盗门、封闭楼道等行为扩大了其自身房屋的使用面积，但实际上是侵占了全体业主的公共空间。因此，为了防止个别业主的行为损害其他业主的利益，避免业主之间的争议和纠纷，有必要对业主的权利进行必要的限制，而如业主违背此类等限制实施妨碍物业管理和服务的行为，则应承担相应的责任。

实践中，对于业主共有部分的权利的限制，基本上已获得大部分业主的接受和认可，但对业主专有部分利用的限制，则是许多业主仍存在认识误区的领域。业主往往以其对专有部分享有所有权为由，认为其有权任意利用其房屋专有部分，而忽视了其行为可能对其他业主产生的不利影响。实际上，任何权利的行使均有一定的限制，如《民法典》第279条规定，业主不得违反法律、法规以及管理规约，将住宅改变为经营性用房。业主将住宅改变为经营性用房的，除遵守法律、法规以及管理规约外，应当经有利害关系的业主一致同意。该条款实质上即是对业主行使专有部分的所有权的限制，作为专有部分的所有权人，业主有权使用、处分其房屋专有

---

① 尤佳：《业主自治协议专有权限制条款效力探析》，载《法律科学（西北政法大学学报）》2012年第5期。

部分，但考虑到其他业主的权利，法律规定业主对专有部分的权利的行使也是有限度的，不得损害其他业主权利。

对业主权利的限制既可以法律法规的形式作出，又可通过业主自治的方式进行，但应注意，通过协议方式对业主权利的限制应保持在合理范围内，否则该等限制有可能被认定为无效。比如，《物业管理条例》第 50 条第 1 款规定："业主、物业服务企业不得擅自占用、挖掘物业管理区域内的道路、场地，损害业主的共同利益。"《民法典》第 278 条亦规定了业主共同决定的事项及表决规则，在保障业主行使对共有部分的权利的同时，一定程度上也是对全体业主共有权和成员权行使范围、方式和程序的限制性规定。而业主自治主要是由全体业主通过订立管理规约、作出业主大会决议等方式对业主的权利和义务进行规定。

（二）管理规约的性质与效力

管理规约是区分所有建筑物小区业主为维护小区环境和秩序、平衡各业主之间的利益关系、创造安宁和谐的居住环境而确立的规则。除了法律法规的约束之外，业主的行为还应遵循管理规约的要求。《物业管理条例》第 17 条较为宽泛地规定了管理规约应当规定的内容范围"管理规约应当对有关物业的使用、维护、管理，业主的共同利益，业主应当履行的义务，违反管理规约应当承担的责任等事项依法作出约定"、设定管理规约的限制性条件"管理规约应当尊重社会公德，不得违反法律、法规或者损害社会公共利益"及管理规约的效力范围"管理规约对全体业主具有约束力"。管理规约是规范区分所有建筑物的管理、使用乃至所有关系的自治规则，它如同公司的章程、国家的宪法，具有业主团体（共同体）根本自治法规的性质。[①] 基于管理规约的上述性质，对于业主违背管理规约实施的妨碍物业管理和服务的行为，其自应承担相应的责任。

关于管理规约的规范范围，一般而言，管理规约应当规范的事项，主要有如下三大类：（1）关于小区内共有部分的使用、维护和管理规则；（2）关于业主间利害关系及权利冲突的平衡与协调规则；（3）对违反管理规约的行为的处置措施。由于区分所有建筑物与传统独立住宅之间存在显著差别，尤其是因共有权和成员权的存在，使业主彼此之间不得不产生"联结"，而全体业主对小区内的共有设施设备以及物业服务用房与物业管理用房等共有部分共同享有所有权，意味着全体业主共同享

---

① 陈华彬：《论区分所有建筑物的管理规约》，载《现代法学》2011 年第 4 期。

有权利，亦共同承担义务，同时更是权利冲突的多发地。因此，管理规约中必须对小区共有部分的使用、维护和管理作出明确规定，这是直接影响全体业主利益的重大事项。同时，因小区是全体业主共同居住生活的重要场所，而不同的业主存在着不同的利益诉求，这就导致业主之间的利益冲突及权利冲突。比如，业主深夜用较大音量播放音乐、在房间内奔跑跳跃、节假日装修住房等，可能会影响相邻业主的休息权；又如，业主在门口安装监控设备、可视门铃，可能会侵犯相邻业主的隐私权等。因而，管理规约有必要对业主间的权利冲突作出必要的规范，平衡不同业主之间的利益诉求，如规定节假日不得进行有噪音的装修活动、小区内运动场地的活动时间、广场舞的时间限制等，以使业主对小区内主要的生活秩序达成基本共识，以尽量避免纠纷的产生。另外，作为对管理规约有效实施和执行的保障，亦应对业主违反管理规约的行为设立一定的处置措施，否则，管理规约的规定可能将沦为一纸空文。

管理规约的内容，应当符合法律规定，符合公序良俗的要求。对于管理规约能否对业主的"违约"行为设定处置措施，实际上并无明文规定，但既然管理规约的性质为业主自治的产物，由全体业主共同设立符合法律规定的合理的处置措施，如设定小额的金钱处罚或确认"违约"业主负有排除妨碍、恢复原状的义务等，应属业主有权自行决定的范畴，出于对业主意思自治的尊重，亦应当承认该等处置条款的效力。虽然由于《民法典》对业主制定和修改管理规约采取的是普通多数决，即由专有部分面积占比三分之二以上的业主且人数占比三分之二以上的业主参与表决，并经参与表决专有部分面积四分之三以上的业主且参与表决人数四分之三以上的业主同意即可通过，这种方式有可能会忽略少数业主的真实意思，但法律法规同时也设置了相应的救济措施，仍可对少数业主的权利进行保障，避免不恰当地损害少数业主的权利。比如，法律法规本身即已对管理规约内容的合法性设定了严格要求，且《民法典》同时也设置了相应的救济措施，第280条规定，业主大会或者业主委员会的决定，对业主具有法律约束力，业主大会或者业主委员会作出的决定侵害业主合法权益的，受侵害的业主可以请求人民法院予以撤销。因此，通过全体业主的一致意思表示而设置的未违背法律规定、公序良俗、公共利益的管理规约内容（同时法律亦为少数不同意见业主设置了救济通道），应当认可其有效性。

关于管理规约的效力范围，基于其自身的性质及《民法典》第280条、《物业管理条例》第17条的规定，认定其对全体业主具有约束力应无疑义。首先，管理规约对于现有的全体业主和后续加入的业主应均具有约束力。后续加入的业主虽未参与决策，但因彼时管理规约业已存在，在业主决定加入小区时，即应视为其已经接受了管理规约的内容并同意受其拘束。其次，需要明确的是，管理规约对物业使用人的效力如何。根据《物业管理条例》第47条之规定："物业使用人在物业管理活动中的权利义务由业主和物业使用人约定，但不得违反法律、法规和管理规约的有关规定。物业使用人违反本条例和管理规约的规定，有关业主应当承担连带责任。"物业使用人的义务应由业主与其自行约定，但不能违反法律法规及管理规约的内容。实际上，物业使用人作为房屋的实际居住、使用方，管理规约中关于业主方面的规定应同样适用于物业使用人，《物业管理条例》中关于物业使用人违反管理规约的，业主应与其承担连带责任的规定，本身即隐含着物业使用人必须遵循管理规约的内涵。故，如物业使用人违反法律法规及管理规约的规定的，其亦应当承担相应的责任。

（三）物业服务人的诉讼主体资格问题

根据《物业纠纷司法解释》第1条之规定，对于业主违反物业服务合同或者法律、法规、管理规约，实施妨碍物业服务与管理的行为，物业服务人有权请求业主承担停止侵害、排除妨碍、恢复原状等相应民事责任，人民法院应予支持。虽然上述规定已对物业服务人在业主实施妨碍物业服务与管理行为情况下的诉讼主体资格予以明确，但实践中业主往往仍会以物业并非适格的诉讼主体为由予以抗辩，因此，有必要明确在该种情况下法律赋予物业服务人诉讼主体资格的合理性问题。

物业服务企业与业主之间并非单纯的委托关系，其中很重要的一个方面就是全体业主将维护物业服务区域秩序的服务管理权交给物业服务企业，该权利行使的主要途径是对业主实施"人"的服务和管理，赋予物业服务企业请求实施妨碍行为的业主承担恢复原状、停止侵害、排除妨碍等相应的民事责任，并未超出其对业主服务管理权的行使边界，并且可以及时有效地制止不法行为。[①] 对于业主实施的妨碍物业管理和服务的行为，虽然从法理来看，这种妨碍其他区分所有权人利益的行为应由所有权人主张权利，但实践中，当发生个别业主实施妨碍行为侵害其他业主共有部分所有权时，其他业主往往漠然视之，很少有业主或是业主委员会出面干预，业主一般都倾向于将此类纠纷交由物业服务企业去处理。因此《物业纠纷司法解释》

---

① 参见最高人民法院民事审判第一庭编著：《最高人民法院建筑物区分所有权、物业服务司法解释理解与适用》，人民法院出版社2009年版，第284~285页。

赋予物业服务企业作为原告的主体资格，事实上也是赋予物业服务企业代为诉讼的权利，这有助于物业服务企业更好地进行物业服务，维护全体业主的利益。[①]因此，该条款总体上是从现实情况出发，考虑由单个业主或业主委员会主动提起诉讼的困难，避免业主实施妨碍行为而无人制止的困境而设置的。

虽然物业服务人对小区具有一定的管理权限，但物业服务人并不具有强制执法权，实践中，对于个别业主实施的妨碍行为，存在利害关系的业主往往会向物业服务人反映、投诉并要求物业服务人予以制止，但物业服务人也仅具有告知业主停止实施妨碍行为或进行整改的权利，在相关业主拒不改正的情况下，其他业主也并不能期待或要求物业服务人采取强制性的手段进行制止，因该等强制性的手段已超出了物业服务和管理的边界。比如，对于实施妨碍行为的业主，不赋予物业服务人作为原告起诉的权利，将使物业服务人的管理陷入困境，即业主完全可以拒绝改正其妨碍行为而不必担心物业服务人将采取进一步的制止行为，放任这种情况的发生，最终损害的将是全体小区业主的利益。因而，《物业纠纷司法解释》赋予物业服务人作为原告起诉的权利，除了在实践中更具有可行性外，也使得物业服务人有了依赖国家机关的强制执行力采取进一步的制止措施的可能性，从而增强其管理的有效性。

四、辅助信息

《民法典》

第二百七十一条　业主对建筑物内的住宅、经营性用房等专有部分享有所有权，对专有部分以外的共有部分享有共有和共同管理的权利。

第二百七十二条　业主对其建筑物专有部分享有占有、使用、收益和处分的权利。业主行使权利不得危及建筑物的安全，不得损害其他业主的合法权益。

第二百七十九条　业主不得违反法律、法规以及管理规约，将住宅改变为经营性用房。业主将住宅改变为经营性用房的，除遵守法律、法规以及管理规约外，应当经有利害关系的业主一致同意。

[①] 广西壮族自治区高级人民法院民一庭课题组：《物业纠纷案件若干法律问题》，载《人民司法（应用）》2014年第9期。

《物业管理条例》

第十七条 管理规约应当对有关物业的使用、维护、管理，业主的共同利益，业主应当履行的义务，违反管理规约应当承担的责任等事项依法作出约定。

管理规约应当尊重社会公德，不得违反法律、法规或者损害社会公共利益。

管理规约对全体业主具有约束力。

《物业纠纷司法解释》

第一条 业主违反物业服务合同或者法律、法规、管理规约，实施妨碍物业服务与管理的行为，物业服务人请求业主承担停止侵害、排除妨碍、恢复原状等相应民事责任的，人民法院应予支持。

物业服务合同纠纷案件裁判规则第 8 条

物业服务人不得违反物业服务合同约定或者法律、法规、部门规章规定擅自扩大收费范围、提高收费标准或者重复收费，业主以违规收费为由提出抗辩的，人民法院应予支持

【规则描述】　　本条是关于物业服务人不得违规收费，以及已收取违规费用处理的规则。物业服务人应当按照物业服务合同的约定或者法律、法规、部门规章的规定收取物业费，不得擅自扩大收费范围、提高收费标准或者重复收费。在物业服务人起诉业主要求支付物业费的案件中，如果业主以物业服务人违规收费为由进行抗辩且属实的，人民法院应予支持。业主请求物业服务人退还其已经收取的违规费用的，人民法院应予支持。

一、类案检索大数据报告

时间：2023 年 7 月 21 日之前；案例来源：Alpha 案例库；案由：物业服务合同纠纷；检索条件：法院认为包含"物业服务人违反物业服务合同约定或者法律、法规、部门规章规定，擅自扩大收费范围、提高收费标准或者重复收费"；案件数量：101 件；数据采集时间：2023 年 7 月 21 日。

本次检索获取了 2023 年 7 月 21 日前共 101 篇裁判文书。从图 8-1 的年份分布可以看到当前条件下此类案件数量的变化趋势。

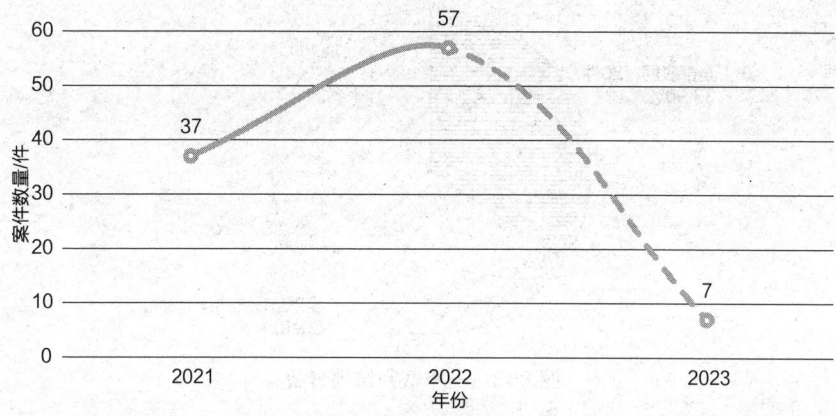

图 8-1 类案时间分布情况

从图 8-2 的程序分类统计可以看到此类案件当前的审理程序分布状况。一审案件有 59 件，二审案件有 42 件。

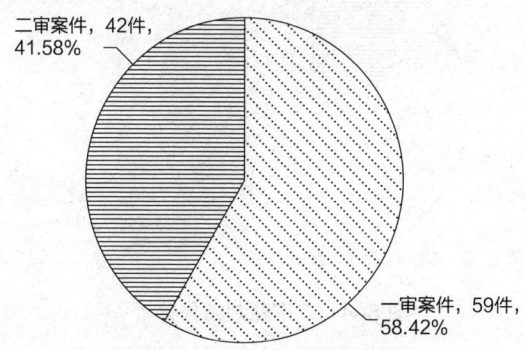

图 8-2 审理程序分析情况

如图 8-3 所示，通过对一审裁判结果的可视化分析可以看到，当前条件下全部/部分支持的有 39 件，占比为 66.10%；全部驳回的有 20 件，占比为 33.90%。

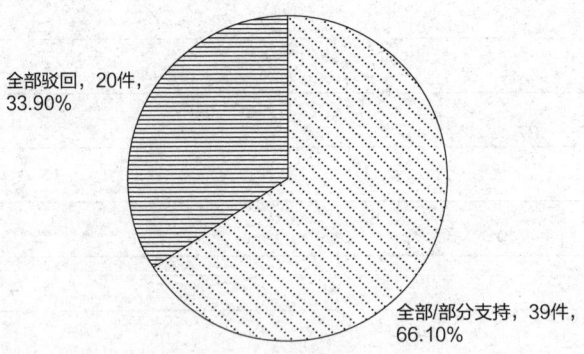

图 8-3 一审裁判结果分析

如图 8-4 所示，通过对二审裁判结果的可视化分析可以看到，当前条件下维持原判的有 34 件，占比为 80.95%；改判的有 8 件，占比为 19.05%。

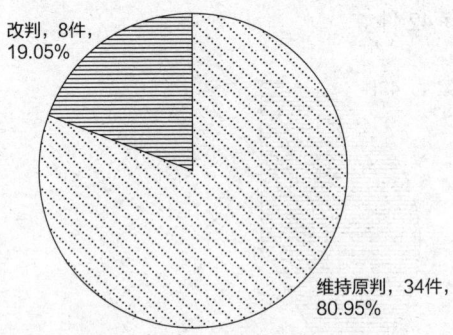

图 8-4 二审裁判结果分析

二、可供参考的例案

例案一：某科物业服务集团有限公司开州分公司与黄某物业服务合同纠纷案

【法院】

重庆市第二中级人民法院

【案号】

（2020）渝 02 民终 1959 号

【当事人】

上诉人（原审原告、反诉被告）：某科物业服务集团有限公司开州分公司

上诉人（原审被告、反诉原告）：黄某

【基本案情】

2011年11月7日，重庆市某科骏耀房地产开发有限公司与某科物业服务集团有限公司开州分公司（以下简称某科物业公司）签订《前期物业服务合同》，合同约定：某科物业公司为案涉小区提供前期物业服务。合同期限从项目首次交房至本项目业委会正式成立后止。高层的物业服务费标准为1.20元/平方米/月（含电梯费，但不包含电梯设施设备维修及设备更换费用），花园洋房1.6元/平方米/月，商业门面3.0元/平方米/月。共用部位、共用设备设施运行的能源消耗按国家政策规定应纳入公摊范围的能耗部分，采取按户据实分摊的方式向业主或使用人另行计收。物业服务费用按月收取，业主应于购买本物业售房合同约定的接房之日起交纳物业服务费用。乙方违反合同约定，擅自提高物业服务费收费标准的，业主、物业使用人有权要求乙方清退，并由乙方按多收费用的2倍标准给予业主或物业使用人赔偿等内容。

黄某系小区业主，房屋建筑面积为99.25平方米。2013年12月8日，黄某作为业主接收该套房屋，并在《临时管理规约》中的承诺书上作为业主签名。黄某交纳了2013年12月8日至2017年12月31日期间的物业服务费5800.30元。

某科物业公司承接了某科开州城的物业服务后，将其收费项目和标准向原开县发展和改革委员会进行申报，2014年1月17日，原开县发展和改革委员会下发了开发改价〔2014〕25号文件，对物业服务收费试行标准作了批复，主要内容为："根据《重庆市物业服务收费标准审批授权委托书》（渝价房委〔2013〕022号）、《重庆市物价局关于对重庆市城市物业管理服务收费实施办法执行中有关问题的通知》（渝价〔2004〕778号）等文件规定和你公司申报的物业环境、设备设施条件及现场查验情况，小区物业服务符合特级收费等级标准，现将其前期物业服务收费标准及有关事宜批复如下：高层住宅物业服务收费标准为0.90元/平方米/月，其中物业服务费0.60元/平方米/月，公共设备设施日常维修养护费0.30元/平方米/月；多层住宅（花园洋房）物业服务收费标准为1.20元/平方米/月，其中物业服务费0.80元/平方米/月，公共设备设施日常维修养护费0.40元/平方米/月。上述收费标准为试行标准，试行期间，因申报的设备设施条件和服务内容尚需逐步完善，应下浮30%收费。下浮的30%由建设单位承担。待相关设备设施和服务内容等完善

后,你公司应及时向我委申报物业服务正式收费标准。高层住宅电梯费由你公司根据实际情况选择一种方式收费:1.月票票价:(1)按层计算张/人=10元(第三层)+0.30元×(N-3),N为楼层;(2)按人计算按常住人口每人每月10元计收。2.次票票价单上单下每人次0.30元,上下往返每人次0.50元。"之后,黄某知晓原开县发展和改革委员会的上述文件批复内容后,认为某科物业公司收费违反政府指导价格,属擅自提高收费,于是就未支付从2018年1月1日起至2019年1月31日止的物业服务费用。

【案件争点】

某科物业公司未按原开县发展和改革委员会开发改价〔2014〕25号文件要求执行物业服务收费标准,是否属于违规收费?是否应予退还?

【裁判摘要】

《价格法》第20条第2款规定,省、自治区、直辖市人民政府价格主管部门和其他有关部门,应当按照地方定价目录规定的定价权限和具体适用范围制定在本地区执行的政府指导价、政府定价。2004年1月1日施行的《物业服务收费管理办法》第6条规定"物业服务收费应当区分不同物业的性质和特点分别实行政府指导价和市场调节价。具体定价形式由省、自治区、直辖市人民政府价格主管部门会同房地产行政主管部门确定"。而由国家发展和改革委员会、建设部联合印发的《物业服务收费管理办法》又是根据《价格法》和国务院制定的《物业管理条例》制定,属于现行有效的部门规范性文件。根据上述分析可知,《重庆市城市物业管理服务收费实施办法(试行)》是由重庆市物价局、重庆市土地房屋管理局联合制定,且有相应的法律、行政法规以及部门规章可依,该实施办法第7条规定"未成立业主(住户)管理委员会的住宅小区或独立实施物业管理的楼宇,公共性服务收费实行政府定价,其收费标准由物价部门核定;已经成立了业主(住户)管理委员会的住宅小区或独立实施物业管理的楼宇,公共性服务收费实行政府指导价,其收费标准可由物业管理单位与业主(住户)管理委员会根据物价部门公布的同类住宅小区或楼宇的物业管理公共性服务收费指导价格水平,通过签订合同协商议定"。由此可以推定,开发改价〔2014〕25号文件系原开县发展和改革委员会根据重庆市物价局授权,对案涉小区未成立业主委员会之前物业服务收费进行的细化和落实,该审批内容符合相关法律、行政法规和部门规章的规定。某科物业公司未按原开县发展和改革委员会开发改价〔2014〕25号文件要求执行物业服务收费标准,属于司法解释中关于违规收费的情形,其收取超出开发改价〔2014〕25号文件确定的价格的部分,应当予以退还。

例案二　柳州市某鑫物业服务有限公司与杨某物业服务合同纠纷案

【法院】

广西壮族自治区柳州市中级人民法院

【案号】

（2020）桂02民终2336号

【当事人】

上诉人（原审被告）：柳州市某鑫物业服务有限公司

被上诉人（原审原告）：杨某

【基本案情】

2013年5月20日，柳州市某鑫物业服务有限公司（以下简称某鑫物业公司）与柳州市某和房地产开发有限公司（以下简称某和公司）签订《前期物业服务委托合同》，约定甲方选聘乙方对案涉小区提供前期物业管理服务事宜，合同第5条第4项约定本小区物业维修资金由甲乙双方依据国家、地方法律法规有关规定另议筹集方式。双方于2013年8月20日另行签订《补充协议》，约定地下室（负一层）消防设施维护保养费用，未计入物业服务费用中，地下室（负一层）消防设施维护保养费用由小区全体业主共同均摊。案涉小区于2015年2月13日向业主交房，某鑫物业公司在杨某收房时向其交付一份《业主临时管理规约》，该份规约中规定了物业费的收费标准、公共耗能费用分摊以及公共耗能的项目，公共耗能项目中亦没有包含消防设施维护保养项目。

2017年11月7日，柳州市公安消防支队城中区大队对某鑫物业公司管理的小区进行消防监督检查，发现该小区有消防设施未保持完好有效的违法行为，违反了《消防法》第16条第1款第2项的规定，向某鑫物业公司发出《行政处罚决定书》，给予某鑫物业公司罚款5000元的处罚。2019年3月22日，某鑫物业公司向小区业主发出公告，将消防维保费分摊到各户，每户收取61.1元。杨某于2019年3月28日将维保费交到某鑫物业公司处。杨某认为某鑫物业公司收取消防设施维护费没有合同依据，故提起本诉。

【案件争点】

某鑫物业公司是否构成违规收费，是否应退还。

【裁判摘要】

某和公司与某鑫物业公司签订《前期物业服务合同》及《补充协议》的时间均

为2013年，而某和公司向杨某发放的《业主临时管理规约》的印发时间为2014年5月。该规约第11条规定该小区物业服务收费采取包干制方式。第12条规定高层住宅物业收费1.08/月/平方米；商业办公3.00/月/平方米；以上不包含电梯运行电费、二次加压、水景耗能、公共路灯费用。案涉小区交房的时间为2015年2月13日。《物业管理条例》第22条第1款规定："建设单位应当在销售物业之前，制定临时管理规约，对有关物业的使用、维护、管理，业主的共同利益，业主应当履行的义务，违反临时管理规约应当承担的责任等事项依法作出约定。"本案中，《补充协议》的签订时间在某和公司发放《业主临时管理规约》之前，而《业主临时管理规约》中没有《补充协议》约定的地下室（负一层）的消防设施维护保养费用，未计入物业服务费用中，地下室消防设施维护保养费用由小区全体业主共同均摊的内容。根据柳州市物价局、柳州市建设委员会印发的《柳州市普通住宅物业服务等级和收费标准（试行）》关于消防系统收费标准三类服务等级0.03元/平方米/月（备注说明地下车库或其他非公共部位设置的消防报警装置维修养护费用是未计入此费用中），同时小区收费公示牌显示收费项目物业服务费包含消防系统。另，根据某鑫物业公司提供《建筑消防实施维护保养工程合同书》及相关材料看，柳州市某消防安全检测有限公司对小区1号楼至12号楼及地下室整个小区消防系统实施维护保养，其开具的发票载明收取的是"现代服务、消防维修保养费"，在无法确定小区地下车库的消防报警装置维修养护具体费用情况下，某鑫物业公司向杨某收取地下车库的消防维保维护费61.1元缺乏依据，故法院判令某鑫物业公司退还杨某交纳的消防维保维护费61.1元。

例案三　姜某、孙某与大连某洋基业物业管理有限公司大连分公司、大连某远置业有限公司物业服务合同纠纷案

【法院】

辽宁省大连市中级人民法院

【案号】

（2019）辽02民终9262号

【当事人】

上诉人（原审原告）：姜某

上诉人（原审原告）：孙某

被上诉人（原审被告）：大连某洋基业物业管理有限公司大连分公司

被上诉人（原审被告）：大连某远置业有限公司

【基本案情】

2015年8月5日，姜某、孙某与大连某远置业有限公司（以下简称某远置业公司）签订《商品房买卖合同》《合同补充协议》《临时管理规约》，姜某购买了某远置业公司销售的某洋荣域项目×区×号楼×单元×层×号房屋。根据《合同补充协议》《某洋荣域临时管理规约》的约定，住宅小区物业收费标准为2.8元/平方米。姜某认为该前期物业收费标准违法，应认定无效；且某远置业公司没有按照相关规定在销售场地对《前期物业服务合同》、物业服务费标准（需要注明以价格主管部门批准为准）进行公示。同时，某远置业公司选聘大连某洋基业物业管理有限公司大连分公司（以下简称某洋物业公司）为小区物业服务企业一事，并没有经房地产行政主管部门批准，其采用协议方式约定物业服务企业，已经违法。且其从未在价格主管部门批准过本小区的物业服务收费标准，物业公司就此按2.8元/平方米收取物业费，违反了《物业管理条例》相关规定，应认定为违法、无效。另外，某洋物业公司只具备一级资质，根据《大连市物业服务收费管理实施细则》第8条的规定，其收费上限应为1.3元/平方米，其约定2.8元/平方米，明显违反上述规定。某洋物业公司不按约定提供服务。其自行提供的格式条款已经约定本小区的物业服务标准为特级服务标准，而案涉小区存在无较大规模的休闲活动场地和固定的活动馆所，有私搭乱建及利用小区共用部位堆放杂物及违章占用现象，物业公司对私拆乱改管线、破坏房屋结构、损害公共利益的现象未及时劝阻，也未将问题严重的报有关部门处理。某远置业公司服务的其他2个小区的收费标准均为1.3元每平方米（不含电梯维护费），根据质价相符的原则，其无法证实其区别于上述2个小区提供更好质量的物业服务，故其收费2.8元每平方米明显过高。

姜某和孙某主张依照相关法律规定，2016年5月1日前住宅小区的前期物业服务费应采用政府指导价和政府定价。根据相关司法解释的规定，物业服务企业违反《前期物业服务合同》约定或者法律、法规、部门规章规定，擅自扩大收费范围、提高收费标准或者重复收费，业主以违规收费为由提出抗辩的，人民法院应予支持。案涉《前期物业服务合同》签订于2014年，其对于物业费的收费标准采用的是市场价，违反了《价格法》第12条、《辽宁省物业管理条例》《辽宁省定价目录》（2015版、2018版）、《大连市关于进一步明确我市实行政府定价经营服务性收费目录清单的通知》的规定，应认定前期物业服务合同约定的2.8元/平方米的收费标准为无效，且其对于多收取的物业费应当予以退还。

【案件争点】

某洋物业公司收取姜某和孙某的物业费是否属于违规收费，是否应当退还。

【裁判摘要】

本案中，案涉小区的开发建设单位某远置业公司与某洋物业公司签订的《前期物业服务合同》依法成立且有效，该合同对业主具有约束力。某洋物业公司有权依据该合同约定的物业费收费标准2.8元/平方米/月向业主姜某、孙某收取物业费。首先，《价格法》第12条规定，经营者进行价格活动，应当遵守法律、法规，执行依法制定的政府指导价、政府定价和法定的价格干预措施、紧急措施。该法第39条规定，经营者不执行政府指导价、政府定价以及法定的价格干预措施、紧急措施的，责令改正，没收违法所得，可以并处违法所得5倍以下的罚款；没有违法所得的，可以处以罚款；情节严重的，责令停业整顿。从上述规定可以看出，《价格法》第12条并非能够导致合同无效的效力性强制性规定。其次，从效力等级来看，《辽宁省物业管理条例》《辽宁省定价目录》（2015版、2018版）以及《大连市关于进一步明确我市实行政府定价经营服务性收费目录清单的通知》均不属于法律、行政法规，违反其规定并不属于合同无效情形。再次，《前期物业服务合同》第11条第3款虽然约定"本协议条款如与有关法律、法规、规章和规范性文件抵触，该条款无效"，但当事人对合同效力存有争议时，合同效力属于人民法院依法审查认定的范畴，当事人无权通过合同约定条款来确定合同条款的效力。最后，在姜某、孙某作为买受人签署的《商品房买卖合同》及《合同补充协议》中，明确载明房屋交付前买受人应向前期物业服务企业支付12个月的物业费，每平方米每月2.8元，姜某、孙某签署的《某洋荣域临时管理规约》中亦明确载明某洋物业公司是"某洋荣域"项目的物业服务机构，高层住宅物业服务费标准为2.8元/平方米/月（含电梯费），在上述内容依法成立且有效的情况下，说明姜某、孙某知悉并认可上述物业费的收费标准，也不存在相关司法解释规定违规收费情况，故对于姜某、孙某退还多收取所谓物业费的请求不予支持。

例案四　顾某与深圳市某美物业管理有限公司烟台分公司物业服务合同纠纷案

【法院】

　　山东省烟台市中级人民法院

【案号】

　　（2020）鲁06民终1071号

【当事人】

　　上诉人（原审原告）：顾某

　　被上诉人（原审被告）：深圳市某美物业管理有限公司烟台分公司

【基本案情】

　　顾某系坐落于山东省烟台市芝罘区房屋的业主。2015年，顾某与开发商烟台芝罘某达广场有限公司（以下简称某达公司）在签订的《商品房买卖合同》所附的补充协议中约定，某达公司选聘深圳市某美物业管理有限公司烟台分公司（以下简称某美物业公司）作为小区前期物业公司，顾某在办理房屋交接手续时应付清物业服务费，否则某达公司有权拒绝交房，并要求顾某承担相应责任。顾某与某美物业公司签订了《前期物业服务合同》，约定物业服务收费标准为3.98元/月/平方米。当日，顾某预交了2016年7月1日至2017年6月30日期间的物业服务费6743.23元。入住后，顾某认为，某美物业公司未能按《前期物业服务合同》的约定全面履行各项义务，且某美物业公司收取的物业服务费标准也违反了国家法律法规及烟台市的有关规定；顾某因多次与物业公司沟通未果，故提起上述诉请，要求某美物业公司退还超出1元/月/平方米（含电梯运行费）标准之外的物业服务费。

【案件争点】

　　某美物业公司收取顾某的物业费是否属于违规收费，是否应当退还。

【裁判摘要】

　　顾某要求按照2004年《烟台市物价局、烟台市房产管理局关于下达普通住宅小区物业服务收费标准的通知》的标准交纳2016年7月1日至2017年6月30日期间的物业费。因该文件系政府部门发出的管理性文件，对于普通住宅小区的物业服务收费标准只有指导性意义，且2017年4月24日，《烟台市物价局、烟台市住房和城乡建设局关于烟台市市区普通住宅前期物业服务收费有关事项的通知》已明确废止该文件，且明确已签订《前期物业服务合同》的，按合同约定执行。另外，关于物业费的标准，应由双方业主与物业公司协商解决，人民法院不应通过司法程序干预物业费的计算标准。综上所述，某美物业公司收取顾某的物业费不属于违规收费的情况，故顾某主张退还超收物业服务费的请求不予支持。

三、裁判规则提要

物业服务人应当按照物业服务合同的约定或者法律、法规、部门规章的规定收取物业费，不得擅自扩大收费范围、提高收费标准或者重复收费。物业服务人起诉要求业主支付物业费的，如业主抗辩物业服务人违规收费，经查实属实的，对于违规部分的费用，人民法院不予支持。业主请求物业服务人返还已经收取的违规费用的，因物业服务人构成不当得利，人民法院应当予以支持。

（一）物业收费的原则

《民法典》第937条对物业服务合同作出了定义，是指物业服务人在物业服务区域内，为业主提供建筑物及其附属设施的维修养护、环境卫生和相关秩序的管理维护等物业服务，业主支付物业费的合同。因此，在物业服务合同中，对于物业服务人而言，其最主要的合同义务是提供物业服务，最主要的合同权利是向业主收取物业费。物业服务费用的标准和收取办法在物业服务合同中进行约定。但因物业服务涉及广大业主的切身利益，一些行政法规、规章等规定对物业服务收费进行了必要的限制。

《物业管理条例》第40条规定，物业服务收费应当遵循合理、公开以及费用与服务水平相适应的原则，区别不同物业的性质和特点，由业主和物业服务企业按照国务院价格主管部门会同国务院建设行政主管部门制定的物业服务收费办法，在物业服务合同中约定。《物业服务收费管理办法》第5条规定，物业服务收费应当遵循合理、公开以及费用与服务水平相适应的原则。因此，对于物业服务收费，应当遵循三个原则：

1. 合理原则

《民法典》第6条规定，民事主体从事民事活动，应当遵循公平原则，合理确定各方的权利和义务。物业服务合同中对于物业服务费用的约定应当遵循公平、合理的原则，不能收费过低，导致物业服务人无利可图；也不能收费过高，侵害广大业主的权益。

2. 公开原则

《物业服务收费管理办法》第 8 条规定，物业管理企业应当按照政府价格主管部门的规定实行明码标价，在物业管理区域内的显著位置，将服务内容、服务标准以及收费项目、收费标准等有关情况进行公示。根据《物业服务收费明码标价规定》的规定，物业服务人向业主提供服务，应当按照本规定实行明码标价，标明服务项目、收费标准等有关情况。物业服务收费明码标价的内容包括：物业管理人名称、收费对象、服务内容、服务标准、计费方式、计费起始时间、收费项目、收费标准、价格管理形式、收费依据、价格举报电话 12358 等。实行政府指导价的物业服务收费应当同时表明基准收费标准、浮动幅度以及实际收费标准。物业服务人应在其服务区域内的显著位置或收费地点，可采取公示栏、公示牌、收费表、收费清单、收费手册、多媒体终端查询等方式实行明码标价。公开意味着透明，便于业主对物业服务人提供物业服务的监管，避免物业服务人不当侵害业主权益，有利于规范物业服务收费行为，提高物业服务收费透明度，维护业主和物业管理人的合法权益。

3. 费用与服务水平相适应原则

物业服务费用的标准高低，取决于物业服务人提供的物业服务质量。中国物业管理协会 2004 年印发的《普通住宅小区物业管理服务等级标准（试行）》规定，根据普通住宅小区物业服务需求的不同情况，由高到低设定为一级、二级、三级三个服务等级，级别越高，表示物业服务标准越高。物业服务合同中对于物业服务费用的约定，应当与物业服务人提供的物业服务标准相适应。如果物业服务人实际提供的物业服务质量低于物业服务合同中约定的质量标准的，业主可以请求物业服务人减少收取部分物业费，或退还部分已经收取的物业费。

（二）物业服务费所包含的内容

物业服务费是物业产权人、使用人委托物业服务企业对房屋及其配套设备、公用设施和相关场地的绿化、卫生、交通、治安和环境等项目进行日常维护、管理、修缮、整治以及提供其他与居民生活相关的服务所收取的费用。物业服务企业按物业服务合同约定，为业主提供物业服务、收取物业服务费。物业费一般包括：管理、服务人员的工资、社会保险和按规定提取的福利费；物业公共部位、公共设施、设备日常运行维护费用；物业管理区域清洁卫生费用；物业管理区域绿化养护费用；物业管理区域秩序维护费用；保安费用；办公费用；物业管理企业用于该项目的固定资产折旧费；物业共用部位、共用设施设备及公众责任保险费用；法定税金；利息等。其中，物业服务管理费的利润需要由各省、自治区、直辖市人民政府物价主管部门按照本地区的实际情况确定。物业服务收费管理应实行明码标价，收费项目、标准及收费办法应在经营场所或收费地点公布。

物管收费中除了以上物业服务费外，还有一些是属于物业企业代收代缴项目，《物业管理条例》第44条规定，物业管理区域内，供水、供电、供气、供热、通讯、有线电视等单位应当向最终用户收取有关费用。物业服务企业接受委托代收上述费用的，不得向业主收取手续费等额外费用。

（三）物业服务费的收取标准

物业服务收费应当遵循公平、公开、合理以及收费项目、收费标准与服务内容、服务质量相适应的原则，根据物业服务成本、法定税费和合理利润确定。关于物业服务的收费标准，应根据区分不同物业的特点和性质分别实行政府指导价和市场调节价的定价机制。

根据《物业服务收费管理办法》的相关规定，物业服务收费应当区分不同物业的性质和特点分别实行政府指导价和市场调节价。具体定价形式由各省、自治区、直辖市人民政府价格主管部门会同房地产行政主管部门确定。物业服务收费实行政府指导价的，有定价权限的人民政府价格主管部门应当会同房地产行政主管部门根据物业管理服务等级标准等因素，制定相应的基准价及其浮动幅度，并定期公布。具体收费标准由业主与物业管理企业根据规定的基准价和浮动幅度在物业服务合同中约定。实行市场调节价的，由业主与物业管理企业在物业服务合同中约定。

一般对于普通住宅物业，各省市的价格主管部门都会要求实行政府指导价，市场调节价适用较多的是外销商品房、别墅、高级商住楼、写字楼等。设区、县（市）发展改革（价格）主管部门则会根据当地实际情况制定或调整普通住宅物业收费标准。比如，《武邑县发展改革创新局关于调整武邑县普通住宅小区物业收费标准的通知》第6条规定，公共性物业服务等级基准价：特一级2.50元/平方米/月、特二级1.80元/平方米/月、一级0.95元/平方米/月、二级0.70元/平方米/月、三级0.45元/平方米/月、四级0.30元/平方米/月。公共性物业服务收费实际收费标准，可按基准价上下浮动10%；获市级优秀小区的可按基准价上浮3%；获省级优秀小区的可按基准价上浮5%；获国家级优秀小区的可按基准价上浮8%；上浮均需报价格、住建部门审核后执行。

（四）物业服务费的定价形式

根据《物业服务收费管理办法》的规定，物业服务合同中可以采取包干制或者酬金制等形式约定物业服务费用。包干制是指业主向物业服务人支付固定物业服务费用，盈余或者亏损均由物业服务人享有或者承担的物业服务计费方式。酬金制是指在预收的物业服务资金中按约定比例或者约定数额提取酬金支付给物业服务人，其余全部用于物业服务合同约定的支出，结余或者不足部分由业主享有或者承担的物业服务计费方式。

实行物业服务费用包干制的，物业服务费用的构成包括物业服务成本、法定税费和物业服务人的利润。实行物业服务费用酬金制的，预收的物业服务资金包括物业服务支出和物业服务人的酬金。物业服务成本或者物业服务支出构成一般包括以下部分：管理服务人员的工资、社会保险和按规定提取的福利费等；物业共用部位、共用设施设备的日常运行、维护费用；物业管理区域清洁卫生费用；物业管理区域绿化养护费用；物业管理区域秩序维护费用；办公费用；物业服务人固定资产折旧；物业共用部位、共用设施设备及公众责任保险费用；经业主同意的其他费用。物业共用部位、共用设施设备的大修、中修和更新、改造费用，应当通过专项维修资金予以列支，不得计入物业服务支出或者物业服务成本。

（五）物业收费的监督管理

在物业收费问题上，政府主要职责是宏观调控，通过建立物业收费监管机构，监督物业收费。《物业管理条例》第42条规定，县级以上人民政府价格主管部门会同同级房地产行政管理部门，应当加强对物业服务收费的监督。国务院对物业收费的监督管理机构是建设行政主管部门，其主要监督价格主管部门制定的物业服务收费规定和地方政府对物业服务收费的监管。根据《物业管理条例》和《价格法》等规定，涉及物业服务价格管理的主要内容有：（1）物业服务费采取政府指导价与市场调节价两种方式；（2）物业服务人应明码标价物业服务人对收费内容、标准等应在小区显著位置向业主进行公示；（3）物业服务人向业主代收水、电、气等费用不得加收任何费用；（4）物业共有部分、共用设施的大修改造等，物业服务人应通过专项维修资金予以列支，不能计入物业服务支出或物业服务成本；（5）预收的物业服务费用，物业服务人不得作为物业合同约定以外的支出；（6）物业服务人对物业服务资金年度预决算和收支情况应当向业主大会或全体业主及时公布。年度预决算和收支情况，业主大会或全体业主可以聘请专业人员进行审计。

（六）物业服务人违规收费的认定

物业服务人违规收费具体包括三种情形：

1. 擅自扩大收费范围

物业服务收费范围取决于物业服务合同中约定的服务事项。根据中国物业管理协会印发的《普通住宅小区物业管理服务等级标准（试行）》的规定，物业服务事项具体包括房屋管理、共用设施设备维修养护、协助维护公共秩序、保洁服务、绿化养护管理等。物业服务合同中应当对物业服务人提供的物业服务事项进行明确约定，并根据该服务事项的范围和服务质量标准约定物业服务费用。除物业服务人根据物业服务合同向业主收取物业费外，还可以根据相关规定代收一些费用。《物业服务收费管理办法》第17条规定："物业管理区域内，供水、供电、供气、供热、通讯、有线电视等单位应当向最终用户收取有关费用。物业管理企业接受委托代收上述费用的，可向委托单位收取手续费，不得向业主收取手续费等额外费用。"因此，物业服务人应当按照物业服务合同的约定和相关规定的范围收取物业费，如物业服务人在上述范围以外收取物业费的，人民法院应当认定为违规收费。

2. 提高收费标准

《物业服务收费管理办法》第14条规定："物业管理企业在物业服务中应当遵守国家的价格法律法规，严格履行物业服务合同，为业主提供质价相符的服务。"第6条规定："物业服务收费应当区分不同物业的性质和特点分别实行政府指导价和市场调节价。具体定价形式由省、自治区、直辖市人民政府价格主管部门会同房地产行政主管部门确定。"如物业服务人在当地价格主管部门规定的物业服务收费标准之上收取物业费的，应当认定物业服务人擅自提高收费标准，属于违规收费。

3. 重复收费

《物业服务收费管理办法》第20条规定："物业管理企业根据业主的委托提供物业服务合同约定以外的服务，服务收费由双方约定。"如某一服务已经在物业服务合同中进行了约定，但物业服务人又和业主进行了约定，再次收取了服务费用。此时应当认定物业服务人重复收费，属于违规收费。

《物业纠纷司法解释》第2条规定，物业服务人违反物业服务合同约定或者法律、法规、部门规章规定，擅自扩大收费范围、提高收费标准或者重复收费，业主以违规收费为由提出抗辩的，人民法院应予支持。根据该条规定，如果物业服务人通过诉讼要求业主支付物业费，业主抗辩物业服务人主张的全部或部分物业费属于违规收费，人民法院经审理认为的确构成违规收费，对于业主提出的拒绝支付或减少支付的抗辩主张，应当予以支持。

（七）业主有权请求物业服务人返还已支付的违规费用

《民法典》第 122 条规定，因他人没有法律根据，取得不当利益，受损失的人有权请求其返还不当利益。"不当得利"是指没有法律根据取得不当利益致使对方受损的法律事实。不当得利制度的理论基础，在于"任何人不得基于他人之损失而获得利益"，其目的是调整财产变动中失衡的利益关系。由于得利人取得不当利益没有法律上的根据，应当返还给受损失的人，由此形成了以不当得利为内容的债权债务关系。①

物业服务人应当按照物业服务合同的约定以及其他法律法规的规定向业主收取物业费。如物业服务人违反物业服务合同约定或者法律、法规、部门规章规定收取的违规费用，属于物业服务人没有法律根据而取得的不当利益，致使业主遭受了损失。因此，对于物业服务人已经收取的违规费用，应当返还给业主。基于此，《物业纠纷司法解释》第 2 条第 2 款规定，业主请求物业服务人退还其已经收取的违规费用的，人民法院应予支持。

四、辅助信息

《民法典》

第一百二十二条　因他人没有法律根据，取得不当利益，受损失的人有权请求其返还不当利益。

《物业管理条例》

第四十条　物业服务收费应当遵循合理、公开以及费用与服务水平相适应的原则，区别不同物业的性质和特点，由业主和物业服务企业按照国务院价格主管部门会同国务院建设行政主管部门制定的物业服务收费办法，在物业服

---

① 最高人民法院民法典贯彻实施工作领导小组主编：《中华人民共和国民法典总则编理解与适用》（下），人民法院出版社 2020 年版，第 619 页。

合同中约定。

第四十二条 县级以上人民政府价格主管部门会同同级房地产行政主管部门，应当加强对物业服务收费的监督。

第四十四条 物业管理区域内，供水、供电、供气、供热、通信、有线电视等单位应当向最终用户收取有关费用。

物业服务企业接受委托代收上述费用的，不得向业主收取手续费等额外费用。

第四十八条 县级以上地方人民政府房地产行政主管部门应当及时处理业主、业主委员会、物业使用人和物业服务企业在物业管理活动中的投诉。

《物业服务收费管理办法》

第五条 物业服务收费应当遵循合理、公开以及费用与服务水平相适应的原则。

第六条 物业服务收费应当区分不同物业的性质和特点分别实行政府指导价和市场调节价。具体定价形式由省、自治区、直辖市人民政府价格主管部门会同房地产行政主管部门确定。

第七条 物业服务收费实行政府指导价的，有定价权限的人民政府价格主管部门应当会同房地产行政主管部门根据物业管理服务等级标准等因素，制定相应的基准价及其浮动幅度，并定期公布。具体收费标准由业主与物业管理企业根据规定的基准价和浮动幅度在物业服务合同中约定。

实行市场调节价的物业服务收费，由业主与物业管理企业在物业服务合同中约定。

《物业服务收费明码标价规定》

第二条 物业管理企业向业主提供服务（包括按照物业服务合同约定提供物业服务以及根据业主委托提供物业服务合同约定以外的服务），应当按照本规定实行明码标价，标明服务项目、收费标准等有关情况。

第三条 物业管理企业实行明码标价，应当遵循公开、公平和诚实信用的原则，遵守国家价格法律、法规、规章和政策。

第四条 政府价格主管部门应当会同同级房地产主管部门对物业服务收费明码标价进行管理。政府价格主管部门对物业管理企业执行明码标价规定的情况实施监督检查。

第六条 物业服务收费明码标价的内容包括：物业管理企业名称、收费对象、服务内容、服务标准、计费方式、计费起始时间、收费项目、收费标准、价格管理形式、收费依据、价格举报电话12358等。

实行政府指导价的物业服务收费应当同时标明基准收费标准、浮动幅度，以及实际收费标准。

第七条 物业管理企业在其服务区域内的显著位置或收费地点，可采取公示栏、公示牌、收费表、收费清单、收费手册、多媒体终端查询等方式实行明码标价。

《物业纠纷司法解释》

第二条 物业服务人违反物业服务合同约定或者法律、法规、部门规章规定，擅自扩大收费范围、提高收费标准或者重复收费，业主以违规收费为由提出抗辩的，人民法院应予支持。

业主请求物业服务人退还其已经收取的违规费用的，人民法院应予支持。

物业服务合同纠纷案件裁判规则第 9 条

业主违反合同约定拒绝支付物业费的，物业服务人有权请求业主支付物业费

【规则描述】　本条是关于业主无正当理由不能拒绝支付物业费的规则。业主与物业服务人订立物业服务合同后，应当按照合同的约定履行支付物业费的义务。在物业服务人起诉业主要求支付物业费的案件中，如业主仅以物业服务人履行物业服务合同不符合约定为由拒绝支付物业费的，人民法院不予支持。但若物业服务人未履行物业服务合同，或履行物业服务合同存在重大瑕疵的，则构成业主拒绝支付物业费的正当理由。

一、类案检索大数据报告

时间：2023 年 7 月 21 日之前；案例来源：Alpha 案例库；案由：物业服务合同纠纷；检索条件：法院认为包含"经书面催交，业主无正当理由拒绝支付或者在催告的合理期限内仍未支付物业费，物业服务企业请求业主支付物业费"；案件数量：24267 件；数据采集时间：2023 年 7 月 21 日。

本次检索获取了 2023 年 7 月 21 日前共 24267 篇裁判文书。从图 9-1 的年份分布可以看到当前条件下此类案件数量的变化趋势。

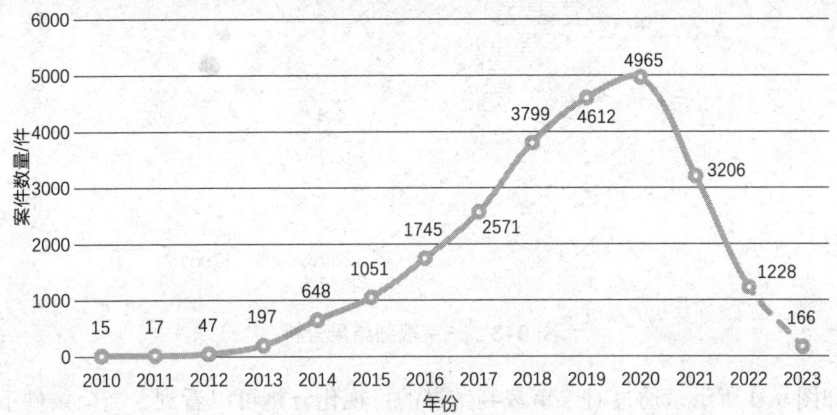

图 9-1　类案时间分布情况

从图 9-2 的程序分类统计可以得出此类案件当前的审理程序分布状况，其中一审案件有 20303 件，二审案件有 3778 件，再审案件有 177 件，其他案件有 9 件。

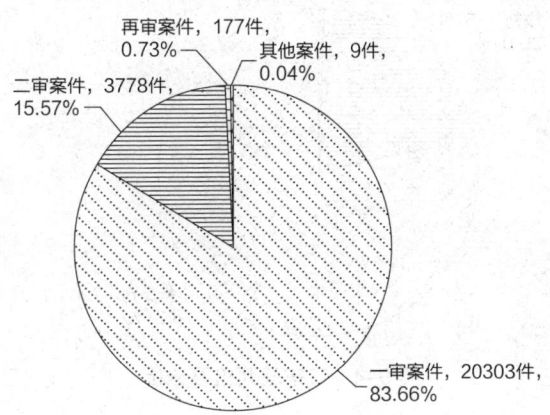

图 9-2　审理程序分布情况

如图 9-3 所示，通过对一审裁判结果的可视化分析可以看到，当前条件下全部/部分支持的有 17951 件，占比为 88.41%；驳回起诉的有 1772 件，占比为 8.73%；全部驳回的有 396 件，占比为 1.95%，其他的有 184 件，占比为 0.91%。

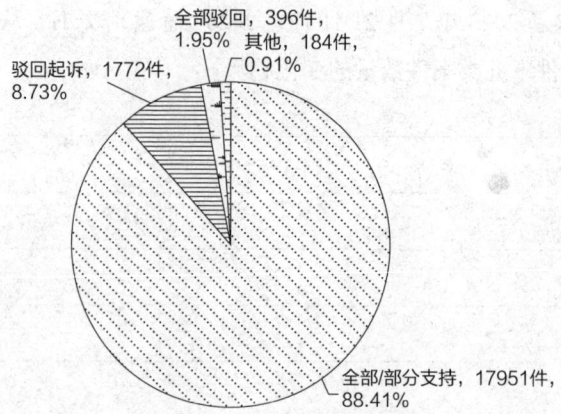

图 9-3　一审裁判结果分析

如图 9-4 所示,通过对二审裁判结果的可视化分析可以看到,当前条件下维持原判的有 2961 件,占比为 78.37%;改判的有 757 件,占比为 20.04%;其他的有 47 件,占比为 1.24%;发回重审的有 13 件,占比 0.34%。

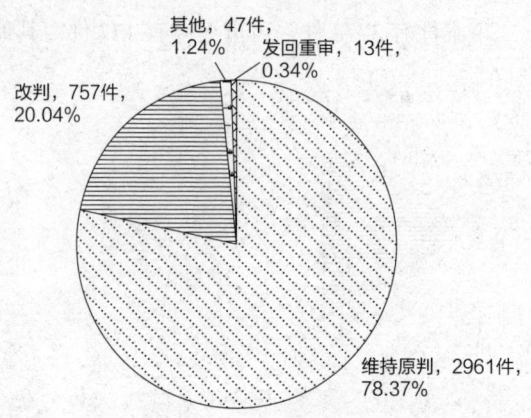

图 9-4　二审裁判结果分析

二、可供参考的例案

例案一　牛某与北京某城物业管理有限公司物业服务合同纠纷案

【法院】

北京市第一中级人民法院

【案号】
　　（2020）京01民终1367号
【当事人】
　　上诉人（原审被告）：牛某
　　被上诉人（原审原告）：北京某城物业管理有限公司
【基本案情】
　　牛某所在小区业主委员会与北京某城物业管理有限公司（以下简称某城物业公司）相继签订四份《物业服务合同》，约定由某城物业公司为牛某所在小区提供物业服务，物业服务期限自2011年7月1日至2019年6月30日，住宅物业费标准为1.35元/平方米/月，生活垃圾清运费30元/户/年。《物业服务合同》亦就物业服务事项、服务质量、物业的经营与管理、双方的权利义务等其他事项进行了约定。
　　上述《物业服务合同》签订至今，某城物业公司为包括牛某在内的业主提供相应物业服务。
　　牛某称，某城物业公司作为服务主体，水箱清洗停水通知、物业收据、特种设备使用标志、社区信息公示牌等照片打印件及《物业服务合同》所显示的物业服务主体均不是某城物业公司，某城物业公司提供的某公司向某城物业公司出具的授权书中显示某公司提供物业服务至2012年6月30日，与某城物业公司提供的期限为2011年7月1日至2013年6月30日的《物业服务合同》相矛盾。另外，某城物业公司没有履行维修、养护、管理、维护义务，小区内存在物业私搭乱建、占用消防通道、违规停车收费、安保不到位、公共设施维修不及时等诸多问题，而且案涉房屋卧室南侧承重墙出现通体裂缝，物业服务质量存在严重瑕疵，不符合服务标准。
【案件争点】
　　牛某拒绝支付物业费的抗辩能否成立。
【裁判摘要】
　　依法成立的合同，对当事人具有法律约束力。当事人应当按照约定履行自己的义务，不得擅自变更或者解除合同。双务合同的当事人享有履行抗辩权，包括同时履行抗辩权、后履行抗辩权和不安抗辩权。《物业服务合同》属于双务合同，业主有权提出对所签署《物业服务合同》的同时履行抗辩权。按照合同签署条款，不符合质量标准的服务，业主可根据物业服务公司的服务质量提出不交或少交物业费的正当请求。《物业管理条例》第35条规定："物业服务企业应当按照物业服务合同的约定，提供相应的服务。物业服务企业未能履行物业服务合同的约定，导致业主人身、财产安全受到损害的,应当依法承担相应的法律责任。"当事人提供的照片显示某城物业公司的服务质量确有瑕疵,考虑物业服务企业的部分公益性质,并根据服务现状的危害程度作出的权衡,法院不予支持牛某拒绝支付物业费用的请求,但可酌情裁定减免部分费用,按照某城物业公司的服务质量作出相应的折扣减免。

例案二　彭某与湘潭某佳物业管理有限公司物业服务合同纠纷案

【法院】

湖南省湘潭市中级人民法院

【案号】

(2020)湘03民终152号

【当事人】

上诉人(原审被告):彭某

被上诉人(原审原告):湘潭某佳物业管理有限公司

【基本案情】

案涉房屋坐落于湖南省湘潭市岳塘区,上诉人彭某系案涉房屋所有权人,房产产权面积为129.84平方米。湘潭某佳物业管理有限公司(以下简称某佳物业公司)于2010年1月1日至今为上述小区提供物业服务。收取物业费的依据为:《物业管理服务合同》(2014年12月18日签订)、《物业管理服务合同补充约定》(2016年3月9日签订)、《关于调整物业服务收费标准的决定》(2016年3月10日公布)、《小区物业管理服务合同》(2016年12月25日签订)。收费标准:(1)小区业主委员会与某佳物业公司签订《物业管理服务合同》(2014年12月18日),收费标准为住宅按1.18元/平方米/月;服务期限自2015年1月1日起至2016年12月30日止;(2)小区业主委员会与某佳物业公司于2016年3月9日签订《物业管理服务合同补充约定》,并联合发布《关于调整物业服务收费标准的决定》(2016年3月10日),自2016年4月1日起,小区物业费收费标准调整为非电梯房按0.7元/平方米/月、电梯房按1.18元/平方米/月;(3)小区业主委员会与某佳物业公司签订《小区物业管理服务合同》(2016年12月25日),收费标准为住宅按1.18元/平方米/月;服务期限自2017年1月1日起至2019年12月30日止。某佳物业公司起诉要求彭某支付物业费的期限为2016年4月1日至2019年12月31日。彭某拖欠2016年4月1日至2019年11月30日期间的物业费6741.29元(1.18元/平方米/月×129.84平方米×44月)至今仍未支付。

彭某不交物业费辩解事由及对应的证据名称：（1）某佳物业公司的物业服务不到位：①小区门杆形同虚设，盗窃事件频繁；②小区公共设施维护不到位，单元门、监控及门禁系统等瘫痪，绿化大面积干枯，楼道消防设施不健全；③车辆乱停乱放，卫生环境极差，消防喷淋损坏无人维修。（证据：照片）（2）根据法律规定，物业费上涨应经过小区业主半数以上同意，且某佳物业公司与彭某签订的合同约定物业费按建筑面积0.85元/月/平方米计算。

【案件争点】

彭某拒绝交物业费的抗辩能否成立。

【裁判摘要】

某佳物业公司与小区业委会签订的多份《物业管理服务合同》以及《物业管理服务合同补充约定》合法成立且依法有效。《物业管理条例》第7条规定："业主在物业管理活动中，履行下列义务：（一）遵守管理规约、业主大会议事规则；（二）遵守物业管理区域内物业共用部位和共用设施设备的使用、公共秩序和环境卫生的维护等方面的规章制度；（三）执行业主大会的决定和业主大会授权业主委员会作出的决定；（四）按照国家有关规定交纳专项维修资金；（五）按时交纳物业服务费用；（六）法律、法规规定的其他义务。"故各份合同对彭某及某佳物业公司均具有法律约束力，双方均应依照合同约定享有权利、履行义务。某佳物业公司在合同约定期间内依据合同履行了如安保巡逻、绿化维护、电梯等设施维修等物业服务管理职责，提供了物业管理服务。彭某提及的绿化维护不到位、消防栓喷头人为损坏未及时修缮、环境卫生清理不到位、车库停车混乱等情况，仅能证明某佳物业公司提供的服务存在未达到业主预期标准的情况。彭某可以要求某佳物业公司予以整改、采取补救措施等，但不能作为彭某不履行自身合同义务的理由，彭某作为业主依约依规均应当支付物业管理费。

例案三　武汉某嘉园物业管理有限公司宜昌分公司与田某物业服务合同纠纷案

【法院】

湖北省宜昌市中级人民法院

【案号】
(2020)鄂05民终129号

【当事人】
上诉人(原审原告):武汉某嘉园物业管理有限公司宜昌分公司
被上诉人(原审被告):田某

【基本案情】
2010年3月26日,武汉某江物业管理有限公司宜昌分公司2015年12月24日更名为武汉某嘉园物业管理有限公司宜昌分公司(以下简称某嘉园物业公司),其与田某签订《前期物业管理服务协议》,协议约定:田某购买的位于案涉小区的房屋(合同约定的建筑面积为129.69平方米)按1.5元/平方米按先消费后服务的方式交物业服务费,每6个月交一次,入住时首次交12个月物业服务费,当期物业服务费于前次物业服务费届满前30日交,逾期交的,从逾期之日起按每日1‰交纳违约金。合同还对物业服务质量(含房屋外观、设备运行、环境卫生、绿化、交通运输与车辆停放、公共秩序维护)、纠纷的解决方式等进行了约定。合同签订后,田某办理入伙手续,某嘉园物业公司实际提供物业服务至今,田某从2011年3月1日至今未交物业服务费,经某嘉园物业公司多次催缴,田某仍未交,从而引起诉讼。另查,某嘉园物业公司在提供本小区物业服务时不符合合同约定,小区存在大量违建、住改商,未及时修理外墙、屋顶渗水、垃圾清运不到位、业主车辆停放不能得到保障、违约出租业主公用部分等情形,业主反映强烈。

某嘉园物业公司提交了以下证据:证据一:关于紫晶城住改商、群租房的情况说明;关于强烈要求拆除步行街严重违建的情况说明以及违建统计表;关于相关业主占用公共平台违规搭建的情况汇报;城管到现场查看的照片。证明物业公司按照物业服务合同的约定履行了自己的相关义务,将相关业主的违法行为上报城管部门。证据二:业主沟通记录及记账凭证、工程签证原始记录凭证。证明田某的外墙漏水还在建筑商的工程质量保质期内,本应由开发商负责维修,但是物业公司主动聘请维修方对外墙进行修理。证据三:日常保洁服务合同和生活垃圾清运合同。证明某嘉园物业公司与宜昌市某保卫处签订了垃圾清运合同,对生活垃圾进行了及时清运,同时与相关的保洁服务公司签订了合同。证据四:规划图以及房屋产权证明单、田某办理停车位月票的缴费记录。证明田某所在的C+E地块共有住宅业主608户、商铺业主1079户,开发商的车位只有432个,配比严重不足,导致业主停车位紧张。某嘉园物业公司从2015年12月至2019年5月一直为田某办理停车月票。

【案件争点】

田某拒绝支付物业费的抗辩主张能否成立。

【裁判摘要】

本案田某与某嘉园物业公司签订的《前期物业管理服务协议》对双方均具有约束力，双方均应按合同约定履行义务。

从合同内容及履行情况来看，应考虑物业合同的特质及特定纠纷形成的历史性和特殊性。根据《物业管理条例》第2条之规定，物业管理是指业主通过选聘物业服务企业，由业主和物业服务企业按照物业服务合同约定，对房屋及配套的设施设备和相关场地进行维修、养护、管理，维护物业管理区域内的环境卫生和相关秩序的活动。任何一个法律关系中，责任、权利、利益都是统一的，而义务的实际履行会受到诸多因素的影响，既有历史因素，又有现实因素，既有自身因素，又有外在因素。物业公司系为方便广大业主的共同生活，由业主选聘，并按照物业服务合同的约定为业主提供物业服务，属非营利性、服务性企业。本案中，物业公司的物业服务质量受诸多环境因素的影响，包括小区功能定位和管理条件限制，案涉小区为商住混合小区，环境较普通住宅小区复杂，管理难度相对较大，小区虽存在住改商、群租房、违规搭建、占用公共部位商业经营、车辆停放得不到保障等情形，该情形与小区的商业经营环境相关，物业公司的职责范围为物业服务，其根据自身履行能力已做大量协调工作，物业公司并非行政管理机构亦无行政执法权，且其已就相应问题向行政执法部门反映情况，相应问题应由相应的行政执法部门依法解决。

从权利义务的相互关系来看，违约责任的认定应考量权利义务的对等性和比例性，以体现民事公平正义原则。业主抗辩需要基于正当理由。"正当理由"应当限定在物业服务企业不履行物业服务合同，或者履行合同有重大瑕疵。物业公司若已尽到基本的协调服务义务，对其义务及职责要求不应过于严苛。田某称小区外墙砖脱落，其房屋亦存在外墙及屋顶渗水现象而物业公司一直未解决，但物业公司对外墙砖已进行过相应维修，对其漏水问题也曾上门处理尽到了一定的服务义务，田某房屋渗水是房屋质量问题还是第三人侵权所致现尚无法明确，田某房屋渗水情况应在明确原因及相应责任主体后另行依法解决，若外墙及漏水问题非房屋开发商的责任或其他第三人的责任，仍存在问题且维修所需费用较高，需由小区业主委员会启动住宅专项维修基金使用程序予以解决，其不应以房屋漏水物业公司未解决好为由主张拒交或少交物业费。田某主张小区垃圾清运不到位、电梯长久失修等，但其提交的证据只能说明在某些时间段的卫生、电梯服务存在瑕疵问题。尽管物业公司在小区违规搭建、住改商、群租房、占用公共部位商业经营、车辆停车问题、房屋外墙及室内漏水问题、垃圾清运不及时、电梯失修等问题上存在部分管理服务不到位、协调处理不及时等问题，但物业公司作为业主选聘的服务性企业在职责范围内已尽到了基本的物业服务义务，不能因小区出现的上述问题未予以解决而完全归咎于物业公司。且存在的部分物业服务问题还不足以明显影响业主的个人生活，本案某嘉园物业公司的物业服务只能认定存在一般瑕疵，尚不构成物业服务根本违约或存在重大瑕疵。

从权利行使主体来看，对涉及公共部分、公共设施的权益主张不宜由单个业主行使。小区公共部位属全体业主共同所有，根据法律规定，有关共有和共同管理权利的其他重大事项由业主共同决定。对公共部位的权利义务行使应由全体业主共同享有和承担，即便存在部分业主占用公共部位开展经营活动、在公共平台违规搭建、物业公司出租公共部位收取经营费等情形侵犯全体业主的共同利益时，也应由业主委员会代全体业主依法主张权利，预期利益也应由全体业主而不应由某一业主个人享有，公共部位的利益损失非单一业主特定化的利益损失，单一业主不能直接以此为由拒交或少交物业费。

从物业费的性质和功能来看，应考虑全体业主的共同及长远利益。物业服务合同具有特殊性、持久性，物业公司向业主收取物业费既是其生存、发展的前提，又是其按照物业服务合同向全体业主提供正常服务的经济保障。物业服务的提供具有持续性和复杂性，其用途和功能主要体现在全体业主的整体利益和长远利益，至于以偶发性、单个性和短期性表现出来的各种状况应纳入长期性和整体性中予以考量服务是否合理、是否符合一般人的正常期望；同时也要考虑物业服务行业在当地的发展进程状况是受各种因素制约和影响的，包括商住混用型小区的物业服务的探索、汽车保有量的迅速增加导致车位供求的紧张、物业成本的不断上涨、小区周边环境的不断变化以及物业法治的不断完善等。因此，物业费的收取在很大程度上实质体现了物业服务合同所包含权利义务的对等性以及合同履行的公平性，对于业主要求减免物业费的诉求应进行全面合理慎重的分析判定，以免不当裁判影响此类纠纷中物业公司、全体业主与单个业主之间的整体性利益失衡。且根据合同的相对性原则，只有在物业服务企业不履行物业服务合同，造成业主特定性利益损害时，业主才能拒交或少交物业费。否则就会影响物业服务企业的正常运转，无法维持正常的物业服务水平，进而导致小区物业服务质量下降，同时少部分业主拖欠物业费对按时足额交物业费的业主也不公平，从长远来讲对业主个人的正常生活秩序也会带来影响。

从物业纠纷的合适性解决来看，双方均需在各自的责任、义务、权利范围内依法适度承担、履行及维权。若田某认为因为某嘉园物业公司的物业服务违约造成其特定性利益损害，应提供相应证据，另行主张权利。需要特别指出的是，物业服务企业应加强与业主和相关职能部门的协调约定，完善管理措施、提升服务意识、提高物业服务质量和效率，以维护、保障全体业主的共同利益。

综上，基于物业服务合同的特殊性、权利义务的对等性以及合同主体利益的平衡性等方面的综合考量，某嘉园物业公司虽存在一般物业服务瑕疵，但已尽到了基本的物业服务合同义务，因此田某拒交或少交物业费的理由不能成立，其应按物业服务合同约定交相应物业费。某嘉园物业公司主张违约金，因其服务存在一定瑕疵，田某并非恶意拖欠物业服务费，故对于该项请求不予支持。

例案四　刘某与重庆某浪物业服务有限公司物业服务合同纠纷案

【法院】

重庆市第二中级人民法院

【案号】

（2019）渝02民终337号

【当事人】

上诉人（原审被告、反诉原告）：刘某

被上诉人（原审原告、反诉被告）：重庆某浪物业服务有限公司

【基本案情】

2013年7月12日，重庆市某浪实业有限公司与重庆某浪物业服务有限公司（以下简称某浪物业公司）签订《前期物业服务合同》，合同约定由某浪物业公司为案涉小区提供前期物业服务。该合同于2013年7月24日在重庆市云阳县国土资源和房屋管理局备案。

刘某于2014年购买小区房屋，其重庆市预购商品房买卖合同登记备案证明载明刘某的房屋建筑面积为106.96平方米。2015年10月18日，某浪物业公司与刘某签订《前期物业服务合同》。后某浪物业公司一直按建筑面积106.96平方米和1.15元/平方米/月的标准向刘某收取物业服务费至2018年6月16日。

2018年7月10日，小区业主委员会向某浪物业公司发出关于加强小区管理及限期整改的函，要求某浪物业公司在制度建设、人员管理、安全保卫、绿化维护、卫

生保洁等方面进行整改。同年8月15日，小区业主委员会向重庆市某浪实业有限公司发出关于对江上某珠小区限期整改的函。

2018年8月30日，某浪物业公司向小区全体业主发出关于调整小区物业服务费的公告，公告内容如下："一、住宅服务费每月每平方米（建筑面积）0.7元。二、车位服务费每月每个20元。三、门市服务费每月每平方米（建筑面积）1.5元。以上价格自2018年9月1日起执行，但不接受小区业委会公示的新的物管合同关于提取费用和保证金的条款。"

2019年8月7日，某浪物业公司向法院起诉，要求刘某支付物业服务费，后自愿撤回起诉。2019年9月24日，某浪物业公司在刘某大门上张贴了物业管理费催款通知书。

2019年10月29日，一审法院召集某浪物业公司及小区业主委员会副主任刘某等在小区进行实地查看，发现小区草坪灯存在被破坏的现象、部分架空层清扫不彻底、部分区域堆放有少量垃圾，但是现场有部分业主认可某浪物业公司的物业服务工作，也有业主委员会成员对小区停电后及时发电保证电梯正常运行及电梯出现故障及时维修等情况予以肯定，当时亦有人员和车辆正在清运小区内堆积的装修垃圾。2019年11月20日左右，某浪物业公司对小区内部分损坏的草坪灯进行了维修更换。2019年11月29日，某浪物业公司在小区公示栏张贴了物业费收支明细表（截至2019年9月）、小区广告费支出明细表、广告位租赁收入明细表，刘某对其中内容持有异议。

【案件争点】

刘某拒绝交物业费的抗辩能否成立。

【裁判摘要】

对于刘某提出的物业服务不到位的问题，法院到小区进行调查核实时，有部分业主认可某浪物业公司的物业服务工作，也有业主委员会成员对小区停电后发电保证电梯正常运行及电梯出现故障的维修等情况予以肯定，当时亦有人员和车辆正在清运小区内堆积的装修垃圾，而且对于刘某反映强烈的小区活动用房被重庆市某浪实业有限公司变卖的问题，也曾由该公司与业主委员会进行协商处理，并形成了会议纪要，故刘某举示的证据不足以证明物业公司提供的物业服务存在严重瑕疵。因物业服务具有动态性、公共性和广泛性，物业公司在实施物业服务中可能会存在问题，业主可以向其提出改正意见，或通过业主委员会提出改正意见，或向房地产行政主管部门反映，直至由业主委员会解聘该公司，但不能成为业主拒交物业服务费的理由和依据。

三、裁判规则提要

业主与物业服务人均应当忠实履行物业服务合同约定的义务。物业服务人应当按照约定的标准提供物业服务，业主应当按照约定的时间和金额向物业服务人支付物业费。业主无正当理由不得拒绝向物业服务人支付物业费。这里的"正当理由"仅限于物业服务人不履行合同或履行合同存在重大瑕疵。如物业服务人提供的物业服务仅是存在轻微或一般瑕疵（即不构成重大瑕疵）时，业主可以要求物业服务人承担违约责任，但不能以此为由拒绝支付物业费。

（一）物业服务合同由无名合同到典型合同的蜕变

《民法典》施行之前的《合同法》中，并未对物业服务合同作出规定，因而物业服务合同属于无名合同。《民法典》合同编中首次将"物业服务合同"单列一章规定为典型合同，从而使得物业服务合同实现了从无名合同到典型合同的蜕变。

长期以来，"物业服务（合同）"一直被称为"物业管理（合同）"。2003年出台的《物业管理条例》中虽然采用了"物业服务合同"一词，但是合同主体还是用"物业管理企业"的名称，其提供的服务为"物业管理服务"。2007年颁布的《物权法》不再使用"物业管理企业"，而采用了"物业服务企业"的概念，也不再使用"物业管理"一词。《物权法》通过后，国务院也对《物业管理条例》进行了相应修改，将"物业管理企业"修改为"物业服务企业"。从"物业管理"到"物业服务"的转变，不仅让此类合同回归了服务性而非管理性的本质，还体现了物业服务理念的转变和业主权利意识的增强。①

《民法典》合同编中将"物业服务合同"单列一章，详尽地规定了物业服务合同中业主和物业服务人的主要权利和义务。一方面，有利于提高业主的法律地位，保障业主权利也有利于规范物业服务人的义务履行，保障物业服务人基本权利；另一方面，通过法律将物业服务合同中业主和物业服务人的权利和义务的定型化，有利于保证双方当事人的利益平衡。

---

① 参见黄薇主编：《中华人民共和国民法典合同编解读》（下册），中国法制出版社2020年版，第1361页。

（二）物业服务合同的性质

对于物业服务合同的性质，实践中存在诸多争议。具体观点包括：

第一，物业服务合同属于委托合同①，系由业主委员会代表全体业主委托物业公司进行物业管理。②主要理由包括：物业服务合同和委托合同的行为对象相同，都是提供劳务性的服务；物业服务合同与委托合同都是双务、诺成性合同；物业服务合同的约定内容可以是多方面的，因此，可认定为是一种综合性的委托合同。

第二，物业服务合同属于服务合同，因其本身的名称就带有"服务"二字。该观点认为，作为物业服务合同当事人的业主与物业服务人，在法律地位上是平等的，因此，该合同的性质，应属服务合同而非委托合同。

第三，物业服务合同是两种合同的混合，因而属于混合合同的一种，学界依然有许多不同的观点：第一种观点认为，物业服务合同是行纪合同与委托合同二者的混合；第二种观点认为，物业服务合同是委托、代理、承揽、服务等多种合同的混合；第三种观点认为，物业服务合同是包含多种法律关系的复合性合同，不是单纯某两类或三类有名合同的混合。

第四，物业服务合同是纯粹的无名合同，③此观点认为，在司法实践中，现阶段合同法律基本规定已足以适应物业服务合同所引起的纠纷，无须再规定更细化的规定或者将物业服务合同有名化来处理物业纠纷，因此，将物业服务合同作为无名合同的一种，适用合同法律基本规定来处理即可。

物业服务合同的主体包括单个业主、业主大会、业主委员会和物业服务人，具有复杂性；物业服务合同系要式合同，《民法典》第 938 条第 3 条款规定物业服务合同应当采用书面形式；物业管理和服务事项具有很强的专业性和综合性，受政府行政主管部门的监督指导。因而物业服务合同的性质具有独特性，无法完全归入某类型的合同而适用其规定，系一种新型、独立的典型合同。④《民法典》合同编将"物业服务合同"作为一种新的有名合同，设立专章对其加以规定，以更好地规范物业

---

① 杨立新：《物业服务合同：从无名合同到典型合同的蜕变》，载《现代法学》2020 年第 4 期。

② 参见陈华彬：《现代建筑物区分所有权制度研究》，法律出版社 1995 年版，第 112 页；钮丽娜：《物业服务合同的法律特征及相关案件的审理》，载《人民司法》2002 年第 8 期。

③ 崔令之、周睿：《我国物业服务合同的性质辨析》，载《时代法学》2015 年第 4 期。

④ 参见最高人民法院民法典贯彻实施工作领导小组主编：《中华人民共和国民法典合同编理解与适用（四）》，人民法院出版社 2020 年版，第 2555 页。

服务行业的发展，更好地解决实践中出现的物业服务纠纷。①

（三）业主应当按照约定向物业服务人支付物业费

物业费是指物业服务人按照物业服务合同的约定，对房屋及配套的设施设备和相关场地进行维修、养护、管理，维护相关区域内的环境卫生和秩序，向业主所收取的费用。②

《民法典》第937条规定，物业服务合同是物业服务人在物业服务区域内，为业主提供建筑物及其附属设施的维修养护、环境卫生和相关秩序的管理维护等物业服务，业主支付物业费的合同。可见，按照合同约定支付物业费，是物业服务合同中业主最主要的合同义务。《物业管理条例》第7条规定："业主在物业管理活动中，履行下列义务：……（五）按时交纳物业服务费用……"第41条规定，业主应当根据物业服务合同的约定交纳物业服务费用。《民法典》第944条规定，业主应当按照约定向物业服务人支付物业费。

若业主未能按照物业服务合同的约定向物业服务人支付物业费的，则构成违约。《民法典》第577条规定，当事人一方不履行合同义务或者履行合同义务不符合约定的，应当承担继续履行、采取补救措施或者赔偿损失等违约责任。物业服务人有权请求业主承担继续履行（按照合同约定支付物业费）或赔偿损失（支付逾期滞纳金）等违约责任。《物业管理条例》第64条规定，违反物业服务合同约定，业主逾期不交纳物业服务费用的，业主委员会应当督促其限期交纳；逾期仍不交纳的，物业服务企业可以向人民法院起诉。

（四）业主拒绝支付物业费的抗辩

物业服务人请求业主支付物业费的依据是其与业主委员会订立且对业主产生拘束效力的物业服务合同。物业服务人依据该合同主张权利，业主同样可以依据该合同进行抗辩。《民法典》合同编规定的合同履行抗辩权包括三种，即第525条③的同

---

① 黄薇主编：《中华人民共和国民法典合同编解读》（下册），中国法制出版社2020年版，第1365页。
② 参见《物业服务收费管理办法》第2条。
③ 《民法典》第525条规定："当事人互负债务，没有先后履行顺序的，应当同时履行。一方在对方履行之前有权拒绝其履行请求。一方在对方履行债务不符合约定时，有权拒绝其相应的履行请求。"

时履行抗辩权，第 526 条①的先履行抗辩权，第 527 条②的不安抗辩权。物业服务合同履行过程中物业服务人提供物业服务与业主支付物业费并非同时发生，因而业主不能行使同时履行抗辩权。而业主拒绝支付物业费通常是对物业服务人提供物业服务水平的不满，不涉及对物业服务人是否具备履行债务能力，因此，一般不涉及不安抗辩权的行使。

实践中比较有争议的是，业主是否能够行使先履行抗辩权。一种观点认为，继续性合同中必然存在着当事人一方先为给付的情况。只有后履行的一方当事人才享有先履行抗辩权，先行给付的一方当事人无先履行抗辩权。物业服务合同在性质上属于继续性合同，通常约定由业主先行支付物业费，因此，作为先履行一方的业主，无权行使先履行抗辩权。另一种观点认为，在继续性合同中，当事人双方通常所衡量的是其给付的全体，而不是个别给付与其相当的对待给付。负有先给付义务的当事人并非无限地先为给付义务，在存在合理事由的情况下，可以拒绝自己的先给付义务。③

（五）业主拒绝支付物业费的"正当理由"

《民法典》第 509 条第 1 款规定，当事人应当按照约定全面履行自己的义务。《民法典》第 944 条明确规定业主应当按照约定向物业服务人支付物业费。物业服务合同订立后，业主应当按照物业服务合同约定的时间和金额向物业服务人支付物业费，没有正当理由的情况下不得拒绝支付。

在司法实践中，业主通常基于对物业服务人提供的物业服务不满而拒绝支付物业费。物业服务人经催告后业主仍不支付的，物业服务人向人民法院起诉要求业主支付物业费。而业主则会抗辩物业服务人提供的物业服务存在诸多问题，其没有享受到物业服务合同约定的物业服务，因此其有权不支付物业费。根据《民诉法解释》

---

① 《民法典》第 526 条规定："当事人互负债务，有先后履行顺序，应当先履行债务一方未履行的，后履行一方有权拒绝其履行请求。先履行一方履行债务不符合约定的，后履行一方有权拒绝其相应的履行请求。"

② 《民法典》第 527 条规定："应当先履行债务的当事人，有确切证据证明对方有下列情形之一的，可以中止履行：（一）经营状况严重恶化；（二）转移财产、抽逃资金，以逃避债务；（三）丧失商业信誉；（四）有丧失或者可能丧失履行债务能力的其他情形。当事人没有确切证据中止履行的，应当承担违约责任。"

③ 参见最高人民法院民事审判第一庭编著：《最高人民法院建筑物区分所有权、物业服务司法解释理解与适用》，人民法院出版社 2009 年版，第 308 页。

第 90 条"当事人对自己提出的诉讼请求所依据的事实或者反驳对方诉讼请求所依据的事实,应当提供证据加以证明"的规定,业主应当对其抗辩事实进行举证。人民法院根据业主提供的证据,判断其抗辩主张是否成立,即业主的抗辩事实是否构成其拒绝支付物业费的正当理由。

物业服务合同中物业服务人的主要义务是提供物业服务,包括对房屋及配套的设施设备和相关场地进行维修、养护、管理,维护物业管理区域内的环境卫生和相关秩序。由于服务具有无形性,而物业服务的内容多样,服务对象人数众多,具有公共性,所谓众口难调,物业服务几乎不可能让所有业主都感到满意。人民法院应当综合各方证据判断物业服务人是否存在违约行为及违约程度。

若业主提交的证据仅能证明物业服务人提供的物业服务存在轻微瑕疵,如偶尔的部分清洁不到位,则其抗辩不能成立,业主应当按照约定支付物业费。若业主能够证明物业服务存在较大瑕疵,如长期清洁不到位、长期垃圾堆放不外运、设施设备故障不及时检修等,人民法院可以据此判断物业服务人在履行物业服务合同过程中存在违约行为,根据《民法典》第 582 条[①]关于"瑕疵履行的补救措施"的规定,进而判令酌减相应部分的物业费。《北京市高级人民法院关于审理物业管理纠纷案件的意见(试行)》第 22 条也规定,物业管理企业提供的服务项目和质量与合同约定标准差距明显的,业主可以要求减收物业服务费用或要求返还多交的物业服务费用。

若有证据证明物业服务人未按照物业服务合同的约定提供物业服务,或者提供的物业服务严重不符合约定,导致业主订立物业服务合同的目的无法实现的,人民法院应当认定业主拒付物业费的抗辩主张成立,物业服务人请求业主支付物业费的诉讼请求将不能得到支持。《上海市高级人民法院民事审判第一庭关于审理物业管理纠纷案件有关问题的解答》第 15 条规定,物业管理企业未履行服务、管理职能或者履行服务、管理职能不符合约定的,业主可行使抗辩权。

2009 年《物业纠纷司法解释》第 6 条规定:"经书面催交,业主无正当理由拒绝交纳或者在催告的合理期限内仍未交纳物业费,物业服务企业请求业主支付物业费的,人民法院应予支持。"这里的"正当理由",应当限定在物业服务企业不履行物业服务合同,或者履行合同有重大瑕疵。司法实践中,人民法院要对"正当理由"

[①] 《民法典》第 582 条规定:"履行不符合约定的,应当按照当事人的约定承担违约责任。对违约责任没有约定或者约定不明确,依据本法第五百一十条的规定仍不能确定的,受损害方根据标的性质以及损失的大小,可以合理选择请求对方承担修理、重作、更换、退货、减少价款或者报酬等违约责任。"

认真审查，从严掌握，防止业主滥用"正当理由"损害物业服务人的合法权益。[1]"物业服务企业的服务具有公共性，收取物业费是用于整体物业设施的维护保养、正常秩序维护所必需的费用，个别业主拒交物业费的行为，不仅损害了物业服务企业的利益，还损害了其他正常交费业主的利益，不利于物业整体管理。"[2]

（六）业主逾期支付物业费的违约责任

《民法典》第 577 条规定，当事人一方不履行合同义务或者履行合同义务不符合约定的，应当承担继续履行、采取补救措施或者赔偿损失等违约责任。物业服务合同中通常会约定，在业主未按照约定的时间向物业服务人支付物业费时，业主需要向物业服务人支付逾期支付的滞纳金或违约金。若物业服务合同中约定的滞纳金过高，业主可以请求人民法院进行调整。《民法典》第 585 条第 2 款规定，约定的违约金过分高于造成的损失的，人民法院或者仲裁机构可以根据当事人的请求予以适当减少。

基于业主权益保护的因素，各地高级人民法院对业主逾期支付物业费的违约责任问题作出了更为具体的规定，如规定滞纳金总额不得超过欠费金额。《北京市高级人民法院关于审理物业管理纠纷案件的意见（试行）》第 25 条规定，业主拖欠物业服务费用，物业管理企业依据约定请求一并支付滞纳金的，应予支持。滞纳金数额过高的，可以依据欠费方的请求予以适当调整，调整后的滞纳金一般不应超过欠费金额。同时规定物业服务人提供服务存在瑕疵的，业主补交物业费后无须支付滞纳金。《上海市高级人民法院民事审判第一庭关于审理物业管理纠纷案件有关问题的解答》第 16 条规定，物业管理企业履行服务合同确有部分瑕疵的，但其收费项目无法明确区分的，业主一方提出减少物业管理费的，法院可以根据物业管理服务的内容、质量，确定相应的物业管理费。业主依此补交物业管理费的，无须支付滞纳金。

四、辅助信息

《民法典》

  第五百零九条第一款 当事人应当按照约定全面履行自己的义务。

---

[1] 参见最高人民法院民事审判第一庭编著：《最高人民法院建筑物区分所有权、物业服务司法解释理解与适用》，人民法院出版社 2009 年版，第 310 页。

[2] 参见浙江省高级人民法院（2019）浙民再 213 号民事判决书。

第五百七十七条 当事人一方不履行合同义务或者履行合同义务不符合约定的,应当承担继续履行、采取补救措施或者赔偿损失等违约责任。

第九百三十七条第一款 物业服务合同是物业服务人在物业服务区域内,为业主提供建筑物及其附属设施的维修养护、环境卫生和相关秩序的管理维护等物业服务,业主支付物业费的合同。

第九百四十四条第一款 业主应当按照约定向物业服务人支付物业费。物业服务人已经按照约定和有关规定提供服务的,业主不得以未接受或者无须接受相关物业服务为由拒绝支付物业费。

《物业管理条例》

第七条 业主在物业管理活动中,履行下列义务:

(一)遵守管理规约、业主大会议事规则;

(二)遵守物业管理区域内物业共用部位和共用设施设备的使用、公共秩序和环境卫生的维护等方面的规章制度;

(三)执行业主大会的决定和业主大会授权业主委员会作出的决定;

(四)按照国家有关规定交纳专项维修资金;

(五)按时交纳物业服务费用;

(六)法律、法规规定的其他义务。

第四十一条 业主应当根据物业服务合同的约定交纳物业服务费用。业主与物业使用人约定由物业使用人交纳物业服务费用的,从其约定,业主负连带交纳责任。

已竣工但尚未出售或者尚未交给物业买受人的物业,物业服务费用由建设单位交纳。

第六十四条 违反物业服务合同约定,业主逾期不交纳物业服务费用的,业主委员会应当督促其限期交纳;逾期仍不交纳的,物业服务企业可以向人民法院起诉。

《上海市高级人民法院民事审判第一庭关于审理物业管理纠纷案件有关问题的解答》

15.业主在什么情况下,可以对物业管理费的交纳行使抗辩权?

答:物业管理企业未履行服务、管理职能或履行服务、管理职能不符合约定的,业主可行使抗辩权。

如果物业管理费用是分不同项目收取的，则业主仅能就物业管理企业未尽职责部分的费用行使抗辩权，而不能以拒交全部物业管理费用的方式行使抗辩权。但物业管理企业拒收部分物业管理费的除外。

《北京市高级人民法院关于审理物业管理纠纷案件的意见（试行）》

22.有下列情形之一的，业主可以要求减收物业服务费用或要求返还多交的物业服务费用：

（1）物业管理企业提供的服务项目和质量与合同约定标准差距明显的；

（2）物业管理企业擅自扩大收费范围、提高收费标准、重复收费的。

物业服务合同纠纷案件裁判规则第 10 条

物业服务人已经按照约定和有关规定提供服务的，业主不得以未接受或者无须接受相关物业服务为由拒绝支付物业费

【规则描述】 本条是关于业主不能以未接受或者无须接受相关物业服务为由拒绝支付物业费的规则。建设单位依法与物业服务人订立的前期物业服务合同，以及业主委员会与业主大会依法选聘的物业服务人订立的物业服务合同，对业主具有法律约束力。因而，只要物业服务人按照物业服务合同的约定提供了物业服务，业主应当按照约定向物业服务人支付物业费。业主以其未接受或者无须接受相关物业服务为由拒绝支付物业费的抗辩不能成立。

一、类案检索大数据报告

时间：2023 年 7 月 21 日之前；案例来源：Alpha 案例库；案由：物业服务合同纠纷；检索条件：法院认为包含"业主应当按照约定向物业服务人支付物业费。物业服务人已经按照约定和有关规定提供服务的，业主不得以未接受或者无须接受相关物业服务为由拒绝支付物业费"；案件数量：7110 件；数据采集时间：2023 年 7 月 21 日。

本次检索获取了 2023 年 7 月 21 日前共 7110 篇裁判文书。从图 10-1 的年份分布可以看到当前条件下此类案件数量的变化趋势。

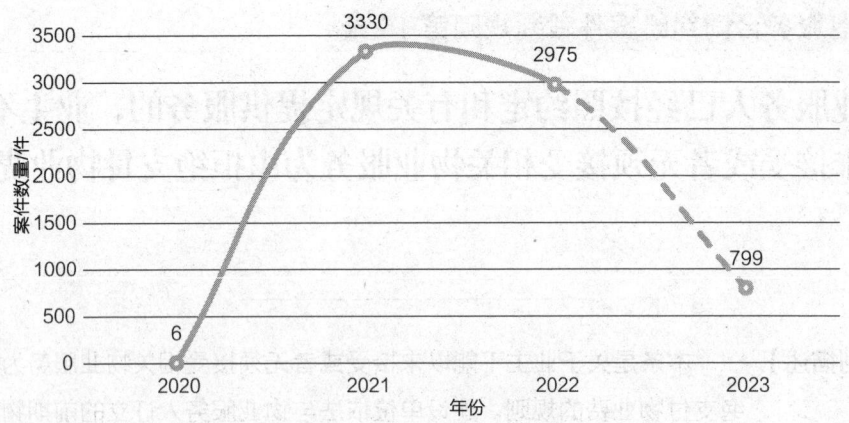

图 10-1　类案时间分布情况

从图 10-2 的程序分类统计可以得出当前此类案件的审理程序分布状况，其中一审案件有 6308 件，二审案件有 790 件，再审案件有 11 件，其他案件有 1 件。

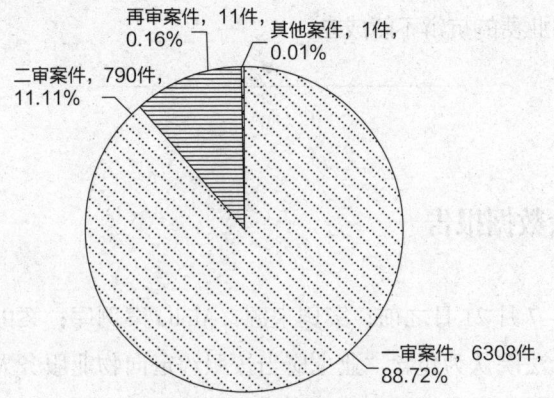

图 10-2　审理程序分布情况

如图 10-3 所示，通过对一审裁判结果的可视化分析可以看到，当前条件下全部/部分支持的有 6118 件，占比为 96.99%；其他的有 108 件，占比为 1.71%；驳回起诉的有 53 件，占比为 0.84%；全部驳回的有 29 件，占比为 0.46%。

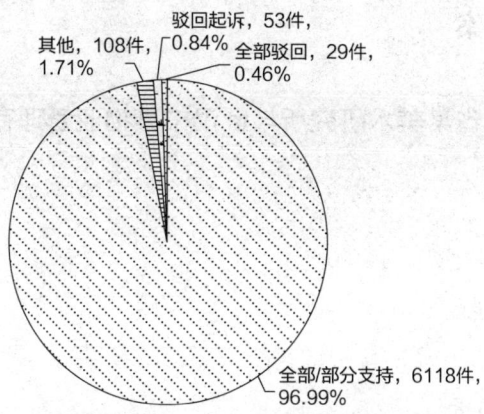

图 10-3　一审裁判结果分析

如图 10-4 所示,通过对二审裁判结果的可视化分析可以看到,当前条件下维持原判的有 632 件,占比为 80.00%;改判的有 154 件,占比为 19.49%;其他的有 4 件,占比为 0.51%。

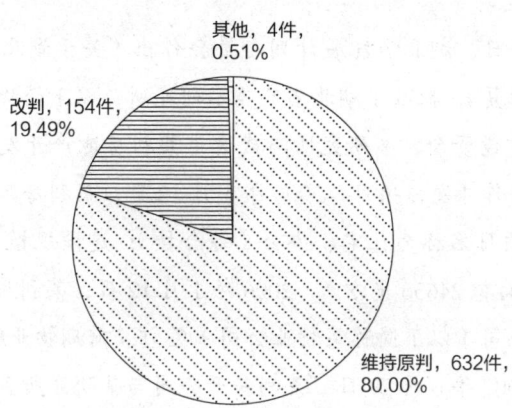

图 10-4　二审裁判结果分析

二、可供参考的例案

例案一 湖北省某美术研究所与武汉市某物业管理有限公司物业服务合同纠纷案

【法院】

湖北省高级人民法院

【案号】

(2019) 鄂民再 76 号

【当事人】

抗诉机关：湖北省人民检察院

申诉人（一审被告、二审上诉人）：湖北省某美术研究所

被申诉人（一审原告、二审被上诉人）：武汉市某物业管理有限公司

【基本案情】

2002年11月14日，湖北省发展计划委员会作出《关于湖北省某美术研究所综合楼项目建议书的批复》，批准了湖北省某美术研究所（以下简称某研究所）综合楼建设项目。因缺乏建设资金，某研究所与武汉市某利房地产开发有限公司（以下简称某利房开公司）合作开发该项目。2006年1月12日，某利房开公司取得建设工程规划许可证：建设项目名称为住宅、办公（综合楼）；建设规模为1栋3层至15层（不含地下室）建筑面积24636平方米。2006年1月12日，某利房开公司选聘并与武汉某物业管理有限公司（以下简称某物业公司）签订《前期物业服务合同》。后制定《业主临时公约》。2007年6月29日，某利房开公司与某研究所签订《房屋交接书》，约定将小区1-1、2-1、3-1号房屋交付给某研究所（建筑面积4027.25平方米，1层至3层为某研究所办公楼）。2007年7月4日，某研究所因办公楼装饰装修工程承包人进场施工遭到拒绝，向某物业公司出具《公函》，交付物业费2万元。2012年1月18日，小区业主委员会与某物业公司签订《物业合同》。某物业公司后因电费代收、物业费结算等与某研究所发生矛盾引起诉讼。

湖北省武汉市洪山区人民法院在原一审期间，对小区进行了现场勘查：某研究所办公楼为整栋建筑1层、2层、3层。西面左边正门为某研究所独立进出通道，西面右边正门为小区独立进出通道，北侧开有小区侧门及消防通道。某研究所办公楼以上（3层以上）、以东与小区住宅结构相连。某研究所办公楼与住宅共有设备、设

施有消防水泵、变压器（产权人为某研究所）、动力配电柜、排水管、化粪池等。某研究所办公楼内未安装电梯。

某研究所申诉称：（1）原判决认定事实错误。某物业公司没有提供证据证明提供了哪些具体的服务。某研究所前期支付的2万元系因某物业公司阻止某研究所进场维修，某研究所被迫支付的费用。一、二审法院认定了某研究所办公区域为封闭的独立区域，却又将其认定在某物业公司的服务范围内，属认定事实错误。（2）一、二审判决认定《物业合同》具有约束力错误，导致物业费计算标准和数额亦存在错误。再审及二审判决一方面认定《物业合同》与本案无关，不属于本案审理范围，另一方面又支持按照该合同确定的2.5元／平方米的单价标准计付物业管理费，没有查清不同物业服务类别中的价格差异，而是认定各类别的物业服务价格是没有差异的，对举证责任分配错误。某物业公司提供了哪些物业服务、具体的收费标准如何，应当由某物业公司提供。

【案件争点】

某研究所以其无须物业服务为由拒交物业费的抗辩能否成立。

【裁判摘要】

虽然《物业管理条例》规定了建设单位的物业服务企业选聘权，并有一个物业管理区域由一个物业服务企业实施物业管理的规定，但是并没有必须选聘物业服务企业及实施物业服务管理的强制性规定。根据《物业管理条例》的相关规定，建设单位与物业买受人签订的买卖合同应当包含前期物业服务合同约定的内容，即建设方与物业服务企业签订的前期物业服务合同根据房屋买卖合同的约定，对物业买受人具有约束力。某研究所作为案涉房屋的合作开发方，在房屋建成后也实际取得了争议房屋的权属，属于《物业管理条例》中规定的业主，但是其不同于一般意义上的物业买受人，也不存在与某利房开公司签订房屋买卖合同的问题，其取得房屋权属的依据为双方之间签订的合作建房协议及政府部门的相关批准文件，因此，某利房开公司与某物业公司签订的前期物业服务合同效力并不当然及于某研究所。

然而，鉴于案涉争议房屋的特殊结构，虽然某研究所办公区域独立，但房屋本身并非独立于某物业公司管理服务的整栋物业之外，且某研究所办公用房与某物业公司服务的物业存在诸如消防水泵、变压器、动力配电柜、排水管、化粪池等多项共用设施，某物业公司提供物业服务系客观事实，由此可以认定某物业公司与某研究所形成了事实物业服务关系。某物业公司有权据此要求某研究所支付物业服务费用。即使按照《物业管理条例》第41条第2款的规定，即已竣工但尚未出售或者尚未交给物业买受人的物业,物业服务费用由建设单位支付。在建设单位某利房开公司已选聘物业服务企业的情况下,某研究所也应当对某物业公司已实际提供物业服务的行为支付物业服务费用。某研究所认为其办公区域独立并配备自己的物业管理和安保人员,无须某物业公司提供物业管理服务,对此,根据《物业管理条例》的规定,物业服务企业提供的物业管理服务是指物业管理区域内物业共用部位和共用设施设备的使用、公共秩序和环境卫生的维护等,应区分物业服务企业的物业服务范围与作为经营者或者业主自行管理物业的责任。某研究所作为业主,为保障办公及开展业务,自行聘用人员对其办公区域内的物业及安保予以管理,不影响物业服务企业对物业共用部分、公共秩序和环境等应当履行和已经履行的维修、维护职责。

其次,虽然某利房开公司与某物业公司签订的前期物业服务协议效力并不当然及于某研究所,但该前期物业服务协议约定的服务面积为24363平方米,包含某研究所的办公用房,之后小区业主委员会与某物业公司签订的物业合同也约定了同样的服务面积,且该物业合同约定了物业期限自2010年4月1日起算。因此,对于某研究所应当支付的物业服务费,可以参照同为一栋大楼的物业服务标准予以确认。

例案二 大庆油田某方物业服务有限公司太仓分公司与太仓某信企业服务有限公司物业服务合同纠纷案

【法院】

江苏省高级人民法院

【案号】

(2018)苏民再263号

【当事人】

再审申请人(一审原告、二审被上诉人):大庆油田某方物业服务有限公司太仓分公司

被申请人(一审被告、二审上诉人):太仓某信企业服务有限公司

【基本案情】

2005年9月10日,建设单位太仓市某麟置业有限公司(以下简称某麟置业公司)与大庆油田某方物业服务有限公司大仓分公司(以下简称某方物业公司)签订前期物业管理委托合同,该合同约定某麟置业公司委托某方物业公司对小区实行物业服务管理。该合同附件一中显示:物业构成套数包括幼儿园1幢计1套,面积

4334.58平方米。

2007年10月23日,江苏省苏州市太仓市物价局在某方物业公司提交的非普通住宅前期物业公共服务收费备案表上签署"同意备案的前期公共服务收费标准"意见并盖章,该表载明的公共服务收费标准为1元/平方米/月。

2009年12月10日,某麟置业公司向太仓某信企业服务有限公司(以下简称某信公司)交付小区幼儿园01号房屋,建筑面积4334.58平方米。同日,某信公司签订业主临时公约,承诺遵守并倡导其他业主及物业使用人遵守该临时公约。同日,某信公司还出具了支付物业管理费承诺书一份,主要内容为某信公司接受物业公司提供前期物业管理服务,并按标准在每季度初支付物业管理服务费。2009年12月29日,某信公司按每平方米每月1元的标准向某方物业公司支付了2009年4月1日至2009年12月31日期间的物业管理费39011.22元。

2013年6月20日,小区业主委员会(甲方)与某方物业公司(乙方)签订小区物业服务合同,约定甲方通过协议选聘方式将大庆某新城小区委托乙方实行物业服务,委托服务期限为2年,自2013年7月1日起至2015年6月30日止;第8条约定甲乙双方参照基准价格四级标准,按建筑面积向业主收取物业服务费,其中商业建筑收费标准为1元/平方米/月。该合同附件二(物业构成)中显示幼儿园(面积4334.58平方米)属物业构成之一。

2013年10月25日,某信公司向某方物业公司出具情况说明一份,内容为小区幼儿园产权归我公司所有,2010年1月1日至2013年12月31日共欠缴物业费208059.84元,由于房屋出租,与承租方太仓市某中某乐幼儿园(以下简称某乐幼儿园)签订协议,此笔物业费由承租方承担。

2014年7月20日,某乐幼儿园依据苏人法工函(2006)48号文件及苏人法工函(2014)28号文件通知某信公司:鉴于小区物业服务无法满足幼儿园的需求,某乐幼儿园决定不再需要所在小区提供的物业服务,特通知某信公司及时告知物业公司上述情况,解除与物业公司的物业合同。2014年7月28日,某信公司向某方物业公司邮寄解除合同通知书,主要内容为,某信公司与某乐幼儿园商议决定不参加幼儿园所在小区的物业管理,现决定以书面形式通知解除与某方物业公司的物业服务合同。某方物业公司于2014年7月31日签收该信件,并回函某信公司,认为某信公司无权解除物业服务合同。

2015年11月17日,社区居民委员会、大业主委员会分别出具证明一份,证明某方物业公司每季度均对小区欠费业主采取电话或张贴书面通知的方式进行物业服务费催缴。某信公司对此不予认可，认为从未看到过某方物业公司张贴的告示或通知。

另查明，因某信公司拖欠某方物业公司2010年1月1日至2013年12月31日期间的物业服务费208056元未交，某方物业公司于2013年11月27日向法院起诉，要求某信公司支付。某信公司依据苏人法工函（2006）48号文件主张小区配套幼儿园是否参加小区物业由学校自行决定，现小区配套幼儿园由某乐幼儿园实际使用并经营，该幼儿园并未参加小区物业管理，故某信公司无须向某方物业公司支付物业费。太仓市人民法院审理后于2014年2月27日作出（2013）太城民初字第0824号民事判决，判令某信公司支付拖欠某方物业公司2010年1月1日至2013年12月31日期间的物业服务费208056元。某信公司不服，提起上诉，江苏省苏州市中级人民法院于2014年7月14日作出（2014）苏中民终字第1618号民事判决，驳回上诉，维持原判。某信公司不服，申请再审，江苏省高级人民法院于2015年11月22日作出（2015）苏审二民申字第01019号民事裁定，驳回某信公司的再审申请。

还查明，小区幼儿园建筑系小区规划设计的配套建设幼儿园工程，某信公司购入该房屋后出租给太仓某中英才教育发展有限公司（以下简称某中公司），由某中公司举办的某乐幼儿园实际经营并使用。该幼儿园位于小区北大门以内，与小区最北面住宅商品房并排，北面系商铺，进出该幼儿园的车辆必须经过该小区北大门门卫。

【案件争点】

某信公司以无须接受物业服务为由拒绝支付物业费的抗辩能否成立。

【裁判摘要】

物业管理是指业主通过选聘物业服务企业，由业主和物业服务企业按照物业服务合同约定，对房屋及配套的设备设施和相关场地进行维修、养护、管理，维护物业管理区域内的环境卫生和相关秩序的活动。建设单位依法与物业服务企业签订的前期物业服务合同，以及业主委员会与依法选聘的物业服务企业签订的物业服务合同，对全体业主具有约束力。业主在物业管理活动中，应履行按时支付物业服务费的义务。物业服务企业应当按照物业服务合同的约定，提供相应的服务。本案中，某方物业公司与业主委员会签订的物业服务合同合法有效，对小区全体业主具有法律效力。某方物业公司依据物业服务合同向小区提供物业管理服务，其有权依标准按建筑面积向业主收取物业服务费。

某信公司作为小区的业主，实际上享受了某方物业公司为该小区提供的公共设施维修保养、安防秩序维护等物业管理公共服务，理应向某方物业公司支付物业服务费。某信公司作为业主将幼儿园房屋出租给某中公司经营使用并收取租金,但某中公司系房屋承租人,某方物业公司收取物业服务费的对象系某信公司,并非幼儿园。某信公司以承租人及其实际使用人某乐幼儿园有权自行决定不参加小区物业管理、不需要物业公司提供幼儿园园区内物业服务为由,主张其无须支付物业服务费,但是从某信公司2009年12月10日签署的业主临时公约、支付物业管理费承诺书及2013年10月25日出具的情况说明来看,某信公司认可物业服务合同并且实际支付了2014年8月之前的物业服务费,在某方物业公司依据物业服务合同实际为小区提供了物业管理服务的情况下,某信公司拒绝支付物业费的主张缺乏合同依据和法律依据。

例案三　涂某与正安县某业物业管理有限公司物业服务合同纠纷案

【法院】

贵州省高级人民法院

【案号】

(2020)黔民终396号

【当事人】

上诉人(原审被告):涂某

被上诉人(原审原告):正安县某业物业管理有限公司

【基本案情】

涂某系案涉小区十套房屋的业主,住房合计面积:1000.93平方米。2016年6月19日,案涉小区业主委员会(甲方)与正安县某业物业管理有限公司(以下简称某业物业公司,乙方)签订的《合同书》约定,甲方将案涉小区房地产开发商建设规划红线范围内(含住宅、商铺、地下车库街道等)委托给乙方提供物业管理服务;收费:步梯0.50元/平方米、电梯1.00元/平方米、商铺1.00元/平方米;合同期限:2016年7月1日至2021年6月30日止;违约责任:本合同对案涉小区全体业主有约束力,业主或房屋使用人应按季度支付物业费,逾期超过一年的按照5%/月交纳违约金,由此产生的诉讼费、律师费以及相关费用由败诉方负担。

涂某为某酒店的执行事务合伙人,该酒店为普通合伙,合伙人为涂某、涂某某。某业物业公司于2016年7月1日开始为案涉小区提供物业管理服务。涂某2016年7月1日至2017年5月30日的物业费未向某业物业公司支付,欠费金额:5505元

（共计 11 个月 0.5 元/月/平方米）；2017 年 6 月 1 日至 2018 年 12 月 31 日的物业费未向某业物业公司支付，欠费金额：19018 元（共计 19 个月 1.0 元/月/平方米）；合计欠费：24523 元。某业物业公司称其分别于 2017 年 3 月 13 日、2017 年 7 月 4 日、2017 年 10 月 20 日向遵义城乡某和开发有限公司、正安县消防大队、正安县住建局报告：小区消防管道未装水、消防水带差 24 条及洗脚城消防管道漏水。另外，小区还存在电梯故障维修不及时等问题。

2018 年 9 月 2 日，某业物业公司向涂某发送《催费通知》（通知的主体为某酒店），载明：涂某在经营酒店期间欠付 2016 年 7 月 1 日至 2018 年 12 月 31 日的物业费 24523 元。

【案件争点】

涂某能否以其无须接受物业服务为由拒绝交纳物业费。

【裁判摘要】

首先，涉案物业服务合同合法有效。小区业委会系经小区业主选举产生的代表机构，某业物业公司系经该业委会招标中标选聘。某业物业公司与业委会签订的物业服务合同是双方真实意思表示，内容不违反法律、行政法规的效力性强制性规定，应认定合法有效。该小区业委会与某业物业公司于 2016 年 6 月 19 日签订的物业服务合同应对全体小区业主包括涂某均具有约束力。

其次，某业物业公司有权要求涂某支付物业费。某业物业公司在物业管理过程中提供了日常的垃圾清运、机电设施的正常运营及维护、小区安保及环境卫生等物业服务，已尽到了合同的主要义务，其有权要求涂某支付物业费。涂某以其未享受或者无须接受相关物业服务作为其拒交物业费的理由于法无据。至于涂某认为因某业物业公司未完全履行合同义务，给其造成一定损失的主张，其可以另行起诉要求某业物业公司承担相应法律责任。涂某同时以某业物业公司未提供物价管理部门审批文件为由拒绝支付物业费，但未提交相应证据予以印证。综合全案，考虑到某业物业公司在实施物业管理服务过程中确实存在一定不足，对其提出的违约金诉讼请求不予支持。

例案四　北京某泰企业管理中心与北京某际北视物业管理有限公司物业服务合同纠纷案

【法院】

北京市第二中级人民法院

【案号】

（2020）京02民终8296号

【当事人】

上诉人（原审被告）：北京某泰企业管理中心

被上诉人（原审原告）：北京某际北视物业管理有限公司

【基本案情】

2017年1月20日，北京某泰企业管理中心（以下简称某中心）与北京某华房地产开发有限公司（以下简称某华公司）签订《北京市商品房预售合同（商业、办公等非住宅类）》，购买该公司所开发建设的位于丰台区花乡四合庄商品房19套，商品房用途为商业，该商品房项目暂定名为某能源中心。

2017年9月，某中心（甲方，业主）与某华公司（乙方，开发企业）签订《前期物业服务合同》，确定由某华公司为某中心提供前期物业服务，约定：本物业管理区域内的物业服务费标准为商业物业：35.26元/平方米/月（以上收费标准中不包含供暖费，包含正常营业时间的供冷费）；甲方所购买的单元位于本物业6号楼等商业区域共19个单元，建筑面积：21499.08平方米（最终以实测备案面积进行调整）；合同约定了双方其他权利义务。

2017年9月28日，某中心（甲方）、某华公司（乙方）及北京某际北视物业管理有限公司（以下简称某际物业公司，丙方）签订《前期物业服务合同补充合同》一份，约定："第1条、基础条款说明：1.乙方将原合同的全部权利义务概括转移给丙方，对此，甲乙丙方均无异议……3.本补充合同与原合同不一致之处，均以本补充合同条款为准。合同约定了双方的其他权利义务。"

2018年2月7日，北京市第二中级人民法院对涉案房屋进行查封，现场张贴《查封扣押财产清单》，要求：查封期限三年，自2018年2月7日至2021年2月6日，查封期间未经该院允许，不得办理抵押、过户、买卖、交接、装修等一切手续。

庭审中，双方均认可案涉房屋于2017年1月20日交房，因于2018年2月案涉房屋所在楼栋被北京市第二中级人民法院查封，某中心并未实际装修、使用。某中心确认其未向某际物业公司交过物业费。某际物业公司确认其供暖费主张系按照北京市有关规定定价计算，即42元/平方米/供暖季。经查，与合同约定标准一致。

某中心主张，案涉房屋被查封后其并未享受物业服务，不应按物业合同约定费用履行。某际物业公司对此不予认可，认为其公司所提供的物业服务还包括物业设备设施的运营维护养护，确保排水、空调等系统，安防系统等各个系统运行，公共秩序维护及公共区域疏导，各类年检、燃气维护及维保、排水检测和应急抢修，公共区域保洁和垃圾清运，公共区域绿化、保养、养护及公共能源等，以上虽然并非面上看得到，但都是物业日常性工作。某中心主张案涉房屋系自供暖，在冬季提供了供暖服务，但温度偏低，仅系出于维护设备运营的基本需要，某际物业公司对此予以认可。某中心另主张，其虽办理了验收手续，但因查封未实际入住，如果没有查封，则案涉房屋早已装修完毕，为其带来收益，故其延期交物业费、供暖费有正当理由。某际物业公司主张，案涉房屋被查封与其没有关系，由此产生的损失某中心应向开发商主张，某中心不能以此为由减少其物业费。

【案件争点】

某中心能否以未享受到物业服务为由拒付物业费。

【裁判摘要】

某中心所购买的19套涉案房屋，因司法查封导致其未能实际装修及正常入住、使用、收益，某际物业公司虽提供了物业服务，但案涉房屋系商业房产，在某中心未能实际对房屋正常使用、收益的情况下，某际物业公司所提供的物业服务的范围、层次以及因此而承担的成本等必然少于物业合同所约定的物业服务内容，且在供暖服务方面，双方均认可某际物业公司对案涉房屋的供暖处于维持设备防冻的较低水平，故某中心关于案涉房屋因被查封导致某际物业公司未全面提供物业服务、请求酌减物业管理费用的主张有相应事实及法律依据，法院予以采信。具体物业服务费用，在案涉房屋被查封前，某中心应按合同约定支付，房屋被查封后，因某际物业公司未就其实际物业管理成本支出提供相关证据，考虑到商业物业服务一般涵盖了员工成本、设备设施的日常运行及维护、公共区域绿化及公共秩序安保的维护等各方面必要内容，并参考双方关于装修期间物业费用的约定，其物业服务费中物业费部分由法院依法酌定为合同约定价格的70%，其采暖费部分因双方均认可仅提供了维护设备基本安全的基本供暖服务，故采暖费部分由法院酌定为减半收取。在某际物业公司已经提供了一定服务的情况下，某中心无权以其未对案涉房屋实际使用为由拒付物业费、供暖费。

三、裁判规则提要

物业服务人应当按照约定和物业的使用性质，妥善维修、养护、清洁、绿化和经营管理物业服务区域内的业主共有部分，维护物业服务区域内的基本秩序，采取合理措施保护业主的人身、财产安全。物业服务人的主要义务是对物业服务区域内的业主共有部分进行妥善管理，即物业服务是针对整个小区的公共部分。个别业主以未实际入住、无须相关物业服务等理由拒绝支付物业费，是对物业服务公共性和整体性的错误理解。物业服务人已经按照约定和有关规定提供服务的，业主不得以未接受或者无须接受相关物业服务为由拒绝支付物业费。

（一）业主具有支付物业费的义务

物业费是业主对于物业服务人按照合同约定提供建筑物及其附属设施的维修养护、环境卫生和相关秩序的管理维护等物业服务所支付的对价。[1] 从物业费包含的内容来看，物业服务主要是对业主共有部分进行日常维修、保养等工作。[2] 根据《民法典》第283条规定，建筑物及其附属设施的费用分摊、收益分配等事项，有约定的，按照约定；没有约定或者约定不明确的，按照业主专有部分面积所占比例确定。因对业主共有部分维修保养产生的费用在没有约定的情况下应当由业主按照专有部分面积分摊。建筑物区分所有权是业主的专有权、共有权和成员权的混合权利状态，业主基于区分所有权支付的分摊费用即物业费同样是法定义务，只是支付物业费的方式、计算标准可以由合同约定，或者按照业主专有部分面积加以确定。因此，可以认为，业主支付物业费是法定义务基础上的合同义务。[3]

物业服务合同具有集体合同的特征，尽管业主并非物业服务合同的直接签订主

---

[1] 最高人民法院民法典贯彻实施工作领导小组主编：《中华人民共和国民法典合同编理解与适用（四）》，人民法院出版社2020年版，第2601页。

[2] 《物业服务收费管理办法》第11条规定，物业服务成本或者物业服务支出构成一般包括以下部分：（1）管理服务人员的工资、社会保险和按规定提取的福利费等；（2）物业共用部位、共用设施设备的日常运行、维护费用；（3）物业管理区域清洁卫生费用；（4）物业管理区域绿化养护费用；（5）物业管理区域秩序维护费用；（6）办公费用；（7）物业管理企业固定资产折旧；（8）物业共用部位、共用设施设备及公众责任保险费用；（9）经业主同意的其他费用。

[3] 最高人民法院民法典贯彻实施工作领导小组主编：《中华人民共和国民法典合同编理解与适用（四）》，人民法院出版社2020年版，第2603页。

体，但仍是物业服务合同的当事人。①《民法典》第 939 条规定，建设单位依法与物业服务人订立的前期物业服务合同，以及业主委员会与业主大会依法选聘的物业服务人订立的物业服务合同，对业主具有法律约束力。

根据《民法典》第 278 条的规定，选聘和解聘物业服务企业或者其他管理人由业主共同决定，即由业主大会决定。《物业管理条例》第 8 条规定："物业管理区域内全体业主组成业主大会。业主大会应当代表和维护物业管理区域内全体业主在物业管理活动中的合法权益。"由于涉及建筑物区分所有权的整体性问题，不能以单独业主的意志影响全体共有人的共同权利。因此，《民法典》第 280 条第 1 款规定业主大会或者业主委员会的决定，对业主具有法律约束力。只要物业服务合同是由业委会根据业主大会通过的决议签订，即对业主具有约束力，业主不得以无须接受相关物业服务为由进行抗辩。②同样，前期物业服务合同中对物业服务费用一般约定：房屋出售前，物业管理费由建设单位支付，出售后，出售部分的物业管理费由买受人即业主支付。业主在承担支付物业费义务的同时也获得了监督物业服务人提供物业服务质量等权利。③业主作为买受人通过房屋买卖合同取得对房屋专有部分的占有，即自动取得对共有部分享有的共有和共同管理的权利，亦应当遵守合同约定承担支付物业费的义务。

（二）业主不得以未接受或者无须接受相关物业服务为由拒绝支付物业费

在司法实践中，比较常见的是业主以房屋长期未居住或使用为由主张未享受物业服务，拒绝支付物业费；或认为业主仅对其专有部分享有权利，共有区域的物业维护责任与其无关。另有部分案件中，业主单纯以其物业在物理范围上独立于小区整体为由，从而无须接受物业服务为由拒绝支付物业费。上述"抗辩"观点均是对物业服务范围的一种错误理解，忽视了物业服务的公共性和物业服务区域的整体性，也违反了《民法典》第 273 条业主对建筑物专有部分以外的共有部分，享有权利、承担义务且不得以放弃权利为由不履行义务的规定。

---

① 朱虎：《物业服务合同作为集体合同——以〈民法典〉规范为中心》，载《暨南学报》2020 年第 11 期。

② 最高人民法院民事审判第一庭编著：《最高人民法院建筑物区分所有权、物业服务司法解释理解与适用》，人民法院出版社 2009 年版，第 311 页。

③ 最高人民法院民法典贯彻实施工作领导小组主编：《中华人民共和国民法典合同编理解与适用》，人民法院出版社 2020 年版，第 2567 页。

1. 物业服务的对象

无论是建设单位签订的前期物业服务合同，还是业主委员会签订的物业服务合同，业主并非合同的直接签订主体，但委托物业服务人进行管理是出于业主群体的整体意思。虽然这在一定程度上突破了合同的相对性，但不可否认的是物业服务的对象应当是物业服务范围内的所有业主。根据《物业管理条例》第33条规定，一个物业管理区域由一个物业服务企业实施物业管理。《物业管理条例》第9条第2款规定，物业管理区域的划分应当考虑物业的共用设施设备、建筑物规模、社区建设等因素。一般来讲，物业服务范围应当以小区建筑区划红线为准，或在物业服务合同中就无须提供物业服务的范围进行约定。根据《民法典》第274条规定，建筑区划内的道路，属于业主共有，但是属于城镇公共道路的除外。建筑区划内的绿地，属于业主共有，但是属于城镇公共绿地或者明示属于个人的除外。建筑区划内的其他公共场所、公用设施和物业服务用房，属于业主共有。因此，一般意义上物业服务人服务对象应当是建筑区划内的所有业主。

2. 物业服务的范围

《民法典》第942条第1款规定，物业服务人应当按照约定和物业的使用性质，妥善维修、养护、清洁、绿化和经营管理物业服务区域内的业主共有部分，维护物业服务区域内的基本秩序，采取合理措施保护业主的人身、财产安全。该规定明确了物业服务人的主要义务是对物业服务区域内的业主共有部分进行妥善管理。《物业管理条例》第2条规定，本条例所称物业管理，是指业主通过选聘物业服务企业，由业主和物业服务企业按照物业服务合同约定，对房屋及配套的设施设备和相关场地进行维修、养护、管理，维护物业管理区域内的环境卫生和相关秩序的活动。由此可见，物业服务的范围主要是针对业主共有部分。

综上，对于物业服务人而言，其提供的服务主要针对的是小区内全体业主共有部分的管理、维护。因此，《民法典》第944条第1款规定，业主应当按照约定向物业服务人支付物业费。物业服务人已经按照约定和有关规定提供服务的，业主不得以未接受或者无须接受相关物业服务为由拒绝支付物业费。

（三）业主拒绝支付物业费的抗辩

当前司法审判对业主履行抗辩权持较为审慎的态度，主要表现在以下几个方面：第一，明确界定物业服务人义务范围；第二，严格区分抗辩与独立的诉请；第三，明确业主需对物业服务人服务不到位承担举证责任；第四，物业服务人服务存在瑕疵须达到较为严重的程度。① 如果业主提出的抗辩具有一定的事实依据，法院应当对事实进行合理审查，并基于《民法典》第582条规定，合理减少价款或报酬。对于减少物业费的数额，应当以当事人的请求以及诉请所针对的物业服务事项进行评判，如上述例案一某研究所与某物业公司物业服务合同纠纷一案，法院明确了对物业费进行扣减的标准，一定程度上消除了当事人对法官自由裁量权的疑虑。"关于物业服务的范围及服务质量标准。《前期物业服务合同》（附件4）和《物业合同》（附件3）参照中国物业管理协会《普通住宅小区物业服务等级标准（试行）》均约定为：（1）物业共用部位的维修、养护和管理；（2）物业共用设施设备的运行、维修、养护和管理；（3）物业共用部位和相关场地的清洁卫生，垃圾的收集、清运及雨水、污水管道的疏通；（4）公共绿化的养护和管理；（5）车辆停放管理；（6）公共秩序维护、安全防范等事项的协助管理；（7）装饰装修管理服务；（8）物业档案资料管理。其中某研究所第5项、第7项无须某物业公司服务，可适当折算扣减物业费。"② 在例案四某中心与某际物业公司③一案中，某中心所购买的19套涉案房屋，因司法查封导致其未能实际装修及正常入住、使用、收益，某际物业公司虽提供了物业服务，但案涉房屋系商业房产，在某中心未能实际对案涉房屋正常使用、收益的情况下，某际物业公司所提供的物业服务的范围、层次以及因此而承担的成本等必然少于物业合同所约定的物业服务内容，且在供暖服务方面，双方均认可某际物业公司对涉案房屋的供暖处于维持设备防冻的较低水平。法院最终参考双方关于装修期间物业费用的约定，其物业服务费中物业费部分由法院依法酌定为合同约定价格的70%，其采暖费部分因双方均认可仅提供了维护设备基本安全的基本供暖服务，故采暖费部分由法院酌定为减半收取。在杭州某物业有限公司与杭州某置业有限公司物业服务合同纠纷一案④，业主提供的照片虽拍摄于物业公司退场2个月后，但照片仍可反映会所区域长期无人提供管理、维护，原审法院也再三释明，要求物业公司就其已就会所区域提供物业服务举证，物业公司未举证，二审中提交的证据亦不足以证明该主张，故法院认定物业公司未就会所中的非专有部分提供物业服务。结合业主未对物业公司提供物业服务设置障碍及会所系为小区业主提供服务的场所等情形，法院酌情确定业主支付60%的物业服务费。司法实践中，业主抗辩要求拒绝支付物业费

---

① 参见羊震：《物业服务合同履行中业主抗辩权的行使规则》，载《人民司法》2017年第22期。
② 参见湖北省高级人民法院（2019）鄂民再76号民事判决书。
③ 参见北京市第二中级人民法院（2020）京02民终8296号民事判决书。
④ 参见浙江省杭州市中级人民法院（2019）浙01民终223号民事判决书。

基本不会被法院支持，但法院可基于物业服务是否存在严重瑕疵酌情减免。酌情标准应当考虑物业服务收费标准、履行情况等多重因素，并且应当作出合理说明。

综上，物业服务人已经按照约定和有关规定提供服务的，业主不得以未接受或者无须接受相关物业服务为由拒绝支付物业费。如业主能够证明物业服务人未按约定提供服务，或服务存在重大瑕疵的，业主有权请求降低物业费标准。

四、辅助信息

《民法典》

第二百七十一条 业主对建筑物内的住宅、经营性用房等专有部分享有所有权，对专有部分以外的共有部分享有共有和共同管理的权利。

第二百七十三条 业主对建筑物专有部分以外的共有部分，享有权利，承担义务；不得以放弃权利为由不履行义务。

业主转让建筑物内的住宅、经营性用房，其对共有部分享有的共有和共同管理的权利一并转让。

第九百四十二条 物业服务人应当按照约定和物业的使用性质，妥善维修、养护、清洁、绿化和经营管理物业服务区域内的业主共有部分，维护物业服务区域内的基本秩序，采取合理措施保护业主的人身、财产安全。

对物业服务区域内违反有关治安、环保、消防等法律法规的行为，物业服务人应当及时采取合理措施制止、向有关行政主管部门报告并协助处理。

第九百四十四条 业主应当按照约定向物业服务人支付物业费。物业服务人已经按照约定和有关规定提供服务的，业主不得以未接受或者无须接受相关物业服务为由拒绝支付物业费。

业主违反约定逾期不支付物业费的，物业服务人可以催告其在合理期限内支付；合理期限届满仍不支付的，物业服务人可以提起诉讼或者申请仲裁。

物业服务人不得采取停止供电、供水、供热、供燃气等方式催交物业费。

《物业管理条例》

第二条 本条例所称物业管理，是指业主通过选聘物业服务企业，由业主和物业服务企业按照物业服务合同约定，对房屋及配套的设施设备和相关场地进行维修、养护、管理，维护物业管理区域内的环境卫生和相关秩序的活动。

物业服务合同纠纷案件裁判规则研究

物业服务合同纠纷案件裁判规则第 11 条

物业服务人请求业主支付物业费，业主以其与物业使用人约定由物业使用人承担物业费进行抗辩的，不予支持

【规则描述】　本条是关于业主不能以与物业使用人关于物业费支付的约定对抗物业服务人的规则。业主应当按照物业服务合同的约定向物业服务人支付物业费。在业主与物业的承租人、借用人或者其他物业使用人约定由物业使用人支付物业费时，如物业使用人拒绝向物业服务人支付物业费的，物业服务人可以请求业主承担支付责任。业主以与物业使用人的合同中已约定物业费由物业使用人支付为由进行抗辩的，人民法院不予支持。

一、类案检索大数据报告

　　时间：2023 年 7 月 21 日之前；案例来源：Alpha 案例库；案由：物业服务合同纠纷；检索条件：法院认为包含"物业服务人请求业主支付物业费，业主以其与物业使用人约定由物业使用人承担物业费进行抗辩的，不予支持"；案件数量：7110件；数据采集时间：2023 年 7 月 21 日。

　　本次检索获取了 2023 年 7 月 21 日前共 7110 篇裁判文书。从图 11-1 的年份分布可以看到当前条件下此类案件数量的变化趋势。

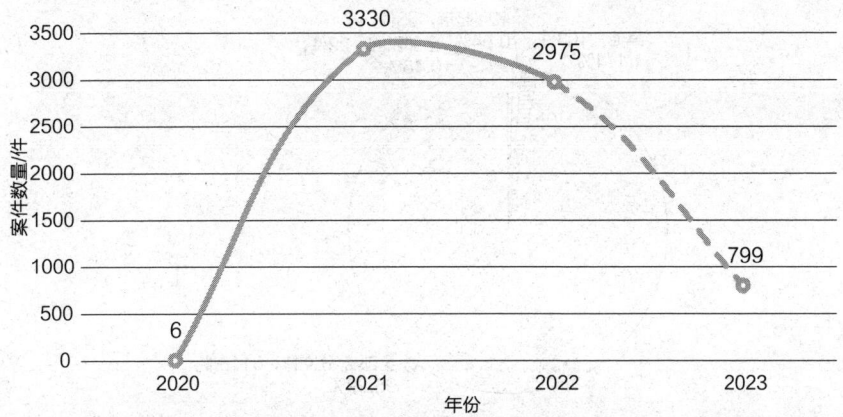

图 11-1 类案时间分布情况

从图 11-2 的程序分类统计可以得出当前此类案件的审理程序分布状况，其中一审案件有 6308 件，二审案件有 790 件，再审案件有 11 件，其他案件有 1 件。

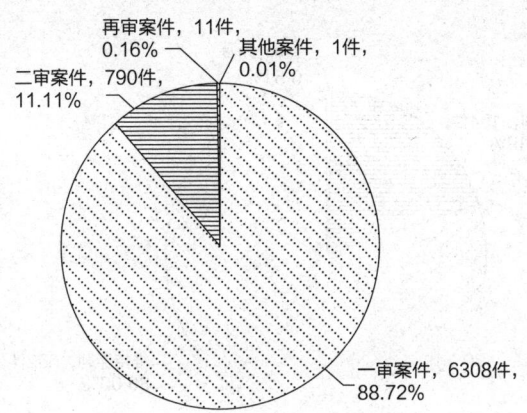

图 11-2 审理程序分布情况

如图 11-3 所示，通过对一审裁判结果的可视化分析可以看到，当前条件下全部/部分支持的有 6118 件，占比为 96.99%；其他的有 108 件，占比为 1.71%；驳回起诉的有 53 件，占比为 0.84%；全部驳回的有 29 件，占比为 0.46%。

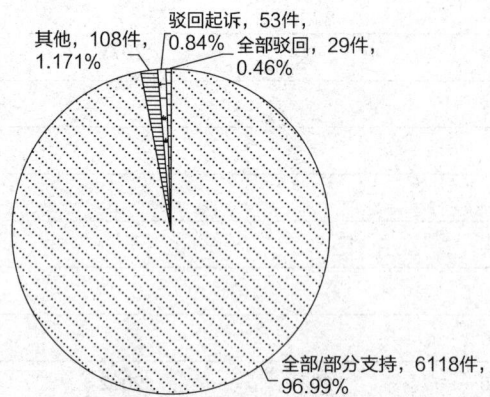

图 11-3 一审裁判结果分析

如图 11-4 所示，通过对二审裁判结果的可视化分析可以看到，当前条件下维持原判的有 632 件，占比为 80.00%；改判的有 154 件，占比为 19.49%；其他的有 4 件，占比为 0.51%。

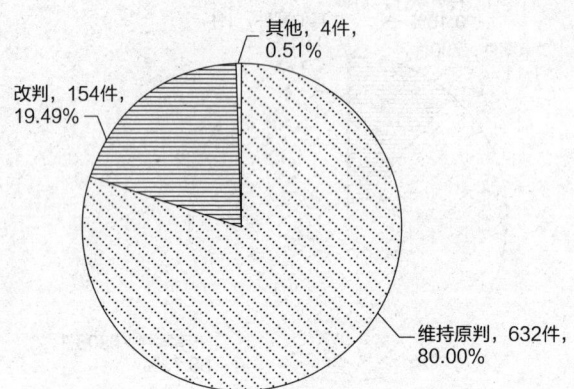

图 11-4 二审裁判结果分析

二、可供参考的例案

例案一　蒋某与重庆市某顺物业管理有限公司物业服务合同纠纷案

【法院】

重庆市第一中级人民法院

【案号】

（2020）渝01民终2526号

【当事人】

上诉人（原审被告）：蒋某

被上诉人（原审原告）：重庆市某顺物业管理有限公司

【基本案情】

2014年12月31日，案涉小区业主委员会作为甲方，重庆市某顺物业管理有限公司（以下简称某顺物业公司）作为乙方，签订了《物业服务合同》，该合同约定由某顺物业公司为该小区提供物业服务。合同第24条约定："本合同的效力及于本物业管理区域的全体业主及物业使用人。"合同还对双方的权利义务及其他相关事项进行了约定。合同签订后，某顺物业公司按照约定对该小区提供了物业服务。

蒋某系该小区某房屋（门市）业主，房屋建筑面积为612.35平方米。蒋某未向某顺物业公司支付从2015年1月1日起至2017年4月30日止以及2017年11月1日起至2018年2月28日止期间的物业服务费。蒋某提供《房屋出租协议》拟证明其与案外人李某存在租赁合同关系，约定由案外人李某承担租用期间所产生的物业管理等费用，某顺物业公司陈述不知晓该协议，仅要求蒋某支付物业费等相关费用。

【案件争点】

本案是否应追加被告，业主是否应向物业服务人支付物业费。

【裁判摘要】

关于是否应当追加李某为被告的问题。即使蒋某与李某的约定真实，但某顺物业公司不知情，该约定仅系蒋某与李某内部约定，不能对物业公司产生法律约束力；某顺物业公司明确表示仅要求房屋业主即蒋某支付物业服务费等，李某并非本案的必要共同诉讼人，故法院不予追加。小区业主委员会与某顺物业公司签订的《物业服务合同》，是双方当事人的真实意思表示，且不违反法律、行政法规的强制性规定，系合法有效，对该小区的所有业主均具有约束力。某顺物业公司在对案涉小区提供了物业服务后，有权依照《物业服务合同》的约定向业主收取物业服务费及其他费用。蒋某作为小区的业主，应当及时支付物业服务费。同时，根据《物业管理条例》的规定，业主与物业的使用人约定由物业使用人支付物业费的，业主承担连带责任。本案中，某顺物业公司只起诉业主蒋某要求支付物业费等，符合法律规定，依法应予支持。

例案二　艾某与孝感市某安物业管理有限责任公司物业服务合同纠纷案

【法院】

湖北省孝感市中级人民法院

【案号】

（2019）鄂09民终253号

【当事人】

上诉人（原审被告）：艾某

被上诉人（原审原告）：孝感市某安物业管理有限责任公司

原审被告：沈某

【基本案情】

2012年4月1日，孝感市某居房地产开发有限责任公司（以下简称某居房开公司）与孝感市某安物业管理有限责任公司（以下简称某安物业公司）签订了一份《前期物业服务合同》，约定由某安物业公司取得小区物业管理服务权，管理服务期限为2012年4月1日起至2014年3月31日止，在管理服务期内，物业服务费用由业主按其拥有物业的建筑面积支付，收费标准为住宅、商业每平方米1元/月。2014年4月1日，上述两公司又签订了一份与上述合同相同的《前期物业服务合同》，管理服务期限为2014年4月1日起至2016年3月31日止，在管理服务期内，物业收费标准为住宅、商业每平方米1.2元/月。2016年4月1日，上述两公司再次签订了一份与上述合同相同的《前期物业服务合同》，管理服务期限为2016年4月1日起至2018年3月31日止，在管理服务期内，物业收费标准为住宅、商业每平方米1.2元/月。

2012年9月3日，艾某购买了案涉小区门面房，是案涉房屋的业主。2013年7月18日，艾某将上述房产出租给沈某进行商业用途，双方签订了《房屋租赁合同》，租赁期限为十年零三个月，备案于某安物业公司，该租赁合同中约定：经营时使用资产发生的一切费用均由沈某自负。沈某经营期间，除支付部分费用外，自2013年9月11日至2018年3月12日，欠水费、电费、物业费、卫生费合计358671.2元，后陆续支付253000元，尚欠105671.2元，扣除已支付的水电押金2000元及装修保证金2000元，尚欠费101671.2元，某安物业公司为上述费用多次催交未果，遂成讼。

【案件争点】

艾某、沈某是否应对物业费承担连带支付责任。

【裁判摘要】

虽然某安物业公司未直接与艾某签订物业服务合同，但根据2009年《物业纠纷司法解释》第1条规定，某居房开公司与艾某签订的《前期物业服务合同》对业主艾某具有约束力，艾某应依法按该合同履行业主的义务。

虽然艾某与沈某签订的《房屋租赁合同》中约定：经营时使用资产发生的一切费用均由沈某自负。但某安物业公司根据2009年《物业纠纷司法解释》第7条第1款，即"业主与物业的承租人、借用人或者其他物业使用人约定由物业使用人交纳物业费，物业服务企业请求业主承担连带责任的，人民法院应予支持"的规定，请求业主艾某对承租人沈某应交纳的物业费承担连带责任，符合法律规定。

例案三　深圳市某诚物业管理有限公司与滁州市琅琊山风景名胜区管理委员会物业服务合同纠纷案

【法院】

安徽省滁州市中级人民法院

【案号】

（2021）皖11民终779号

【当事人】

上诉人（原审原告）：深圳市某诚物业管理有限公司

被上诉人（原审被告）：滁州市琅琊山风景名胜区管理委员会

原审被告：大连某梦想城装饰设计工程有限公司

原审被告：滁州某梦想城文化传媒有限公司

【基本案情】

滁州市琅琊山风景名胜区管理委员会（以下简称琅管委）的农中花源物业管理项目（二次），于2017年4月21日在滁州市公共资源交易中心公开开标后，确定深圳市某诚物业管理有限公司（以下简称某诚物业公司）为中标人，中标价为4311986.70元，每月实际应使用经费为119777.4元，期限为三年日历天。2017年4月23日琅管委科教园区办公室与某诚物业公司签订了《物业管理服务合同》，合同约定：琅管委将农中花源（花博园）委托某诚物业公司实行物业管理服务，期限为三年，合同一年一签，首次合同期为2017年4月24日至2018年4月23日。合同签订当日内某诚物业公司应向琅管委交纳中标价的10%作为合同履约保证金，即为143732.89元。双方协商一致可变更或者解除合同，双方互不承担责任。

2017年9月25日，大连某梦想城装饰设计工程有限公司（以下简称大连某公司）以竞争性磋商方式取得了滁州福囍文旅小镇（以下简称福囍小镇）运营项目的设计和运营方资格。2017年10月24日，琅管委与大连某公司签订了《滁州福囍文旅小镇设计和运营合同》，合同约定：大连某公司负责项目的运营和管理包括运营方案设计、策划、运营实施等商业运营，以及物业管理、景观绿化养护、籽播花卉、安保、保洁、水电、设施设备维修与更新、水域维护、改造、修缮、维修等管理工作并承担全部费用，可能存在的相关运营和管理风险，均由大连某公司承担。琅管委对上述费用不予补贴。运营期限为20年。双方签订合同后30个工作日内，大连某公司应在滁州市行政区域内成立全资项目公司，负责该项目运营。项目公司代表大连某公司负责在运营期内对小镇进行运营和维护，运营期结束后将项目设施完好无偿地移交给琅管委或其指定机构。项目公司代表大连某公司在运营和维护项目时，并不减免大连某公司应承担的责任和义务，运营产生的所有税收和账务必须经过项目公司账户，项目运营方案审批、报备由滁州项目公司负责，项目公司运营和维护本项目发生的相关违约责任均由大连某公司承担。

上述合同签订前，大连某公司于2017年10月23日在滁州依法成立了全资项目公司滁州某梦想城文化传媒有限公司（以下简称滁州某公司），代表大连某公司负责涉案项目运营。2017年12月24日，琅管委科教园区办公室、滁州某公司与某诚物业公司共同签署了一份《情况说明》，约定因滁州某公司对农中花源（滁州花博园）进行整体运营，其物业服务管理相关事宜一并交予滁州某公司运营管理。根据花博园运营合同约定，滁州某公司同意每月按119777.40元支付物业服务费，时间自2017年12月24日至2018年4月23日。后滁州某公司与某诚物业公司于2018年4月24日签订了《物业服务合同》，服务期限自2018年4月24日至2019年4月23日，期满后，由滁州某公司考核，考核合格，继续服务，自动续签下一年合同。服务费用为每月119777.40元，由滁州某公司于每月15日前一次性支付某诚物业公司上月的管理服务费。

此后，某诚物业公司为农中花源（滁州花博园）提供物业管理服务至2020年4月23日止。其中琅管委已支付某诚物业公司的物业服务费用为956491.08元；滁州某公司已支付某诚物业公司的物业服务费用为15万元。

【案件争点】

琅管委是否应对大连某公司和滁州某公司欠付的物业费承担连带责任。

【裁判摘要】

2017年4月23日琅管委与某诚物业公司签订的《物业管理服务合同》约定首次合同期为2017年4月24日至2018年4月23日以及双方协商一致可变更或解除该物业服务合同。2017年10月24日，琅管委与大连某公司签订《设计和运营合同》，载明由大连某公司设立的全资项目公司即滁州某公司代表大连某公司负责运营滁州花博园即福囍文旅小镇。2017年12月24日琅管委、某诚物业公司和滁州某公司签署《情况说明》，载明由滁州某公司对滁州花博园进行整体运营，物业服务管理事宜一并由滁州某公司运营管理，并约定2017年12月24日至2018年4月23日的物业服务费由滁州某公司负担。2018年4月24日某诚物业公司同滁州某公司签订《滁州花博园物业服务合同》，该份合同与2017年4月23日琅管委和某诚物业公司签订的《物业管理服务合同》内容基本一致，结合某诚物业公司仅就2017年4月至12月的物业费向琅管委提出过付款申请，可知各方已协商一致同意琅管委将其就诉争物业权利义务概括转移给滁州某公司，并根据《设计和运营合同》的约定由滁州某公司及大连某公司自行承担案涉物业费用的给付责任，该合意系各方当事人真实意思表示且未违反法律、行政法规的强制性规定，理应有效，各方均应遵循。加之2018年4月24日某诚物业公司与滁州某公司签订的《物业服务合同》中并无要求琅管委对案涉物业费承担连带责任的约定且根据合同相对性原则，该份合同对琅管委无约束力，故某诚物业公司要求琅管委对尚欠物业服务费承担连带责任的主张不能成立。

例案四　北京某安印刷厂与北京张氏某云商务酒店有限公司等物业服务合同纠纷案

【法院】

北京市第二中级人民法院

【案号】

（2019）京02民终8019号

【当事人】

上诉人（原审被告）：北京某安印刷厂

被上诉人（原审被告）：北京张氏某云商务酒店有限公司

被上诉人（原审原告）：北京某宇物业管理有限公司

【基本案情】

北京市西城区莲花池东路甲×号院×号楼（某云时代大厦）系北京某安印刷厂（以下简称某安印刷厂）与北京某西工贸发展集团（以下简称某西工贸集团）联合建造，双方共同注册成立北京某安房地产开发有限公司（以下简称某安房开公司），2008年6月上述房屋办理房屋所有权证，所有权登记在某安房开公司名下。2009年5月18日，某安印刷厂与某西工贸集团签订《某云时代大厦房屋产权分割协议书》，对房屋产权面积进行分割，归某安印刷厂的房屋有：西塔1层裙房电梯处、西塔1层南门处及西塔1层西侧大门处，以上总计建筑面积725平方米；西塔4层至12层，建筑面积9926.37平方米；地下室建筑面积为1257.24平方米。某安印刷厂房屋产权分割建筑面积合计为11908.61平方米。

2013年8月7日，某安印刷厂与张某签订房屋租赁合同，某安印刷厂将其所有的位于北京市西城区莲花池东路甲×号院×号楼×座1层（部分）和4层至11层房屋出租给张某作为开设宾馆、餐饮用房，出租房屋建筑面积4层至11层8823.44平方米，首层725平方米，租赁期限为12年。2013年12月，北京张氏某云商务酒店有限公司（以下简称某云酒店）在此地注册成立。2014年5月27日，某安印刷厂与张某签订《补充协议书》，约定房屋租赁合同的免租期延长至2014年5月31日，起租日期调整为2014年6月1日至2026年5月31日。

2014年3月11日，某安印刷厂与北京某宇物业管理有限公司（以下简称某宇物业公司）签订《关于物业服务有关事项的协议》，双方就某云时代大厦房屋（首层、4层至11层）物业服务事项进行约定，协议写明物业服务收费标准现为3.5元／平方米，双方按照有关规定、程序继续协商。

2014年6月3日，某安印刷厂（甲方）与某宇物业公司（乙方）签订《物业管理服务合同》，合同约定某安印刷厂将自有资产，即某云时代大厦西塔大堂（建筑面积725平方米）和西塔4层至11层（建筑面积8823.2平方米），总建筑面积9548.2平方米全权委托某宇物业公司对该房产资产实施物业管理服务，合同期限自2014年1月1日起至某云时代大厦业主委员会成立后选聘新的物业公司接管日止，物业服务费标准为每月6.0元／平方米，物业管理服务费实行包干制，某安印刷厂向某宇物业公司每年支付费用为687470.40元，付款方式及期限约定物业管理服务费按半年支付，于本合同签订之日起7日内一次性付清上半年物业管理服务费，后期物业管理服务费支付期限以此类推，逾期支付物业服务费用的，物业公司可以从逾期之日起每日按应支付费用千分之五收取违约金。该合同第 27 条约定：某安印刷厂将物业出租的，本合同约定的甲方权利义务可由实际物业使用人享有和承担。同时，某安印刷厂（甲方）、某宇物业公司（乙方）与张某（丙方）签订《物业管理确认书》，言明，甲方将某云时代大厦西塔大堂和 4 层至 11 层共 9548.2 平方米全权委托乙方实施物业管理，已签订《物业管理服务合同》，丙方（拟成立某云酒店，加盟汉庭连锁酒店）为西塔大堂和 4 层至 11 层承租人（实际物业使用人），根据《物业管理服务合同》第 27 条，实际物业使用人享有和承担甲方权利义务。某云酒店亦在该确认书上签章。

2015 年 1 月 26 日，某安房开公司与某宇物业公司签订《物业服务合同》，合同期限为 2014 年 11 月 1 日至 2017 年 10 月 31 日，双方约定由某宇物业公司继续为某云时代大厦提供物业服务，双方就物业区域物业费约定为商业、办公每月每建筑平方米 6 元。

2015 年 11 月 4 日，某安印刷厂（甲方）与张某（乙方）、某云酒店（丙方）签订《补充协议书（二）》，约定：《房屋租赁合同》和《补充协议书》中的乙方即原承租方的主体变更为丙方，由丙方承继乙方的全部权利和义务，乙方不再作为承租方……《房屋租赁合同》和《补充协议书》中的其他条款不变，甲方丙方应遵守执行。协议签订后，某云酒店继续在租赁房屋内经营。

现某宇物业公司要求某云酒店支付 2016 年 1 月 1 日至 2017 年 6 月 30 日的物业费及违约金，并由某安印刷厂对前述物业费及违约金承担连带责任。

【案件争点】

某安印刷厂是否需要对某云酒店欠付的物业费及违约金承担连带责任。

【裁判摘要】

某宇物业公司系案涉房屋所在大厦的前期物业服务企业，且与某安印刷厂签有《物业管理服务合同》，该合同系双方真实意思表示，不违反法律、行政法规的强制性规定，合法有效，双方均应依约履行。某宇物业公司依约为案涉房屋提供物业服务至今，有权主张合同权利。某安印刷厂作为案涉房屋的业主，享受了物业服务带来的权益，亦应承担对应的义务。

某宇物业公司与某安印刷厂签订的《物业管理服务合同》第 27 条约定在某安印刷厂将房屋出租的情况下，由物业实际使用人享有合同权利并履行义务，但该条款的约定不属于合同权利、义务的概括转让，即并非由某云酒店取代某安印刷厂而成为《物业管理服务合同》之当事人，某安印刷厂退出了该合同。《物业管理服务合同》第27条及《物业管理确认书》仅是增加了义务的承担者,并不能因此推断排除了某安印刷厂的合同义务。作为房屋所有人某安印刷厂与某宇物业公司之间的物业服务合同关系仍存在。实践中,也正是因为物业实际使用人的加入,对于物业费收取人的物业服务企业有利,因此,才会出现上述三方协议的签订,但如在此情况下免除了业主应承担的义务,则有害于债权人的利益。

物业服务企业与业主约定物业承租人亦有交纳物业服务费的义务与2009年《物业纠纷司法解释》第7条"业主与物业的承租人、借用人或者其他物业使用人约定由物业使用人交纳物业费,物业服务企业请求业主承担连带责任的,人民法院应予支持"的规定并不矛盾,故某安印刷厂应当承担连带责任。

当事人一方不履行合同义务或者履行合同义务不符合约定的,应当承担继续履行、采取补救措施或者赔偿损失等违约责任。当事人可以约定一方违约时应当根据违约情况向对方支付一定数额的违约金,也可以约定因违约产生的损失赔偿额的计算方法。某云酒店、某安印刷厂未按合同约定数额和期限向某宇物业公司支付物业服务费,应支付逾期违约金。

三、裁判规则提要

在物业服务合同关系中,业主是接受物业服务的权利人,亦是物业费支付的义务人。业主将物业租用和借用给他人,并约定由该物业使用人支付物业费用的,该约定系当事人对自身权利义务的处分,合法有效。物业使用人实际接受了物业服务人提供的物业服务,应当根据业主和物业服务人之间的物业服务合同约定的时间和标准向物业服务人支付物业费。业主与物业使用人约定由物业使用人支付物业费的,物业使用人应当按照该约定支付物业费。如物业使用人拒绝支付的,业主应当向物业服务人支付物业费。业主在向物业服务人支付了物业费后,可以依据其与物业使用人之间的约定要求物业使用人返还并承担违约责任。

(一)关于物业服务合同对业主的效力

物业服务人的选聘由业主共同决定。《民法典》第278条规定:"下列事项由业主共同决定:……(四)选聘和解聘物业服务企业……"业主参加业主大会会议,行使投票权,来选聘物业服务人。根据《物业管理条例》第12条第3款的规定,选聘物业服务人,应当经专有部分占建筑物总面积过半数的业主且占人数过半数的业主同意。在业主大会确定聘用的物业服务人后，由业主委员会代表业主与物业服务人签订物业服务合同。《物业管理条例》第 15 条规定："业主委员会执行业主大会的决定事项，履行下列职责：……（二）代表业主与业主大会选聘的物业服务企业签订物业服务合同……"

《物业管理条例》第 7 条规定："业主在物业管理活动中，履行下列义务：……（三）执行业主大会的决定和业主大会授权业主委员会作出的决定……"《民法典》第 280 条规定，业主大会或者业主委员会的决定，对业主具有约束力。《民法典》第 939 条也规定，建设单位依法与物业服务人订立的前期物业服务合同，以及业主委员会与业主大会依法选聘的物业服务人订立的物业服务合同，对业主具有法律约束力。因此，业主委员会与业主大会选聘的物业服务人签订的物业服务合同，对业主具有法律约束力，业主应当忠实履行合同义务，不能以其并非合同当事人为由拒绝履行义务。

（二）业主应当按照约定支付物业费

物业服务合同是物业服务人在物业服务区域内，为业主提供建筑物及其附属设施的维修养护、环境卫生和相关秩序的管理维护等物业服务，业主支付物业费的合同。因此，业主在物业服务合同中最主要的权利是接受物业服务人提供的物业服务，最主要的合同义务是按照约定向物业服务人支付物业费。

《民法典》第 942 条规定了物业服务人的义务，物业服务人应当按照约定和物业的使用性质，妥善维修、养护、清洁、绿化和经营管理物业服务区域内的业主共有部分，维护物业服务区域内的基本秩序，采取合理措施保护业主的人身安全、财产安全。可以看出，物业服务的对象是针对业主共有部分、区域内基本秩序、业主的人身和财产安全。"物业服务企业的服务具有公共性，收取物业费是用于整体物业设施的维护保养、正常秩序维护所必需的费用，个别业主拒交物业费的行为，不仅损害了物业服务企业的利益，也损害了其他正常交费业主的利益，不利于物业整体管理。"[①] 因此，不论业主是否实际使用了其物业，业主均应当向物业服务人支付物业费。《民法典》第 273 条规定，业主对建筑物专有部分以外的共有部分，享有权利，承担义务；不得以放弃权利为由不履行义务。第 944 条第 1 款也规定，物业服务人已经按照约定和有关规定提供服务的，业主不得以未接受或者无须接受相关物业服

---

① 参见浙江省高级人民法院（2019）浙民再 213 号民事判决书。

务为由拒绝支付物业费。

(三) 没有约定的情况下，物业使用人不负有支付物业费的义务

对于物业使用人是否有支付物业费的义务的问题，在《物业管理条例》的制定过程中就存在争议。一种意见认为，物业使用人作为物业服务的实际受益人，应该承担物业费。业主将自己的物业交给物业使用人后，自己不直接占有使用其物业，也不直接接受物业服务人的服务，而物业使用人占用、使用业主的物业的同时，也成为物业服务人的服务对象，实际直接享用物业服务人提供的服务。从权利与义务相一致的原则出发，物业使用人接受了物业服务，就应该承担支付物业费的义务。另一种意见认为，物业使用人没有义务支付物业费。物业使用人与物业服务人之间并没有直接的合同关系，既不是物业服务合同的名义当事人，又不是实质当事人，物业服务人没有根据请求物业使用人支付物业费。①

物业服务人是为全体业主提供物业服务，不会因为某一物业的占有、使用人的变动而有所变化。业主不因没有实际占有、使用物业而不需要物业服务，更不会因此免除物业费的支付义务。物业使用人占有、使用物业的过程中，更是需要物业服务来保障使用的舒适、便利和安全。因此，从物业使用人实际接受了物业服务的事实来看，由物业使用人来支付物业费具有一定的合理性。但物业服务合同是物业服务人与业主委员会签订的，仅对物业服务区域内的业主具有法律约束力。物业使用人并非物业服务合同的当事人，虽然从结果上看实际享受了权利，但也可以理解为其基于与业主之间的租用或借用合同关系代业主接受了物业服务人提供的物业服务。在法律、行政法规没有明确规定物业使用人的物业费支付义务的情况下，如由物业使用人承担支付物业费的义务，显然缺乏法律及合同依据。

(四) 物业使用人未按与业主的约定支付物业费的，业主应承担支付义务

基于前述理由，《物业管理条例》并未直接规定物业使用人支付物业费的义务。但鉴于现实生活中，存在很多业主将物业出租或出借给他人居住或经营的情况，通常在出租或出借合同中，都会约定物业费由承租人或借用人（物业使用人）承担，或由物业使用人直接向物业公司支付。并且在物业租用或借用给他人以后，业主通常也不会在该物业服务区域内生活，物业服务人向业主收取物业费、业主支付物业

---

① 参见最高人民法院民事审判第一庭编著：《最高人民法院建筑物区分所有权、物业服务司法解释理解与适用》，人民法院出版社 2009 年版，第 317 页。

费都存在诸多不便。而物业使用人长期在物业服务区域内生活，由其直接向物业服务人支付物业费，更具合理性和便捷性。

因此，《物业管理条例》第 41 条规定，业主与物业使用人约定由物业使用人交纳物业服务费用的，从其约定，业主负连带交纳责任。这肯定了业主与物业使用人约定由物业使用人交纳物业服务费用的做法，物业服务人可以基于该规定向物业使用人催告支付物业费。"业主负连带交纳责任"，是指业主和物业使用人关于"由物业使用人交纳物业服务费用"的约定，并不能完全免除其支付物业费的责任。《民法典》第 465 条第 2 款规定，依法成立的合同，仅对当事人具有法律约束力，但是法律另有规定的除外。因此，业主和物业使用人之间的关于由物业使用人支付物业费的约定仅对出租或出借合同的当事人有效，并不对物业服务人产生法律约束力。业主不得以该约定来对抗物业服务人的物业费支付请求。在物业使用人拒绝支付物业费的情况下，业主应当进行支付。物业使用人拒绝支付物业费的行为，属于违反其与业主的出租或出借合同约定的行为，业主在向物业服务人支付物业费后，可以向物业使用人进行追偿，并要求物业使用人承担违约责任。

应当要注意的是，物业使用人负有的物业费支付义务，是基于与业主之间的合同约定，而非物业服务合同。物业使用人向物业服务人支付物业费，并非履行其对物业服务人的义务，而是履行对业主的合同义务。同样业主也基于物业使用人的支付行为，完成了其基于物业服务合同应向物业服务人承担的物业费支付义务。因此，物业使用人支付物业费的范围和金额应以物业服务合同约定内容为限，超过的部分，物业使用人可以拒绝支付。反过来看，即使物业使用人应向物业服务人支付物业费，但物业服务人并不享有对物业使用人收取物业费的实体权利，其所享有的收取物业费的权利对象仍然是业主。在物业使用人拒绝支付物业费时，物业使用人所违反的是其和业主之间的合同约定，与物业服务人无关。物业服务人并没有请求物业使用人支付物业费的权利基础，而只能向业主进行主张。

（五）业主和物业使用人的物业费支付约定不能对抗物业服务人的物业费支付请求

《物业管理条例》第 41 条第 1 款规定，业主与物业使用人约定由物业使用人交纳物业服务费用的，从其约定，业主负连带交纳责任。"'从其约定'的表述，在承认业主与物业使用人的约定的合法性和物业使用人的履行具有消灭债务的后果的同时，实质上是赋予了物业服务企业以选择权。根据这个规定，物业服务企业可以请求物业使用人承担其与业主约定的物业费，物业服务企业也可以不请求物业使用人而直接请求物业业主支付物业费；当然物业服务企业也可以同时请求业主和物业使用人承担其约定范围内的物业费。"[①]2009年的《物业纠纷司法解释》第7条规定："业主与物业的承租人、借用人或者其他物业使用人约定由物业使用人交纳物业费，物业服务企业请求业主承担连带责任的，人民法院应予支持。"该规定进一步明确了业主与物业使用人对物业费支付义务的连带责任。

但《物业管理条例》第41条第1款仅是从业主和物业使用人的义务与责任的角度进行规定的，即业主和物业使用人可以约定物业费的交纳主体，这种约定是合法有效应当予以肯定的，但这种约定不能排除业主的交费义务。在物业使用人违反与业主的约定拒不支付物业费时，业主还应当履行付款义务，即"负连带交纳责任"。但该"连带交纳责任"并非法律上的"连带责任"。如前文所述，物业使用人向物业服务人支付物业费的行为，是履行与业主的合同约定，也可以视为代业主履行物业服务合同的义务，物业使用人并不直接对物业服务人负有物业费支付义务。反过来，在物业使用人拒不交费时，物业使用人也只能向业主请求支付，而不能请求物业使用人支付。

《民法典》第178条第3款规定，连带责任，由法律规定或者当事人约定。《物业管理条例》并非法律，而业主与物业使用人的约定仅为由物业使用人承担物业费，并不约定连带责任。因而2020年《物业纠纷司法解释》将2009年《物业纠纷司法解释》第7条的规定予以删除，应该来说是恰当的。

因物业使用人与物业服务人之间没有直接的合同关系，而业主与物业使用人之间的约定对物业服务人并不产生法律约束力，因而物业服务人不能通过诉讼请求物业使用人支付物业费，而仅能依据物业服务合同要求业主承担付款义务。通常业主会以其与物业使用人约定了由物业使用人承担物业费支付义务，但该内部约定并不能对抗物业服务人的付款请求。

物业使用人拒绝承担物业费的行为，违反了其与业主的约定，应当向业主承担违约责任。业主在向物业服务人支付物业费后，有权依据其与物业使用人的约定，要求其承担已经支付的物业费，并按照约定要求其承担其他违约责任或赔偿损失。

---

① 最高人民法院民事审判第一庭编著：《最高人民法院建筑物区分所有权、物业服务司法解释理解与适用》，人民法院出版社2009年版，第321页。

四、辅助信息

《民法典》

第一百七十八条第三款　连带责任,由法律规定或者当事人约定。

第二百八十条第一款　业主大会或者业主委员会的决定,对业主具有法律约束力。

第九百三十七条　物业服务合同是物业服务人在物业服务区域内,为业主提供建筑物及其附属设施的维修养护、环境卫生和相关秩序的管理维护等物业服务,业主支付物业费的合同。

第九百三十九条　建设单位依法与物业服务人订立的前期物业服务合同,以及业主委员会与业主大会依法选聘的物业服务人订立的物业服务合同,对业主具有法律约束力。

第九百四十四条第一款　业主应当按照约定向物业服务人支付物业费。物业服务人已经按照约定和有关规定提供服务的,业主不得以未接受或者无须接受相关物业服务为由拒绝支付物业费。

《物业管理条例》

第四十一条　业主应当根据物业服务合同的约定交纳物业服务费用。业主与物业使用人约定由物业使用人交纳物业服务费用的,从其约定,业主负连带交纳责任。

已竣工但尚未出售或者尚未交给物业买受人的物业,物业服务费用由建设单位交纳。

物业服务合同纠纷案件裁判规则第 12 条

业主违反约定逾期不支付物业费的，物业服务人可以催告其在合理期限内支付；合理期限届满仍不支付的，物业服务人可以提起诉讼或申请仲裁

【规则描述】　　本条是关于物业服务人提起诉讼或申请仲裁前的催告义务的规则。业主应当按照约定向物业服务人支付物业费。业主未按照约定支付物业费的，物业服务人应当先向业主进行催告要求其在合理期限内支付，在合理期限届满后仍然不支付的，物业服务人可以向人民法院提起诉讼或申请仲裁。物业服务人不得在未催告或催告后合理期限未届满的情况下对业主提起诉讼或申请仲裁。

一、类案检索大数据报告

时间：2023 年 7 月 21 日之前；案例来源：Alpha 案例库；案由：物业服务合同纠纷；检索条件：法院认为包含"业主违反约定逾期不支付物业费的，物业服务人可以催告其在合理期限内支付；合理期限届满仍不支付的，物业服务人可以提起诉讼或申请仲裁"；案件数量：5361 件；数据采集时间：2023 年 7 月 21 日。

本次检索获取了 2023 年 7 月 21 日前共 5361 篇裁判文书。从图 12-1 的年份分布可以看到当前条件下此类案件数量的变化趋势。

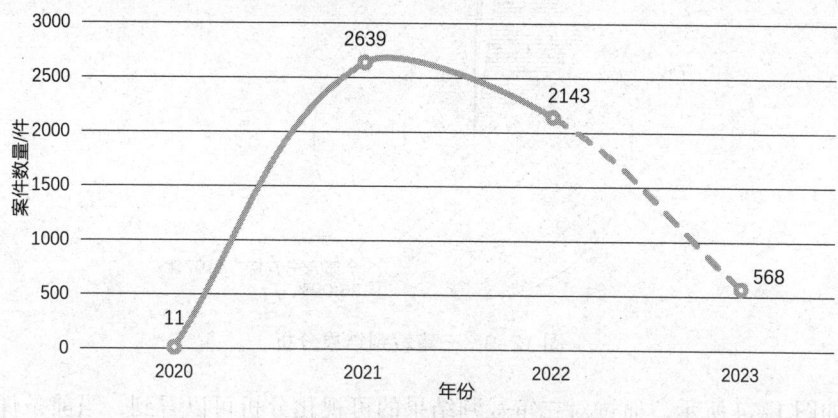

图 12-1　类案时间分布情况

从图 12-2 的程序分类统计可以得出此类案件当前的审理程序分布状况，其中一审案件有 4875 件，二审案件有 476 件，再审案件有 10 件。

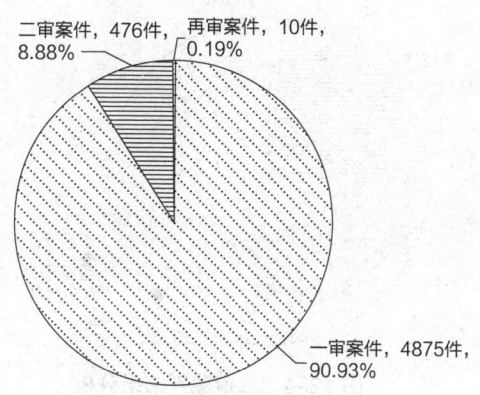

图 12-2　审理程序分布情况

如图 12-3 所示，通过对一审裁判结果的可视化分析可以看到，当前条件下全部/部分支持的有 4197 件，占比为 86.09%；驳回起诉的有 559 件，占比为 11.47%；其他的有 88 件，占比为 1.80%；全部驳回的有 21 件，占比为 0.43%；不予受理的有 10 件，占比为 0.21%。

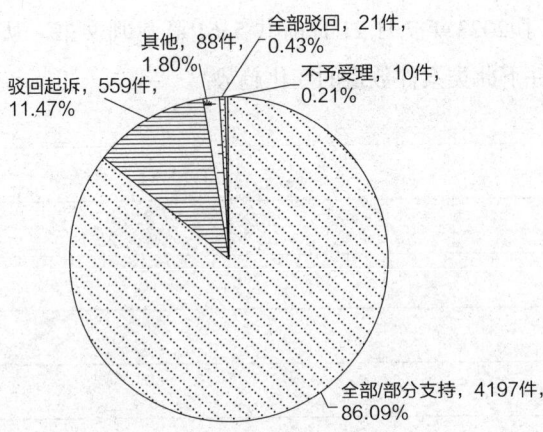

图 12-3　一审裁判结果分析

如图 12-4 所示,通过对二审裁判结果的可视化分析可以看到,当前条件下维持原判的有 358 件,占比为 75.21%;改判的有 112 件,占比为 23.53%;其他的有 6 件,占比为 1.26%。

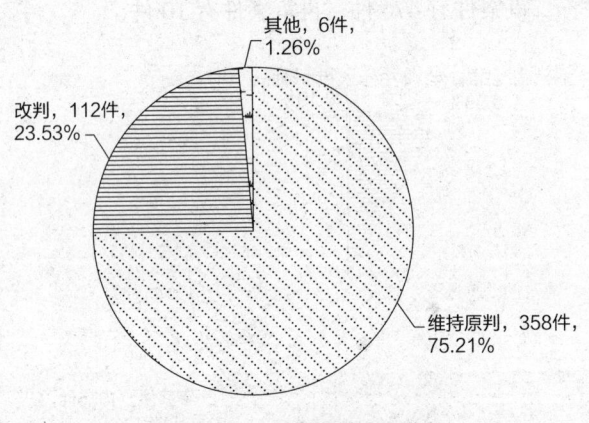

图 12-4　二审裁判结果分析

二、可供参考的例案

例案一　绍兴市某样年物业服务有限公司与韩某物业服务合同纠纷案

【法院】

浙江省绍兴市中级人民法院

【案号】

（2019）浙06民终1938号

【当事人】

上诉人（原审原告）：绍兴市某样年物业服务有限公司

被上诉人（原审被告）：韩某

【基本案情】

2015年3月29日，绍兴市某样年物业服务有限公司（以下简称某样年物业公司）与案涉小区业主委员会签订《小区物业管理服务合同》，合同约定：业主委员会选聘某样年物业公司为小区的物业服务企业，合同期限为2015年3月29日至2017年4月7日止，收费标准为排屋1.5元/月每平方米，叠排为1.2元/月每平方米，地下停车位30元/月每个。物业服务费用按年收取，某样年物业公司于业主或物业使用人入住时一次性收取一年的物业服务费，以后应在当年费用期满前一个月10日前向业主收取。业主或物业使用人违反本合同约定，未能按时足额支付物业服务费用的，某样年物业公司可要求其限期支付，逾期不支付的，可按日加收应交纳费用万分之五的滞纳金。韩某为小区××幢××室的业主，根据《小区物业管理服务合同》，韩某与某样年物业公司建立物业服务关系。此后，某样年物业公司向韩某提供了物业服务，但韩某拒绝按合同约定向某样年物业公司支付自2016年4月6日至2017年4月7日的物业服务费4105.8元。后某样年物业公司诉至法院。

【案件争点】

物业服务人未经催告程序能否起诉。

【裁判摘要】

2009年《物业纠纷司法解释》第6条规定，经书面催交，业主无正当理由拒绝交纳或者在催告的合理期限内仍未交纳物业费，物业服务企业请求业主支付物业费的，人民法院应予支持。故物业服务企业向法院起诉要求业主支付物业费应以书面形式向业主催交物业费为前提。本案中，某样年物业公司虽举证向韩某发送了催交物业费的律师函，然该函件快递送达信息与实际不符，故不能认定其已履行了书面催交的前置程序。故某样年公司的起诉不符合法律规定，驳回其起诉。

例案二　大理某忱物业管理有限公司与陈某物业服务合同纠纷案

【法院】

云南省大理白族自治州中级人民法院

【案号】

（2020）云 29 民终 1499 号

【当事人】

上诉人（原审原告）：大理某忱物业管理有限公司

被上诉人（原审被告）：陈某

【基本案情】

2017 年 6 月 5 日，陈某购买了他人位于案涉小区的房屋，2018 年办理了不动产权证。2018 年 4 月 1 日，小区业主委员会出台业主公约，规定业主逾期两个月不交所欠物业费，物业公司可以向法院起诉，产生的一切费用（包括诉讼费、律师费）由业主承担等内容。2019 年 4 月，小区业主委员会与大理某忱物业管理有限公司（原大理某标物业管理有限公司，以下简称某忱物业公司）签订服务协议，对部分物业服务费用进行调整，增加了部分项目和费用。某忱物业公司、陈某双方未约定物业费交纳的时间，除水电费使用后交纳外，其余物业费陈某每年预交。某忱物业公司在提供物业服务的过程中，在设施维护、保洁等方面存在一定瑕疵。2020 年，陈某交纳水电费至 3 月，其余物业费未交纳。2020 年 5 月 21 日，某忱物业公司打印陈某应当交纳物业费的收费通知单，通知单载明陈某应交纳的各项物业费为 1805.5 元（2020 年 4 月水电费共计 134 元，2020 年 1 月至 5 月物管费、电梯使用费、车位管理服务费、运行费共计 1491.5 元，2020 年全年垃圾处理费、加压费共计 180 元）。2020 年 6 月 3 日，某忱物业公司诉至法院。

【案件争点】

物业服务人书面催交是不是起诉欠费业主的前提。

【裁判摘要】

关于物业服务企业书面催交是不是物业服务企业起诉欠费业主的前提的问题。根据 2009 年《物业纠纷司法解释》第 6 条的规定，物业公司在向业主主张物业管理费及其他相关费用前，应先向业主发出书面催缴通知书，作出此规定主要是为了平等保护当事人利益，通过物业服务企业的书面催缴既可以提醒业主，又可以为业主和物业公司提供沟通机会，符合法律的效率价值。书面催交是业主承担欠费责任的前提，且书面催交的形式应具备合理性。但某忧物业公司没有提供证据证明其在起诉前履行了对陈某的书面催收义务，法院驳回某忧物业公司的诉讼请求。

例案三　成都某宇物业管理有限公司与唐某物业服务合同纠纷案

【法院】

四川省成都市中级人民法院

【案号】

（2020）川01民终6514号

【当事人】

上诉人（原审原告）：成都某宇物业管理有限公司

被上诉人（原审被告）：唐某

【基本案情】

唐某是案涉小区房屋的业主。2014年6月13日，成都某宇物业管理有限公司（以下简称某宇物业公司）与小区第二届业主委员会签订了《物业服务委托合同》，约定由某宇物业公司提供物业管理服务，委托管理服务时间从2014年4月16日起至2019年4月15日止，二楼以上（包括唐某房屋）按1.4元/平方米/月计收，垃圾处置费8元/月。双方在合同中对收费标准约定为"物业服务费交纳……业主于每月1日至18日交纳物业服务费、停车服务费及代收的水费、电费、垃圾费等。逾期未交纳的，乙方（某宇物业公司）有权以通知书、电子邮件、手机短信等书面形式催告甲方（第二届业主委员会）、业主及时交纳。经催告后仍未交纳的，代收的水费、电费，每天按千分之三收取违约金"等内容。2017年5月后，唐某未向某宇物业公司交纳物业服务费。诉讼中，唐某否认某宇物业公司对欠交物管费进行了催收，某宇物业公司也未举证证明其向唐某发出书面催交物管费的通知书。

【案件争点】

物业服务人能否未经催告起诉欠费业主。

【裁判摘要】

根据2009年《物业纠纷司法解释》第6条的规定，物业公司在向业主主张物业管理费及其他相关费用前，应先向业主发出书面催缴通知书，作出此规定主要是为了平等保护当事人利益，通过物业服务企业的书面催缴既可以提醒业主，又可以为业主和物业公司提供沟通机会，符合法律的效率价值。书面催交是业主承担欠费责任的前提，且书面催交的形式应具备合理性。但某宇物业公司没有提供证据证明其在起诉前履行了对唐某的书面催收义务，故起诉条件尚未具备，其起诉应当予以驳回。

例案四 李某与景德镇市某丰物业管理有限公司物业服务合同纠纷案

【法院】

　　江西省景德镇市中级人民法院

【案号】

　　（2020）赣02民终696号

【当事人】

　　上诉人（原审被告）：李某

　　被上诉人（原审原告）：景德镇市某丰物业管理有限公司

【基本案情】

　　2017年4月1日，景德镇市某丰物业管理有限公司（以下简称某丰物业公司）与景德镇市某都房地产开发有限责任公司签订《前期物业委托服务协议》，载明某丰物业公司系案涉小区前期物业服务公司，其服务期限自2017年4月1日起至业主委员会成立并选聘出物业服务企业止，其中高层住宅按每平方米1.2元/月收取物业费用，多层住宅按每平方米0.6元/月收取物业管理费用。李某系案涉小区业主，该房屋系高层住宅，住房面积为××平方米，李某于2017年6月10日支付了一年物业费，自2018年5月起李某未支付物业服务费，故某丰物业公司诉至法院。

【案件争点】

　　本案物业服务人是否符合起诉条件。

【裁判摘要】

　　2009年《物业纠纷司法解释》第6条："经书面催交，业主无正当理由拒绝交纳或者在催告的合理期限内仍未交纳物业费，物业服务企业请求业主支付物业费的，人民法院应予支持。物业服务企业已经按照合同约定以及相关规定提供服务，业主仅以未享受或者无须接受相关物业服务为抗辩理由的，人民法院不予支持。"一方面，书面催交是要求物业服务企业给予业主一定的宽限期，是为了便于争议双方进一步协商处理问题；另一方面，书面催交是为了保留证据、提升诉讼效率而设置的程序，而不是法律或司法解释为物业服务企业设置的起诉前置条件。诉权为公民的基本权利，为《民事诉讼法》所规定，若需设置起诉的前置条件则应由全国人大或其授权机关制定的法律予以明文规定。虽然《民法典》尚未实施，但是结合最新的立法可以探知 2009 年《物业纠纷司法解释》第 6 条的目的。根据《民法典》第 944 条第 2 款规定："业主违反约定逾期不支付物业费的，物业服务人可以催告其在合理期限内支付；合理期限届满仍不支付的，物业服务人可以提起诉讼或者申请仲裁。"从该规定可以看出，已经不再要求必须书面催告，但仍然鼓励物业服务企业给予宽限期。

三、裁判规则提要

业主应当按照合同约定向物业服务人支付物业费，业主逾期支付的，应向物业服务人承担继续履行、赔偿损失等违约责任。《民法典》第 944 条第 2 款规定，业主违反约定逾期不支付物业费的，物业服务人可以催告其在合理期限内支付；合理期限届满仍不支付的，物业服务人可以提起诉讼或者申请仲裁。该条规定给物业服务人通过诉讼或仲裁程序向业主主张权利设置了前提条件，即催告，未经催告或者在催告期限届满前，物业服务人不得提起诉讼或申请仲裁。如物业服务人已经提起诉讼的，人民法院应当驳回其起诉。

（一）业主支付物业费的义务

物业服务合同是物业服务人在物业服务区域内，为业主提供建筑物及其附属设施的维修养护、环境卫生和相关秩序的管理维护等物业服务，业主支付物业费的合同。在物业服务合同中，物业服务人的主要合同义务是为业主提供符合合同约定的物业服务，业主的主要合同义务是按照合同约定的时间和标准向物业服务人支付物业费。《物业管理条例》第 7 条规定："业主在物业管理活动中，履行下列义务：……（五）按时交纳物业服务费用……"《物业服务收费管理办法》第 15 条也规定："业主应当按照物业服务合同的约定按时足额交纳物业服务费用或者物业服务资金。"《民法典》第 944 条第 1 款规定："业主应当按照约定向物业服务人支付物业费。"可见，支付物业费不但是业主的合同义务，而且是其法律规定的义务。

《民法典》第 577 条规定，当事人一方不履行合同义务或者履行合同义务不符合约定的，应当承担继续履行、采取补救措施或者赔偿损失等违约责任。第 579 条规定，当事人一方未支付价款、报酬、租金、利息，或者不履行其他金钱债务的，对方可以请求其支付。如业主未按照物业服务合同的约定向物业服务人支付物业费的，应承担违约责任。物业服务人可以要求业主支付物业费，并按照合同的约定支付相应的违约金。

（二）物业服务人以起诉方式请求业主支付物业费的前置程序

《物业管理条例》第64条规定："违反物业服务合同约定，业主逾期不交纳物业服务费用的，业主委员会应当督促其限期交纳；逾期仍不交纳的，物业服务企业可以向人民法院起诉。"2009年《物业纠纷司法解释》第6条规定："经书面催交，业主无正当理由拒绝交纳或者在催告的合理期限内仍未交纳物业费，物业服务企业请求业主支付物业费的，人民法院应予支持。"《民法典》第944条吸收了上述规定的精神，该条第2款规定："业主违反约定逾期不支付物业费的，物业服务人可以催告其在合理期限内支付；合理期限届满仍不支付的，物业服务人可以提起诉讼或者申请仲裁。"这是以法律的形式，确定了业主欠费时物业服务人提起诉讼或申请仲裁前的催告义务，对物业服务人的权利救济程序进行了规范。①

司法实践中，业主不按约定支付物业费往往存在多种原因，如因对物业服务质量不满意，也有可能是因物业费太高等故意没有支付，或者有可能是因房屋空置或业主在外地忘记支付物业费，并非恶意不交付。通过物业服务人的催告行为及前置程序设置，可以提醒忘记支付物业费的业主主动去支付，也可以提供给物业服务人与恶意不支付的业主进行沟通的机会，了解业主的请求，从而更好地缓解物业服务人与业主的关系，促进小区的和谐。此外，还可以为业主支付物业费提供一定的宽限期和准备时间，这样可以减少物业服务合同纠纷，更好地维系业主与物业服务人的服务关系。

近年来，物业服务企业起诉业主支付物业费的案件越来越多，如果不将催告作为前置程序，则会使物业服务企业将诉讼作为其追缴物业费的手段，则法院成为其追缴的工具，这不仅浪费大量的司法资源，还会引发社会不稳定的现象产生。将催告作为前置程序，如上述所说的可以给物业服务企业和业主一次沟通的机会，消除双方的误会，增强物业服务企业服务的责任，促使其提高服务意识，提高服务水平，满足业主的要求，从而形成物业服务企业和业主相互信任、相互理解的良性服务链条，促进小区人文环境和服务环境更加和谐稳定。

---

① 最高人民法院民法典贯彻实施工作领导小组主编：《中华人民共和国民法典合同编理解与适用（四）》，人民法院出版社2020年版，第2605页。

法律规定物业服务人的催告义务具有十分的必要性与合理性。一方面，物业服务具有一定的公共属性，物业服务人和业主之间友好的关系是物业服务合同顺利履行的重要因素之一，如物业服务人未经催告起诉业主，会造成非故意逾期支付物业费的业主的困扰，激化业主和物业服务人之间的矛盾，甚至可能引发群体性事件，不利于小区安宁；另一方面，一个物业服务区域内的业主数量众多，欠费的业主数量也会不少，物业服务人如不经过催告即通过诉讼向所有欠费业主主张权利，会增加自身的成本，也会造成司法资源的浪费。"明确将催告程序作为物业服务人起诉的前置条件，给予了物业服务人和业主直接沟通、协商的空间，也督促一部分因为各种原因忘记或者暂时无法支付物业费的业主尽快履行义务，有利于双方直接解决纠纷。"[1]

（三）物业服务人的催告义务

关于物业服务人的催告义务还应特别注意以下三点：催告的主体、催告的对象及催告的形式。

1. 催告的主体

《物业管理条例》第 64 条规定，违反物业服务合同约定，业主逾期不交纳物业服务费用的，业主委员会应当督促其限期交纳；逾期仍不交纳的，物业服务企业可以向人民法院起诉。实践中，有观点认为，业主未支付物业费时，业主委员会的督促程序是物业服务人起诉的前置程序，只有在业主委员会督促的期限之后业主仍不交纳的，物业服务人才有权提起诉讼。2009 年《物业纠纷司法解释》实施后，主流观点认为，物业服务人的起诉权利是《民事诉讼法》规定的法定权利，当事人能否起诉以及起诉是否合法均由法律规定，业主委员会的督促程序是行政管理规范，不能限制当事人的基本诉讼权利，且有的物业区域未设立业主委员会，无法满足此条件，如果因此排除物业服务人起诉权利缺乏法律依据。尽管民事主体的诉讼也并非绝对，《民事诉讼法》第 124 条也对诉权进行了限制，但是该种限制应仅在维护当事人意思自治和公序良俗的必要范围内。物业服务企业和业主发生物业费纠纷的，有权根据《民事诉讼法》的规定提起民事诉讼，而不应将物业服务企业的该种诉权建立在业主委员会催交的基础上。否则，不但超越了限制当事人诉权的必要范围，而且无异于以业主委员会的作为或不作为决定物业服务企业是否有权起诉，将架空

---

[1] 最高人民法院民法典贯彻实施工作领导小组主编：《中华人民共和国民法典合同编理解与适用（四）》，人民法院出版社 2020 年版，第 2605 页。

《民事诉讼法》赋予民事主体的诉讼权利。因此,应根据《合同法》和《民事诉讼法》对《物业管理条例》第64条规定进行目的解释,不以业主委员会催告行为为物业服务起诉欠费业主的前置程序。①

《民法典》在《物业管理条例》及2009年《物业纠纷司法解释》规定的基础上,从立法层面确定了业主欠费时物业服务人提起诉讼或申请仲裁应满足的条件:业主存在违反约定逾期不支付物业费的行为;物业服务人催告业主在合理期限内支付;合理期限届满业主仍未支付。相比之下,《民法典》吸收了司法解释的规定,将催告的义务主体确定为物业服务人,这符合权利义务一致原则。②

2. 催告的对象

《民法典》第944条第1款规定,业主应当按照约定向物业服务人支付物业费。《物业纠纷司法解释》第4条规定,因物业的承租人、借用人或者其他物业使用人实施违反物业服务合同,以及法律、法规或者管理规约的行为引起的物业服务纠纷,人民法院可以参照关于业主的规定处理。故,原则上物业费催告的对象为业主。但因《民法典》的出台,物业服务合同由"无名合同"蜕变为"典型合同",使物业服务合同地位提高,双方当事人的权利义务关系得到定型化。当事人在订立物业服务合同时,既可对法律未规定的内容协商一致作为合同内容,又可不采用法律的示范性规范而自行约定合同内容,只要不违反法律的强制性规范即可。③因此,若是物业的承租人、借用人或者其他物业使用人作为主体,未按照合同约定支付物业费的,可参照关于业主的规定,但物业服务人仍然需要区分催告对象,先进行催告,进而提起诉讼或仲裁。

3. 催告的形式

司法实践中各地区法院对"催告"形式的认定也不尽相同。2009年《物业纠纷司法解释》第6条中使用了"书面催交"一词,部分法院认为司法解释规定的"书面催交"包括直接送达、邮寄送达、电子送达、留置送达、张贴等可以有形表现催交内容的方式。除可以有形表现催交内容的方式外,物业服务人还应证明已将催交信息实际送达业主。2020年《物业纠纷司法解释》已经将该条规定删除,而从《民

---

① 最高人民法院民事审判第一庭编著:《最高人民法院建筑物区分所有权、物业服务司法解释理解与适用》,人民法院出版社2017年版,第307页。

② 最高人民法院民法典贯彻实施工作领导小组主编:《中华人民共和国民法典合同编理解与适用(四)》,人民法院出版社2020年版,第2605页。

③ 参见杨立新:《物业服务合同:从无名合同到典型合同的蜕变》,载《现代法学》2020年第4期。

法典》第 944 条第 2 款仅使用了"催告"一词来看，显然放宽了对催告形式的认定，不再仅限定于"书面"形式。物业服务人只要能够有效举证，应当认为以非书面的方式进行的催告也是法律认可的方式。

（四）关于"合理期限"

《民法典》第 944 条第 2 款规定，业主违反约定逾期不支付物业费的，物业服务人可以催告其在合理期限内支付；合理期限届满仍不支付的，物业服务人可以提起诉讼或者申请仲裁。根据该条规定，提起诉讼的前提条件是"合理期限届满仍不支付"，如业主在合理期限内直接表明拒绝支付物业费，此时物业服务人仍然应在合理期限届满后才能提起诉讼，而不能在业主明确拒绝付费后合理期限届满前起诉。这样的规定虽然限制了物业服务人的权利，但并不会对其造成损害，且有利于缓和物业人服务人与业主之间的关系，让双方有足够的时间进行沟通并解决纠纷，尽可能地避免对簿公堂而导致矛盾激化。

对于"合理期限"的认定，人民法院应当根据诚信原则、当地物业服务市场的惯例，来判断物业服务人给予业主的"期限"是否合理。法律规定物业服务人起诉前应履行催告义务的目的，即在于缓和业主与物业服务人之间的关系，尽量避免诉讼。因此，该"合理期限"不宜过短，物业服务人应当给予业主足够的时间来协商处理并支付欠费。

（五）物业服务人未经催告直接起诉的处理

对于物业服务人未按照《民法典》第 944 条第 2 款的规定履行催告义务即向人民法院对欠费业主提起诉讼的司法处理，实践中存在争议。

一种观点认为，对该起诉不予受理。比如，《浙江省高级人民法院民一庭关于审理物业服务合同纠纷案件适用法律若干问题的意见（试行）》第 16 条规定："物业服务人未以书面形式向业主催交物业服务费而直接提起诉讼的，应当告知其先行向业主送达催交通知书；物业服务人坚持起诉的，不予受理。"另一种观点认为，法院应当受理，但应以物业服务人未履行法律规定的起诉前置程序为由，驳回其起诉。还有观点认为，前置程序不影响起诉。

《民事诉讼法》第 119 条规定："起诉必须符合下列条件：（一）原告是与本案有直接利害关系的公民、法人和其他组织；（二）有明确的被告；（三）有具体的诉讼请求和事实、理由；（四）属于人民法院受理民事诉讼的范围和受诉人民法院管辖。"

只要物业服务人的起诉符合上述规定的条件的，人民法院就应当予以受理。不论物业服务人是否履行了催告义务，人民法院均不能以该理由不予受理。驳回起诉是指在人民法院立案后经审查查明原告的起诉不符合法律规定的起诉条件而作出的程序性处理。不符合法律规定的起诉条件主要包括：原告不适格、诉讼请求不属于人民法院受理民事案件的范围、原告起诉未经法定的前置程序等。根据《民法典》第944条第2款的规定，物业服务人通过诉讼向欠费业主主张物业费的，应当先履行催告义务，在业主"合理期限届满仍不支付"的情况下，物业服务人可以提起诉讼。

四、辅助信息

《民法典》

第九百四十四条 业主应当按照约定向物业服务人支付物业费。物业服务人已经按照约定和有关规定提供服务的，业主不得以未接受或者无须接受相关物业服务为由拒绝支付物业费。

业主违反约定逾期不支付物业费的，物业服务人可以催告其在合理期限内支付；合理期限届满仍不支付的，物业服务人可以提起诉讼或者申请仲裁。

物业服务人不得采取停止供电、供水、供热、供燃气等方式催交物业费。

《物业纠纷司法解释》

第四条 因物业的承租人、借用人或者其他物业使用人实施违反物业服务合同，以及法律、法规或者管理规约的行为引起的物业服务纠纷，人民法院可以参照关于业主的规定处理。

《物业管理条例》

第六十四条 违反物业服务合同约定，业主逾期不交纳物业服务费用的，业主委员会应当督促其限期交纳；逾期仍不交纳的，物业服务企业可以向人民法院起诉。

物业服务合同纠纷案件裁判规则第 13 条

物业服务人不得采取停止供电、供水、供热、供燃气等方式催交物业费。如停供造成业主损害的，业主可以请求物业服务人承担损害赔偿等民事责任

【规则描述】　　本条是关于物业服务人不得采取停止供水、供电等方式催交物业费的规则。物业服务人和业主之间的关系是基于物业服务合同建立的相互间平等的合同关系，物业服务人按照约定的标准提供物业服务，业主按照约定支付物业费。业主违反约定逾期不支付物业费的，物业服务人可以催告其在合理期限内支付；合理期限内仍不支付的，物业服务人可以提起诉讼或者申请仲裁。但物业服务人不得采取停止供电、供水、供热、供燃气等方式催交物业费。如停供造成业主损害的，应承担损害赔偿责任。

一、类案检索大数据报告

　　时间：2023 年 9 月 20 日之前；案例来源：Alpha 案例库；案由：物业服务合同纠纷；检索条件：法院认为包含"业主不得以未接受或者无须接受相关物业服务为由拒绝支付物业费"；案件数量：8521 件；数据采集时间：2023 年 9 月 20 日。

　　本次检索获取了 2023 年 9 月 20 日前共 8521 篇裁判文书。从图 13-1 的年份分布可以看到当前条件下此类案件数量的变化趋势。

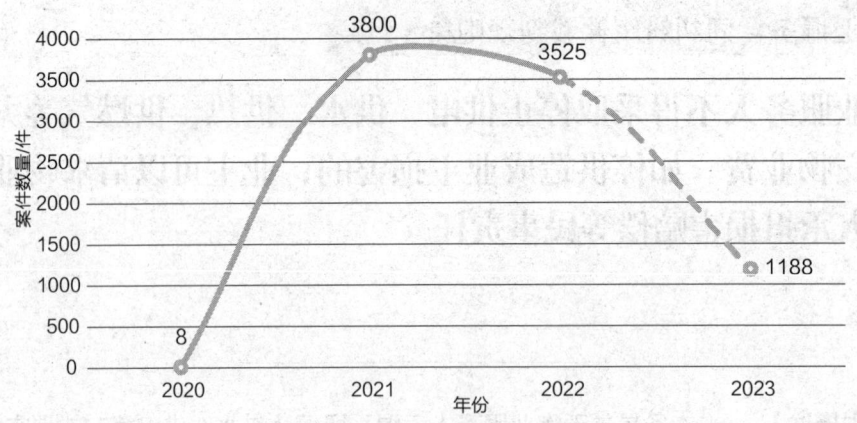

图 13-1　类案时间分布情况

从图 13-2 的程序分类统计可以得出此类案件当前的审理程序分布状况，其中一审案件有 7620 件，二审案件有 882 件，再审案件有 18 件，其他案件有 1 件。

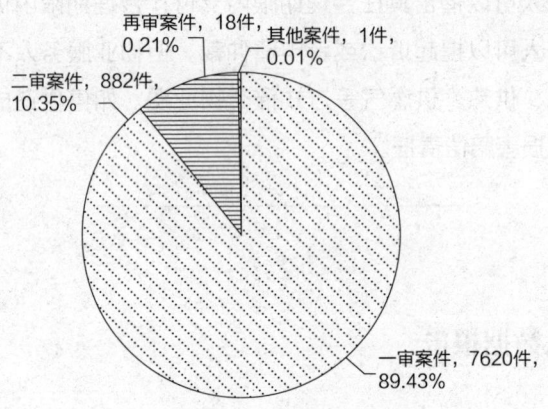

图 13-2　审理程序分布情况

如图 13-3 所示，通过对一审裁判结果的可视化分析可以看到，当前条件下全部/部分支持的有 7352 件，占比为 96.48%；其他的有 178 件，占比为 2.34%；驳回起诉的有 53 件，占比为 0.69%；全部驳回的有 37 件，占比为 0.49%。

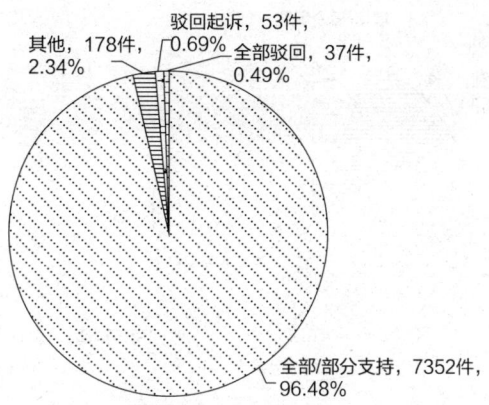

图 13-3　一审裁判结果分析

如图 13-4 所示，通过对二审裁判结果的可视化分析可以看到，当前条件下维持原判的有 706 件，占比为 80.05%；改判的有 171 件，占比为 19.39%；其他的有 5 件，占比为 0.57%。

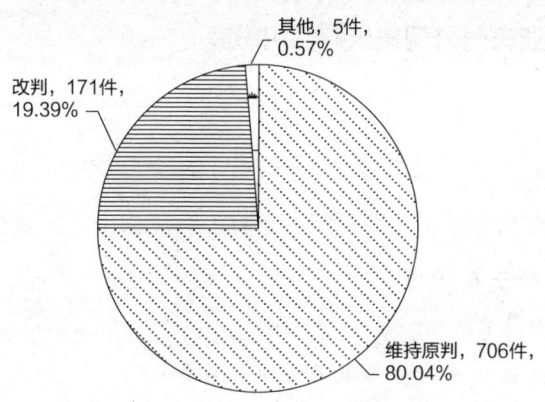

图 13-4　二审裁判结果分析

如图 13-5 所示，通过对再审裁判结果的可视化分析可以看到，当前条件下驳回再审申请的有 15 件，占比为 83.33%；改判的有 2 件，占比为 11.11%；提审/指令审理的有 1 件，占比为 5.56%。

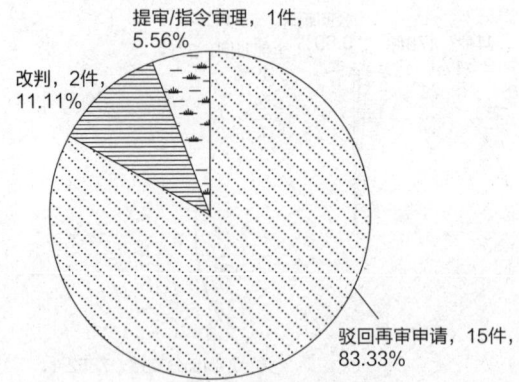

图 13-5 再审裁判结果分析

二、可供参考的例案

例案一　西宁某家物业管理有限公司、青海某石房地产开发有限公司与青海省某益药业有限公司侵权赔偿纠纷案

【法院】

青海省高级人民法院

【案号】

（2009）青民二终字第 10 号

【当事人】

上诉人（原审被告）：西宁某家物业管理有限公司

上诉人（原审被告）：青海某石房地产开发有限公司

被上诉人（原审原告）：青海省某益药业有限公司

【基本案情】

2007 年 4 月 23 日，青海某石房地产开发有限公司（以下简称某石房开公司）与青海省某益药业有限公司（以下简称某益药业公司）签订协议书，约定某益药业公司认购某石房开公司案涉部分房产约 3110.57 平方米。2007 年 5 月 23 日，耿某与某石房开公司签订了一份《商品房买卖合同》，购买某石房开公司开发建设的案涉房屋，用途为商业，建筑面积 2160.07 平方米。2007 年 8 月 16 日，某益药业公司根据股东增资决议，将耿某上述房产转为个人投资本金，该房产转为某益药业公司资产。

2008年3月5日，某益药业公司向某石房开公司承诺保留十个车位供小区住户使用，由某益药业公司受益。

某益药业公司不是普通的小区居民住户，而是兼营药品批发与保健食品零售的企业，其在某石花园的房产作为药品储存仓库，是经营批发零售业务的物流地。2008年3月5日某益药业公司给消费者协会的反映材料中提出：地下室房屋顶部经常发生漏水现象。3月4日7时30分左右，在没有接到任何通知的情况下，西宁某家物业管理有限公司（以下简称某家物业公司）把某益药业公司的电停了。经查：某益药业公司拖欠2007年11月8日至2008年5月3日的水费、2007年12月8日至2008年4月8日电费、2008年1月至6月30日的物业费。

另查明，2005年9月30日西宁供电局与某石房开公司签订了《高压供用电合同》。2007年1月29日某石房开公司出具介绍信给供电局称：原某石房开公司户下所属的南大街×号发生的电费，现申请变更在某家物业公司名下结算。2007年2月1日某家物业公司与某石房开公司签订《客户用电过户（更名）申请单》。2008年5月6日某益药业公司将所拖欠费用交清。因地下仓库屋顶漏水，导致某益药业公司部分药品被浸泡因而变质失效。此外，某家物业公司阻断某益药业公司车辆通行使得其只好另租房屋，造成一定经营性损失。

综合上述案情，某益药业公司与某家物业公司、某石房开公司因仓库漏水、拖欠水费、电费、物业管理费、阻止某益药业公司车辆通行等问题发生纠纷诉至人民法院。

【案件争点】

某家物业公司是否有权采取"拉闸断电"等方式催交物业费，是否应承担侵权责任。

【裁判摘要】

某家物业公司与某益药业公司是基于物业服务合同而产生的权利义务关系。某家物业公司作为物业服务公司主要职能是通过对物业的管理向小区业主提供相应的服务；某益药业公司作为小区业主接受某家物业公司的物业服务，同时接受小区物业管理条例的约束，向物业公司交纳相应的物业管理费用等。物业公司和业主之间的关系是基于物业管理服务合同相互间平等的合同关系，业主支付物业管理费，而物业公司提供物业服务，其可以接受委托代收水、电等费用，物业公司并不是这些基础设施的提供者，其无权停水、断电。本案中，某家物业公司只因某益药业公司未支付部分水费、电费、物业费及违反提供十个车位的承诺，即强行停止给某益药业公司供电、阻止某益药业公司车辆通行，该行为明显违反了物业服务的宗旨。且某益药业公司向某石房开公司承诺保留十个车位供小区住户使用，这是某益药业公司与某石房开公司之间的约定，与某家物业公司无关，约定中也未说明如不遵守承诺，由某家物业公司行使阻断交通的权利。庭审中，其也未向法庭提交双方有不交纳物业费即禁止某益药业公司车辆通行的约定。因此，某家物业公司以某益药业公司未交纳水、电费、物业管理费用强行停止供电、不许车辆通行的行为是不当的，某家物业公司行为构成侵权，应当承担相应的赔偿责任。某益药业公司不是普通的小区居民住户，而是兼营药品批发与保健食品零售的企业，其在某石花园内的房产作为药品储存仓库，是经营批发及零售业务的物流地。某家物业公司阻断交通及擅自断电的行为，影响了某益药业公司的正常经营活动，并给某益药业公司造成了一定的经营损失，某家物业公司的侵权行为与某益药业公司的损害后果之间存在一定的因果关系，法院酌情确定某家物业公司承担部分赔偿责任。

例案二　奚某与凤城市某银物业服务有限公司物业服务合同纠纷案

【法院】

辽宁省丹东市中级人民法院

【案号】

（2021）辽06民终650号

【当事人】

上诉人（原审被告）：奚某

被上诉人（原审原告）：凤城市某银物业服务有限公司

【基本案情】

2016年9月28日，辽宁省凤城市某银物业服务有限公司（以下简称某银物业公司）作为乙方与甲方小区业主委员会签订物业服务合同，合同期限为2016年9月25日至2019年9月25日。该合同约定甲方委托乙方对小区进行物业管理服务。该合同第4条约定"收费标准为：（1）高层住宅每月每平方米收取1.50元（含电梯费0.5元每月每平方米）；（2）车库物业每月每平方米收取1.50元；商业物业每月每平方米收取1.50元；库房物业每月每平方米收取0.50元"。同时该合同对委托管理事项及双方的权利义务等作出约定。

2019年9月27日，某银物业公司（乙方）与小区业主委员会（甲方）签订某河湾小区物业服务合同，合同期限为 2019 年 9 月 25 日至 2024 年 9 月 24 日。约定甲方委托乙方对小区进行物业管理服务。物业收费标准与 2016 年双方签订的合同一致。亦对委托管理事项及双方的权利义务等作出约定。

奚某系小区房屋使用人。奚某房屋为动迁房屋，由其动迁前向案外人购买的平房，动迁安置后由奚某使用。奚某房屋的建筑面积为 86.80 平方米，2018 年 10 月 14 日至 2020 年 10 月 13 日三年拖欠物业费 4687.20 元（86.80 平方米×1.5 元／月／平方米×36 个月）。上述欠费经某银物业公司张贴书面催费通知单，奚某未能给付。

【案件争点】

物业公司能否以停水停电的方式催交物业费。

【裁判摘要】

关于奚某以案涉房屋为回迁房且长期不在该房屋居住为由主张某银物业公司收费标准有误一节。《民法典》第 944 条第 1 款规定："业主应当按照约定向物业服务人支付物业费。物业服务人已经按照约定和有关规定提供服务的，业主不得以未接受或者无须接受相关物业服务为由拒绝支付物业费。"依据上述法律规定，案涉房屋是不是回迁房以及奚某是否实际居住均不能作为其拒绝支付物业费的合法依据。另外，某银物业公司二审中提供的地方政府文件可以作为证明其收费标准的合法性。因此，法院认定奚某应当支付物业费。

关于奚某主张门禁卡和电梯卡未予升级一节。《民法典》第 944 条第 3 款规定："物业服务人不得采取停止供电、供水、供热、供燃气等方式催交物业费。"某银物业公司自认因奚某未交纳物业费，奚某的门禁卡和电梯卡没有得到升级。某银物业公司以此种方式催交物业费违反上述法律规定，但奚某不得以此为由拒绝交纳物业费。若某银物业公司的上述行为给奚某造成了损失，奚某可另案主张权利。

例案三　陈某与某茂天成物业服务集团有限公司武汉第二分公司、某茂天成物业服务集团有限公司物业服务合同纠纷案

【法院】

湖北省武汉市中级人民法院

【案号】

（2020）鄂 01 民终 10552 号

【基本案情】

上诉人（原审原告）：陈某

被上诉人（原审被告）：某茂天成物业服务集团有限公司武汉第二分公司

被上诉人（原审被告）：某茂天成物业服务集团有限公司

原审被告：某德梁行房地产顾问（深圳）有限公司

【基本案情】

陈某系武汉市汉阳区案涉小区业主。2007年5月31日，陈某与某德梁行房地产顾问（深圳）有限公司（以下简称某德梁行公司）签订前期物业服务协议，由某德梁行公司提供物业服务至2012年12月31日。陈某称，2012年10月案涉房屋租赁期满后，因某德梁行公司违规放行导致案涉房屋内物品被租户私自搬空。2013年1月1日起案涉房屋由某茂天成物业服务集团有限公司武汉第二分公司（以下简称某茂物业公司）提供物业服务。陈某称，2013年1月至2月期间其接到某茂物业公司电话称因拖欠物业费被停水停电，直至2017年6月3日。案涉房屋自2012年10月至庭审之日一直处于空置状态。一审庭审中，某茂物业公司否认实施了停水停电行为。某茂物业公司多次向陈某催交物业费未果。物业服务合同均约定了物业服务包括共用设施设备的运行、维护、保安、安全防范等事项的管理。

陈某提供了2015年5月9日由物业客服杨某和陈某分别签名字样的情况说明一份，该情况说明主要内容如下：2012年10月左右，案涉房屋租户将家具全部搬走，某德梁行公司保安未查看放行条，也未通知业主，致使业主蒙受财产损失。某德梁行公司认为案涉房屋系空置房，为避免水管爆裂、电线老化等，在未通知业主的前提下自行停水停电。某茂物业公司于2013年1月1日起接管某长江项目，虽然物业公司更换，但债权债务一并转移，某茂物业公司对于陈某蒙受的财产损失惋惜，对于物业管理上的疏忽不置可否，现就此事对业主回复如下：（1）物业承认管理有疏漏，搬家具出门时值班员应该查证放行条，同时致电业主核实情况，必须经业主或委托人到现场查证后才允许放行，因物业管理疏忽导致业主蒙受损失，此事应由物业承担责任；（2）物业擅自停水停电未事先告知业主（虽然物业出于好意但未征得业主同意属处理不当），此事处理先后顺序不对，特向业主致歉；（3）某茂物业公司接管后，业主与管家沟通中也曾要求恢复供水供电，但是管家回复要求先支付物业费后再送水电，某茂物业公司也未采取措施处理，某茂物业公司对此向业主致歉。

庭审中，某茂物业公司对该情况说明不予认可。结合微信聊天记录、中国移动通信集团湖北有限公司业务收款凭证可以证明陈某向某茂物业公司工作人员杨某、凌某均发送过情况说明并要求转交新任负责人以解决物业费问题,杨某、凌某均未对情况说明提出异议,亦可以说明该情况说明系杨某所签。在某茂物业公司工作人员杨某已在情况说明上签字确认的前提下,再要求业主就杨某是否有权代表某茂物业公司签字事宜向某茂物业公司求证或越过物业工作人员直接向某茂物业公司寻求解决,可能是法律人思考问题、解决问题的方式,但不得不承认该种方式还没有普及成为一般市民的处事原则。物业公司提供物业服务的过程中,长期与业主接触的大多数是其一线工作人员,物业服务纠纷的处理一般也由一线工作人员与业主协商完成。结合本案案情,法院认为,陈某与杨某在情况说明上签字时双方对于杨某系代表物业公司履职应有一致的认识。否认杨某代表某茂物业公司签字不符合签字时双方的意愿及社情民意,对某茂物业公司主张杨某没有授权、事后未得到公司追认,情况说明无效的主张,一审法院不予支持。某贸物业公司主张该情况说明系杨某在受欺骗、诱骗的情况下所签,但未提供证据证明其主张,对该主张一审法院不予支持。

2017年6月3日,在陈某与某茂物业公司工作人员均在场的情况下开通了水电。因陈某长期不在武汉,由某茂物业公司工作人员协助案涉房屋租售事宜,为此陈某将案涉房屋入户门密码交由某茂物业公司工作人员保管。2019年9月陈某向某茂物业公司发送律师函,要求某茂物业公司停止短信骚扰并赔礼道歉,支付财产损失70万元、精神损害5万元。

【案件争点】

物业公司是否有权断水断电。

【裁判摘要】

依照法律规定,供水、供电企业与用水人、用电人之间存在供水、供电合同关系,供水人、供电人在用水人、用电人逾期不交付水电费且经催告在合理期限内仍不交付的情况下有权中止供水、供电,即停水、停电的主体系供水、供电企业,物业服务公司无权停水停电。本案中,虽然陈某无法证实是某德梁行公司还是某茂物业公司对案涉房屋断水断电,但是从某茂物业公司接手案涉小区物业后,陈某向某茂物业公司主张恢复水电,某茂物业公司应为其恢复水电,因未恢复导致陈某房屋无法出租,某茂物业公司应承担相应的赔偿责任。陈某从某茂物业公司接管物业后就主张恢复水电,在双方沟通不畅,某茂物业公司未恢复水电的情形下,其可以通过其他合法手段或法律途径解决问题、维护权利,但是其怠于行使权利,致使案涉房屋从2012年至一审诉讼期间一直处于空置状态,案涉房屋出租不能的主要责任在于陈某,法院据此,结合案涉房屋地理位置、面积及武汉市租房市场行情,酌定某茂物业公司以3500元/月的标准向陈某支付3个月租金损失、某茂天成物业服务集团有限公司承担补充赔偿责任。陈某虽举证证实其为案涉房屋修复支付2000元,但是不能举证证实该款项与案涉房屋断水断电之间存在因果关系,同时陈某亦未提供充足的证据证明某茂物业公司及工作人员侵害其人格尊严并造成严重损害后果,故陈某应承担举证不能的法律后果,对其要求某茂物业公司、某茂天成物业服务集团有限公司返还2000元房屋修复款、停止侵害人格尊严、书面赔礼道歉并赔偿精神损害抚慰金主张不予支持。

例案四 于某与山东某滩物业服务有限公司物业服务合同纠纷案

【法院】

山东省威海市中级人民法院

【案号】

(2018)鲁10民终1526号

【当事人】

上诉人(原审原告):于某

被上诉人(原审被告):山东某滩物业服务有限公司

【基本案情】

于某系案涉小区业主。2005年6月13日,山东某滩物业服务有限公司(原企业名称为乳山市某滩物业管理有限公司,以下简称某滩物业公司)与七台河市某房地产综合开发有限责任公司乳山分公司签订前期物业服务合同书,约定某滩物业公司对案涉小区提供前期物业管理服务。合同第7条约定,业主应于接到入住通知书之日起交纳物业服务费用,物业服务费用按年交纳,业主和物业使用人应在8月30日至9月20日履行支付义务,业主欠交物业服务费的,自欠交之日起计交千分之三的滞纳金,业主欠交物业服务费超过三个月的,按欠交额的20%承担违约金。合同第33条约定,合同期限自2005年6月13日起至业主委员会成立之日止。

2006年5月6日,于某对其购买的上述房屋进行验收交接,并在某滩物业公司出具的验房书上书写注明14项质量问题,其中包含主卧自来水不通。该验房书第4条载明"已收到《业主手册》《业主临时公约》《入住通知书》,并已经仔细阅读"。某滩物业公司提交的《业主手册》包含小区安全用电、用水、用气管理规定。该规定第7条为"业主应及时交纳水、电、气费，不得欠交，逾期不交者将按国家规定罚交滞纳金，对无正当理由欠交供水、电、气费的业主，公司有权停止供水、供电、供气或采取其他有效措施直至交清费用后，恢复供电、供水、供气"。

2008年1月1日，某滩物业公司与小区业主委员会签订红山某小区物业服务委托合同，约定业主委员会委托某滩物业公司对红山某小区提供物业管理服务。

另查，双方均认可因开发商未将主供水管道与案涉房屋的供水管道连接导致于某验收接案涉房屋后一直未能装修并入住使用。另双方均认可于某于2008年4月找到开发商连接供水管道，案涉房屋于2008年5月7日恢复供水。于某已向某滩物业公司支付2006年5月至2008年4月的物业费人民币759元及逾期付款违约金人民币244元。现于某主张系因某滩物业公司未协调开发商解决案涉房屋供水问题导致其在接收房屋后无法入住，某滩物业公司对此予以否认，于某未提交相关证据证实其上述主张。

于某主张案涉房屋如能正常使用，则按市场行情对外出租的年租金为人民币2000元，其曾向中介询问对外出租房屋事宜，但中介告知房屋装修后才能出租。于某认可其未与他人签订过租赁意向书或租赁合同等材料。

于某另主张某滩物业公司于2009年11月29日至12月1日对其停水、停电，其交纳物业费及违约金后水电恢复供应。某滩物业公司对此予以否认，但在一审法院于2010年1月7日立案受理的于某与某滩物业公司物业服务合同纠纷一案中，某滩物业公司提交的答辩状第4条辩称因于某未按时交纳物业费及水电费，故其采取停水、停电的措施向于某催交费用。上述案件审理过程中，于某申请撤诉，一审法院于2016年3月7日作出（2010）乳银民初字第8号民事裁定，裁定准许于某撤回起诉。现于某未提交相关证据证实因某滩物业公司停水停电对其造成的损失范围或大小。

【案件争点】

物业公司是否有权以断水断电的方式催交物业费。

【裁判摘要】

于某与某滩物业公司均应按《前期物业服务合同》履行各自的义务，于某未按约定交纳物业费，某滩物业公司有权按约要求于某支付物业费及违约金。但小区内水电的提供者是自来水公司和供电企业，供用水供用电合同的当事人为小区业主与自来水公司、供电企业，某滩物业公司仅是接受委托代为收取供水、供电费用，无权终止供应水电，因此在于某未交纳物业费的情况下，某滩物业公司也无权采取断水、断电方式催交物业费。某滩物业公司以断水断电催交物业费的行为，侵犯了于某享有的用水、用电权，应对此承担赔偿责任。关于赔偿的数额，虽然停水停电会给业主生活带来不便属于众所周知的事实，但是这种不便所造成的实际损失的数额，并不属于免证事实，需要于某举证证明损失的具体范围及数额，于某作为主张损失成立的一方对此负有举证责任，其未提供证据证明损失的数额，应承担举证不能的法律后果。

三、裁判规则提要

物业服务人并非水、电等公共服务的提供者，在业主未支付物业费的情况下，物业服务人亦不得采取断水断电的方式催交物业费。即使物业服务合同中约定了物业服务人在业主拒交物业费时有权断水断电，该约定也是无效的。如果物业服务人断水断电造成业主损害损失的，应承担损失赔偿责任。

（一）供电人在用电人拒不支付电费时可以按照法定程序断电

《民法典》第648条规定："供用电合同是供电人向用电人供电，用电人支付电费的合同。"供用电合同实际上是一种特殊的买卖合同，即用电人向供电人购买电力以供其使用，同时向供电人支付该电力的价款，双方买卖的标的物是电力。

《民法典》第654条第1款规定："用电人应当按照国家有关规定和当事人的约定及时支付电费。用电人逾期不支付电费的，应当按照约定支付违约金。经催告用电人在合理期限内仍不支付电费和违约金的，供电人可以按照国家规定的程序中止供电。"关于"合理期限"如何确定。根据《电力供应与使用条例》第39条"自逾期之日起计算超过30日，经催交仍未交付电费的，供电企业可以按照国家规定的程序停止供电"的规定，30日可以作为合理期限的参考。关于"国家规定的程序"。《供电营业规则》第70条规定："除因故需要中止供电和可以立即中止供电的情形外，供电企业需对用户停止供电时，应当按下列程序办理：（一）在停电前三至七日内，将停电通知书送达用户，对重要用户的停电，应当将停电通知书报送同级电力管理部门；（二）在停电前三十分钟，将停电时间再通知用户一次，方可在通知规定时间实施停电。"第71条规定："因故需要中止供电时，供电企业应当按照下列要求事先通知用户或公告：（一）因供电设施计划检修需要停电时，应当提前七日通知用户或公告；（二）因供电设施临时检修需要停止供电时，应当提前二十四小时通知重要用户或公告;(三)发供电系统发生故障需要停电、限电或者计划限电、停电时,供电企业应当按照批准的有序用电方案或限电序位执行,有序用电方案或限电序位应当事前公告用户。"

(二)物业服务人可以接受委托代收水电费

供用电合同是由供电人与用电人签订的合同,由供电人直接向用电人供应电力,并由用电人直接向供电人支付用电费用。《物业管理条例》第44条第1款规定,物业管理区域内,供水、供电、供气、供热、通信、有线电视等单位应当向最终用户收取有关费用。实践中,为了收取费用的便利,供水、供电等企业往往会委托物业服务人代为收取物业服务区域内的水、电、燃气等费用。物业服务人在向业主收取相关费用后,再向供水、供电等企业转交。但这种委托代收费的合同关系存在于供水、供电等企业与物业服务人之间,并不对业主产生法律拘束力。业主可以选择向物业服务人支付水电等费用,基于物业服务人与供水、供电等企业之间的委托关系,视为业主向供水、供电等企业支付了费用。业主也可以不通过物业服务人,而直接向供水、供电等企业支付相关费用。

需要注意的是,物业服务人可以接受供水、供电等企业的委托代收相关费用,但因业主并非委托合同关系中的当事人,物业服务人不得基于此向业主要求支付代收手续费用。如果物业服务人认为其因代收付出了相应成本,其应向作为委托人的供水、供电等企业收取手续费用。《物业管理条例》第44条第2款规定:"物业服务企业接受委托代收前款费用的,不得向业主收取手续费等额外费用。"《物业服务收费管理办法》第17条规定:"物业管理区域内,供水、供电、供气、供热、通讯、有线电视等单位应当向最终用户收取有关费用。物业管理企业接受委托代收上述费用的,可向委托单位收取手续费,不得向业主收取手续费等额外费用。"

(三)物业服务人不得采取断水、断电等方式催交物业费

物业服务合同是物业服务人在物业服务区域内,为业主提供建筑物及其附属设施的维修养护、环境卫生和相关秩序的管理维护等物业服务,业主支付物业费的合同。业主应当按照物业服务合同约定的时间和标准向物业服务人支付物业费。业主违反约定逾期不支付物业费的,物业服务人可以催告其在合理期限内支付;合理期限内仍不支付的,物业服务人可以提起诉讼或者申请仲裁。《民法典》第577条规定:"当事人一方不履行合同义务或者履行合同义务不符合约定的,应当承担继续履

行、采取补救措施或者赔偿损失等违约责任。"在业主拒不履行物业服务合同约定的支付物业费义务的情况下,物业服务人可以要求业主承担违约责任,包括支付未付的物业费,承担合同约定的违约金等。

实践中,有些物业服务人会采取断水断电的方式,"逼迫"未支付物业费的业主支付物业费,给业主的生产生活带来很大的困扰。对此,《民法典》第944条第3款规定,物业服务人不得采取停止供水、供电、供热、供燃气等方式催交物业费。这是通过法律的形式,明确禁止了物业服务人的此类行为。

业主未按照约定支付物业费,属于违反物业服务合同约定的行为,物业服务人可以通过合法的渠道,包括催告、诉讼、仲裁,要求业主履行合同义务,并承担违约责任。如前文所述,根据《民法典》第654条的规定,业主拒不交纳电费的,在供电人催告业主在合理期限内仍不支付时,供电人还要按照国家规定的程序才能中止供电。水、电、气、热等资源的供应属于公共服务的提供,中断对某一用户的供应,需要经过严格的程序,即使是水、电等供应单位也不能任意停止供应。物业服务人并非水、电等资源的提供者,其仅系小区物业区域的管理服务人,无论任何情况下,物业服务人均无权对业主断水断电。物业服务人擅自断水断电催收物业费的行为,属于违法行为,也是严重侵害业主合法权益的行为。

有些物业服务人会在物业服务合同中约定物业服务人有权对欠费业主断水断电的条款,但这种条款并不具备法律效力,物业服务人不能据此对欠费业主断水断电。物业服务人并非水、电、气等公共服务的提供者,其对业主断水断电属于违法行为,此类约定显属无效。且《民法典》第944条第3款关于"物业服务人不得采取停止供电、供水、供热、供燃气等方式催交物业费"的规定,属于禁止性规定,物业服务人不得与业主通过合同约定予以排除。故,物业服务人在诉讼中援引此类约定主张其对欠费业主采取断水断电措施有合同依据的,应当认为该主张不能成立。

如果物业服务人断供的行为造成了业主的损失,如断电导致业主无法进行生产经营活动、导致冷库中的货物变质等,业主有权要求物业服务人承担侵权损害赔偿责任,但业主需要对损失与断水断电之间的关系以及损失的具体数额等承担举证责任。人民法院应当根据物业服务人的过错程度、损害后果等因素综合确定赔偿数额。

四、辅助信息

《民法典》

第九百四十四条 业主应当按照约定向物业服务人支付物业费。物业服务人已经按照约定和有关规定提供服务的,业主不得以未接受或者无须接受相关物业服务为由拒绝支付物业费。

业主违反约定逾期不支付物业费的,物业服务人可以催告其在合理期限内支付;合理期限届满仍不支付的,物业服务人可以提起诉讼或者申请仲裁。

物业服务人不得采取停止供电、供水、供热、供燃气等方式催交物业费。

《物业管理条例》

第四十四条 物业管理区域内,供水、供电、供气、供热、通信、有线电视等单位应当向最终用户收取有关费用。

物业服务企业接受委托代收前款费用的,不得向业主收取手续费等额外费用。

《物业服务收费管理办法》

第十七条 物业管理区域内,供水、供电、供气、供热、通讯、有线电视等单位应当向最终用户收取有关费用。物业管理企业接受委托代收上述费用的,可向委托单位收取手续费,不得向业主收取手续费等额外费用。

物业服务合同纠纷案件裁判规则第 14 条

物业服务人利用业主的共有部分产生的收入，在扣除合理成本之后，属于业主共有

【规则描述】 本条是关于业主共有部分收益的分配规则。业主对建筑物内的住宅、经营性用房等专有部分享有所有权，对专有部分以外的共有部分享有共有和共同管理的权利。业主共有部分所产生的收益应属于全体业主共有，物业服务人基于其提供的经营管理服务可享有一定比例的收益，但若双方对共有部分收益的分配另有约定的，应按照约定处理。

一、类案检索大数据报告

时间：2023 年 7 月 21 日之前；案例来源：Alpha 案例库；案由：民事；检索条件：法院认为包含"建设单位、物业服务企业或者其他管理人等利用业主的共有部分产生的收入，在扣除合理成本之后，属于业主共有"；案件数量：77 件；数据采集时间：2023 年 7 月 21 日。

本次检索获取了 2023 年 7 月 21 日前共 77 篇裁判文书。从图 14-1 的年份分布可以看到当前条件下此类案件数量的变化趋势。

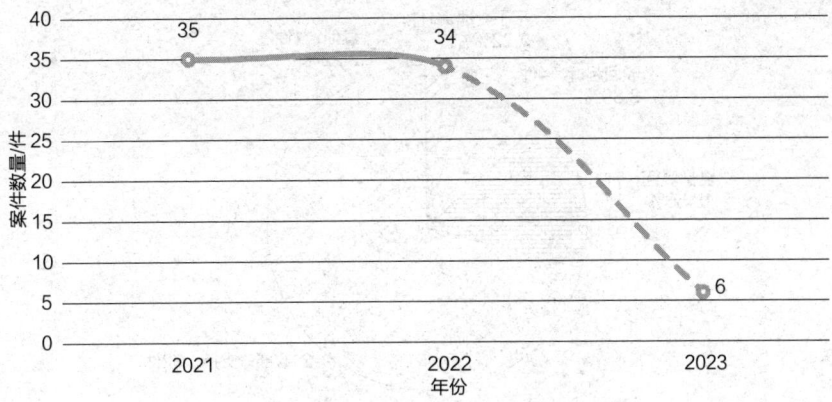

图 14-1 类案时间分布情况

从图 14-2 的程序分类统计可以看到当前此类案件的审理程序分布状况。一审案件有 45 件，二审案件有 30 件。

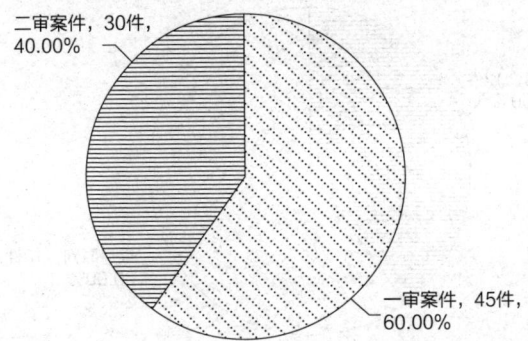

图 14-2 审理程序分布情况

如图 14-3 所示，通过对一审裁判结果的可视化分析可以看到，当前条件下全部/部分支持的有 32 件，占比为 71.11%；全部驳回的有 7 件，占比为 15.56%；驳回起诉的有 4 件，占比为 8.89%；不予受理的有 1 件，占比为 2.22%；其他的有 1 件，占比为 2.22%。

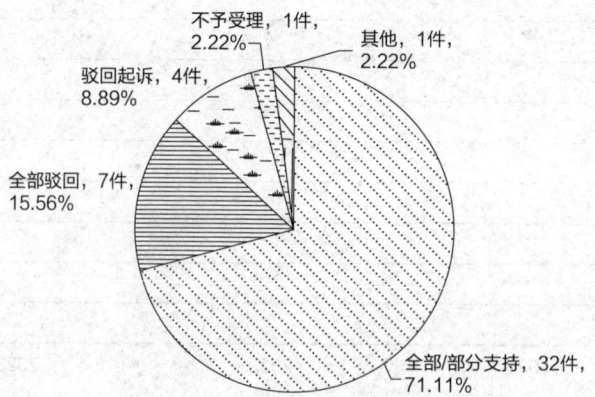

图 14-3 一审裁判结果分析

如图 14-4 所示,通过对二审裁判结果的可视化分析可以看到,当前条件下维持原判的有 18 件,占比为 60.00%;改判的有 12 件,占比为 40.00%。

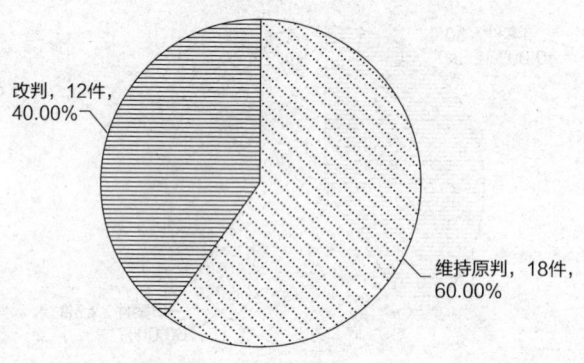

图 14-4 二审裁判结果分析

二、可供参考的例案

例案一　海南某南物业服务有限公司、海口某源物业服务有限公司与海口某源花园小区第一届业主委员会物业服务合同纠纷案

【法院】
海南省海口市中级人民法院

【案号】

（2017）琼 01 民终 3254 号

【当事人】

上诉人（原审被告）：海南某南物业服务有限公司

上诉人（原审被告）：海口某源物业服务有限公司

被上诉人（原审原告）：海口某源花园小区第一届业主委员会

【基本案情】

案涉小区由海南某升实业有限公司（以下简称某升公司）开发建设，2009年11月16日，某升公司与海南某南物业服务有限公司（以下简称某南物业公司）签订《前期物业委托服务合同》，委托某南物业公司提供前期物业服务。2014年6月23日，某南物业公司向某升公司发出《关于退出物业管理的函》，定于2014年7月31日退出小区物业管理服务工作，并于2014年7月5日签订了《前期物业管理服务合同终止协议》，某南物业公司于2014年7月31日全面退出小区物业管理服务工作。由于受超强台风影响，某南物业公司推迟于2014年8月31日才退出小区物业管理。2014年6月30日，某升公司对小区的物业服务企业进行招标，海口某源物业服务有限公司（以下简称某源物业公司）成为中标单位。2014年8月16日，某升公司将中标单位某源物业公司向海口市住房和城乡建设局进行备案，某源物业公司自2014年9月1日起全面接管某源花园小区的物业管理。2014年9月10日，某源物业公司将小区的物业收费向海口市物价局进行了备案。该小区内用地面积1的地上停车位为214个，地下停车位400个，共614个；用地面积2的停车位共计651个，其中地上停车位251个，地下停车位400个。停车位以收费的形式出租给业主，其中地上停车位按90元/辆/月的标准进行收费，地下停车位按200元/辆/月的标准进行收费，对临时进入本小区及无固定车位的车辆，按每次5元/辆的标准收取。2016年3月10日，某源物业公司与案外人海南某文化传媒有限公司签订《租赁合同》，某源公司将小区内的23部电梯广告出租给该公司，每部电梯租金为1000元/年/部，自2016年5月1日至2017年4月30日。2015年8月3日，某源花园小区召开首次业主大会会议，依法选举产生了第一届业主委员会，2015年9月30日，海口某源花园小区第一届业主委员会（以下简称业委会）在海口市秀英区住房保障中心登记备案。业委会于2016年4月向某源公司发出《关于移交相关费用及签订物业服务合同等问题的函》，要求某源物业公司移交电梯广告收入、停车位收入及签订物业服务合同等事宜，并提交了小区部分业主的签名，某源物业公司并未进行处理，遂成讼。

【案件争点】

物业公司是否应向业委会返还案涉小区共有部分经营收益以及返还的具体金额。

【裁判摘要】

依法律规定，案涉小区的电梯、地上停车位应属于全体业主所有，物业公司利用该设施进行经营性活动，产生的收益在扣除合理成本后应用于补充专项维修资金或者由业主共同决定的其他用途。因该收益归全体业主所有，具有共有的性质，因此，依法成立的业委会，有权在全体业主授权范围内，以其名义代全体业主向某南物业公司、某源物业公司主张相关民事权益。

关于某源花园小区2013年至2017年3月期间的地上停车位和电梯广告的经营收益的问题。根据法律规定，小区内的公共收益应归全体业主所有，但该收益应是收入扣除必要的服务管理成本之后的收益。本案中，业委会并无充分、确切的证据证明小区电梯投入运营获取的广告费数额，也无充分证据证明某源花园小区自入住后地上停车位的实际出租率及实际收益，其关于全额返还所诉请的地上停车费及电梯广告收入的主张缺乏事实和法律依据。某南物业公司、某源物业公司提供的地上停车位及电梯广告收入支出清单系单方制作的材料，其均抗辩称两项收益均用于管理人员的工资、税费及养护，已无剩余，亦缺乏证据及法律依据。故本案应综合考虑小区地上停车位及电梯的实际运营成本，合理认定案涉设施经营性收益返还给业委会的比例。根据本案证据及查明的事实，案涉小区一期于2011年1月交房，二期于2014年3月交房，小区前期实际入住率不高，小区公共设施尚待完善升级，物业公司利用小区地上停车位及电梯进行经营的成本相对较高，且某南物业公司、某源物业公司前后确实对某源花园小区的停车位隔栏杆、停车系统、电梯进行过维护、维修、升级等服务管理，客观上必然产生相应的设备成本、税费以及人工等实际费用支出，结合近年来物价上涨、设施运营成本增加、双方所提交的证据的证明力等因素综合考虑，应在收益费用基础上，扣除收益的70%作为某南物业公司、某源物业公司经营地上停车位、电梯广告的服务管理成本、人工成本、税金及合理利润，剩余30%的收益返还给业委会。

例案二　重庆某力物业管理有限公司与某业公寓业主委员会物业服务合同纠纷案

【法院】

重庆市第一中级人民法院

【案号】

(2019) 渝 01 民终 8896 号

【当事人】

上诉人（原审原告、反诉被告）：重庆某力物业管理有限公司

被上诉人（原审被告、反诉原告）：某业公寓业主委员会

【基本案情】

从 2015 年 1 月 1 日至 2019 年 2 月 28 日，重庆市两江新区某业公寓小区由重庆某力物业管理有限公司（以下简称某力物业公司）提供物业服务。2017 年 9 月 20 日，某业公寓业主委员会（以下简称业委会）作为甲方与某力物业公司作为乙方签订《某业公寓物业服务合同》。第 3 条约定，甲方委托乙方提供的物业服务的主要内容为物业共用部分的日常维修、养护和管理。第 6 条约定，本物业管理区域的物业服务收费方式实行包干制。物业服务费用的构成包括物业服务成本、法定税费和物业管理企业的利润。第 12 条约定，物业服务费包含房屋、设备设施的小修保养，大修、中修未包含在内，其中单项维修费用总和在 200 元（含）以下为小修项目，除此以外，为大修、中修项目。第 16 条约定，乙方利用属于全体业主所有的其他共用部位、共有设施设备进行经营，应当征得甲方业委会相关人员的同意，所得收益具体情况详见附件 4。第 39 条约定，本合同正本连同附件 20 页，一式三份，甲乙双方及物业管理行政主管部门（本案）各执一份，具同等法律效力。合同附件：(1) 物业构成明细；(2) 公用设施设备明细；(3) 物业部分共用设施设备运行情况查验表；(4) 公共收益其他约定。

附件 4 约定如下：(1) 甲方同意将物业管理区域内除专有部分外的电梯、过道、楼梯、水箱、外墙面、楼顶、水电气通讯的主管线以及道路、绿地、空地等公共场所和公用设施开展有偿使用，并委托乙方实施和管理。(2) 以上有偿使用所获收入由乙方扣除 45% 的管理费用（不能高于 50%）后，余下公益收益属于业主共有。该份文件尾部有业委会盖章，并有虞某、李某等人签字，其中，虞某签字时间为 2017 年 10 月 16 日。2017 年 10 月 25 日，该份物业服务合同在重庆市国土资源和房屋管

理局两江新区备案。关于附件4第2条约定的"由乙方扣除45%管理费用"中的"45"系书写体，且该书写体有明显改动痕迹。某力物业公司和业委会均称没有合同原件，只有复印件，而该份当庭提交的加盖房管局复印属实印章的复印件系某力物业公司从重庆市国土资源和房屋管理局两江新区调取。业委会认为物业服务合同共20页，附件4系物业服务合同最后一页，即第20页，因45%有明显涂改痕迹，且无骑缝章，没有业委会盖章予以确认，加之双方均没有合同原件，故对附件4真实性不予认可。双方约定的分摊比例应为20%；某力物业公司认为双方分摊比例应为合同中手写的45%。

2015年2月5日，某力公寓业主大会议事规则第31条约定：利用物业共用部位、共用设施设备进行经营，由所服务的物业服务企业/业委会按照业主大会的决定代表业主与经营单位签订有关协议，所得收益除支付物业服务企业工作酬金外主要用于补充专项维修资金，由业主大会决定业委会提出的分配、使用方案。

另查明：2014年11月5日，张某作为承租人（乙方）与业委会作为出租人（甲方）签订租赁合同。关于张某的租金，业委会认可其自行收取。关于广告收益，均由某力物业公司代收。

庭审中，某力物业公司认为其诉求组成为：2015年1月1日至2019年2月28日A栋门厅门市出租租金496150.22元，户外广告费收入64900元，其中2015年1月1日至2017年8月31日止提取比例为20%，2017年9月1日至2019年2月28日提取比例为45%。业委会应支付其153360.9元管理费。

业委会认为其反诉请求组成为：2015年至2019年2月期间，某业公寓小区公共收益为89800元，从2017年10月起提取20%作为商业管理费。扣除支出17111元，某力物业公司应返还63468元。

【案件争点】

张某租金收入是否纳入公共收益部分进行分摊及公共收益部分的分摊比例是多少。

【裁判摘要】

关于张某租赁房屋租金是否纳入本案公共收益予以分配的问题。张某与业委会于2014年11月15日签订《租赁合同》租赁案涉房屋，某力物业公司在之后进入小区提供物业服务，租金由业委会收取，张某向某力物业公司支付了相应物业管理费用，某力物业公司对案涉房屋没有提供除物业服务外的物业管理，根据民法责、权、利相一致的原则，某力物业公司该项诉讼请求不予支持。

关于对公共收益的分配比例问题。从本案证据来看，双方举示的证据均为复印件，且明确双方现均不持有合同原件。双方举示的《某业公寓物业服务合同》附件4第2条约定分摊比例中的"45"%系手写，且均有明显改动痕迹，附件4作为该份合同的最后一页，未加盖有合同骑缝章。从常理来看，房管局存档的复印件应当是某力物业公司提交存档。加之某力物业公司自认双方在签订《某业公寓物业服务合同》之间的分摊比例为2∶8，故应当由某力物业公司对分摊比例协商为"45%"承担举证责任，在某力物业公司未举示其他证据予以佐证的情况下，法院认定业委会的陈述，双方合同约定的某力物业公司的分摊比例应当是20%。同时，对分配比例的重大调整涉及全体业主的利益，属于小区事务的重大事项，应当符合相关程序并采取慎重和谨慎的处理方式。法院根据本案中当事人提交证据的证明力及相关陈述确定分配比例为2∶8。

例案三　广汉市某城一号业主委员会与德阳市某兴物业有限责任公司物业服务合同纠纷案

【法院】

德阳市中级人民法院

【案号】

（2016）川06民终603号

【当事人】

上诉人（原审原告）：广汉市某城一号业主委员会

被上诉人（原审被告）：德阳市某兴物业有限责任公司

【基本案情】

2015年5月19日，德阳市某兴物业有限责任公司（以下简称某兴物业公司）将其提供物业服务的案涉小区内的密集绿道树木移植到别处，因未向业主通知，在施工过程中引起部分业主的不满。业主于2015年5月19日17时许向广汉市公安局经济开发区派出所报警。2015年5月22日，某兴物业公司在致全体业主的致歉信中承诺将移植的所有树木全部恢复，并保证其成活率。后某兴物业公司将移栽的12棵树木全部恢复原状。关于物业共用部位收益，某兴物业公司公布了2012年5月26日至2012年12月31日、2013年1月1日至2013年12月31日、2014年1月1日至2014年12月31日物业共用部位收益表，显示三年共计收益为80190元。招商成本、法定税费等支出共计 12740.64 元，以及补充公区用电费共计 344636.83 元。广汉市某城一号业主委员会（以下简称业委会）与某兴物业公司签订的《前期物业服务合同》第 4 条约定："本合同约定的物业服务费用不包括公共区域水电公摊费、共用能耗费、公众责任险、电梯运行能耗及维保费用……"第 10 条约定："其他位置的广告收益用于补充乙方物业管理服务费用的不足，属开发建设单位部分的收益不在此列。"《临时管理规约》第 4 条约定："利用物业共有部分经营所有收益，除开发商合同声明保留权益之外属于全体业主共有，用于补充物业服务费用的不足。"

上述事实，有业委会备案信息、某兴物业公司的营业执照、某兴物业公司组织机构代码证、被挖树木视频及图片、致歉信、意见回复、物业共用部位收益表、《前期物业服务合同》、临时管理规约、纳税凭证、电费发票、询问笔录及当事人双方的陈述等证据予以证实，足以认定。

【案件争点】

关于物业共用部分的收益 80200 元是否应当返还给全体业主。

【裁判摘要】

业委会主张《前期物业服务合同》和《临时管理规约》中关于共有部分收益用于补充物业服务费用的不足的规定违反了《物业管理条例》第 54 条规定，应属无效条款。根据《物业管理条例》第 54 条规定："利用物业共用部位、共用设施设备进行经营的，应当在征得相关业主、业主大会、物业服务企业的同意后，按照规定办理有关手续。业主所得收益应当主要用于补充专项维修资金，也可以按照业主大会的决定使用。"本案中，根据某兴物业公司与业主签订的《前期物业服务合同》第 4 条约定"本合同约定的物业服务费用不包括公共区域水电公摊费、共用能耗费、公众责任险"，即业主支付的物业服务费用不包括公共区域水电公摊费。根据《临时管理规约》第 4 条第 4 项规定："利用物业共有部分经营所得收益，除开发商合同声明保留权益之外属于全体业主共有，用于补充物业服务费用的不足。"故某兴物业公司共用设施设备收益用于补充物业公共区域用电的行为并无不当。结合审理查明的事实，某兴物业公司提供的证据证实某兴物业公司已支付的公共区域电费已达 344636.83 元，共用设施设备收益不足以弥补公共区域电费，故法院认为业委会主张某兴物业公司返还物业共用部分的收益 80200 元没有依据。

例案四　重庆某辉物业管理有限公司与某龙城第二届业主委员会物业服务合同纠纷案

【法院】

重庆市第五中级人民法院

【案号】

（2016）渝 05 民终 5397 号

【当事人】

上诉人（原审被告）：重庆某辉物业管理有限公司

被上诉人（原审原告）：某龙城第二届业主委员会

【基本案情】

重庆某辉物业管理有限公司（以下简称某辉物业公司）系案涉小区的前期物业服务公司，从 2005 年起为该小区提供物业服务至今。庭审中，双方均陈述某辉物业公司进驻小区时与小区开发商未签订前期物业服务协议。某辉物业公司进驻某龙城小区后，将小区内的公共部位和公共设施用于经营，主要是将物业用房用于出租并收取租金，将公共绿地改造成停车场进行出租并收取租金以及将公共道路用于停车收费，将电梯轿厢内壁用于出租给广告公司并收取租金等。庭审中，某龙城第二届业主委员会（以下简称业委会）提交了加盖有某辉物业公司公章的《某龙城 2013 年公共收支》，显示该小区 2013 年度公共收益共计 278186 元。业委会还提交了《某龙城 2013 年公共收益》，显示该小区 2013 年度公共收益共计 336808 元，业委会述称该份文件是某辉物业公司提交给业委会的，但未举示证据予以证明，某辉物业公司予以否认。对比《某龙城 2013 年公共收支》"收入"部分和《某龙城 2013 年公共收益》，各有 20 项公共收益，其中前者包含的"康基饮水租金"2400 元在后者中显示为 1200 元；前者包含的"临时停车费"为 30818 元，并备注"按比例分摊：75 个室外车位 +165 个室内车位 =90640×0.34=30818"，而后者显示的"临时停车费"收入为 90640 元；其他项目及具体收入均相同。某辉物业公司述称 2013 年小区内临时停车费总额为 90640 元，经某辉物业公司与业委会协商将其中的 34% 即 30818 元作为公共收益，业委会否认双方曾就此进行过协商；某辉物业公司未举示证据予以证实。

除 2013 年公共收益数据外，某辉物业公司未向业委会提供其他年份的公共收益数据，也未将其他年份的公共收益予以公示。庭审中，业委会主张因某辉物业公司未向业委会提供该小区其他年份的公共收益数据，故参照《某龙城 2013 年公共收益》

显示的年度公共收益数据计算 2011 年 1 月至 2015 年 3 月期间的公共收益，并自愿主张某辉物业公司向其支付总公共收益的 70%，其余部分归某辉物业公司所有。庭审中，某辉物业公司称小区公共收益已用于小区全体业主的公共开支，已无结余，且开支事项均不属于专项维修资金所涵盖的范围。但某辉物业公司未举示证据证明其将公共收益用于其所称的公共开支得到了相关业主、业主大会的授权或同意。

【案件争点】

业委会与物业公司对共有收益的分配比例如何认定。

【裁判摘要】

根据《物业管理条例》的相关规定，利用物业共用部位、共用设施设备进行经营的，应当在征得相关业主、业主大会、物业服务企业的同意后，按照规定办理有关手续。业主所得收益应当主要用于补充专项维修资金，也可以按照业主大会的决定使用。物业服务企业擅自占用、处分业主共有部分，改变其使用功能或者进行经营性活动，业委会请求物业服务企业将扣除合理成本后的收益给付业委会的，人民法院应予支持，物业服务企业对成本的支出及其合理性承担举证责任。某辉物业公司进驻某龙城小区后，将小区内的公共部位和公共设施用于经营，将物业用房用于出租并收取租金，将公共绿地和公共道路改造成停车场进行出租并用于停车收费，将电梯轿厢内壁出租给广告公司并收取租金等。业委会有权要求某辉物业公司将扣除合理成本后的收益给付业委会。

某辉物业公司在经营期间所产生的支出是否应当扣除的问题。在二审期间，某辉物业公司虽然举示了小区水电费开支、物业公司租用了房屋和车位的租赁合同及 2011 年至 2015 年 3 月间的公共收益情况，业委会对此均不予认可，某辉物业公司也未举示充分的证据证明上述证据所反映的费用支出是否与其利用小区公共部分进行经营的支出和成本存在关联，且除 2013 年外其他年份的收入和支出得到了小区相关业主、业主大会的同意，故法院认为其他时间段的公共收益仍应参照 2013 年小区公共收益标准进行计算。法院确定小区公共收益的 70% 归小区业主所有，其余部分归物业公司。

综上所述，某辉物业公司未经业主大会同意即将业主共有部分进行经营，业委会有权要求某辉物业公司将扣除合理成本后的收益给付业委会，用于补充专项维修资金或者业主共同决定的其他用途。

三、裁判规则提要

依照《民法典》第 271 条之规定，业主对共有部分享有共有和共同管理的权利，而"共有部分"属于抽象概念和不确定性概念，其涵盖范围亦难以通过列举的方式予以穷尽，我国立法采取了"排除加列举"的模式，有助于共有部分的识别。基于建筑物区分所有权中的共有权，就利用共有部分所取得的收益属于全体业主共有，业主大会有权决定其使用方式，但应当限定于"物业管理方面的需要"，以保障全体业主的利益。共有部分由物业服务人进行经营管理的，基于其付出的劳动，物业服务人应有权享有一定比例的收益，但如果双方另有约定的，即便约定由物业服务人收取全部或大部分收益，亦应按照约定处理。

（一）业主共有部分的范围

建筑物区分所有权是一种特殊的不动产所有权形态，是权利人对一栋建筑物中专有部分的专有权、对共有部分的共有权以及因共有关系而产生的管理权的结合。而对业主共有部分范围的合理界定，则是业主共有权正当行使和有效保护的前提条件。如何识别共有部分，确定其范围，各国、各地区立法有不同的规定，总的来看，主要有三种典型的识别模式：一是排除式，即认为建筑物专有部分以外的部分为共有部分，典型的立法例为日本和我国台湾地区；二是列举式，即采用列举方法规定哪些属于共有部分，如意大利；三是排除与列举、推定相结合式，这是大多数国家采取的方式。[①]

从《民法典》第二编"物权"第六章"业主的建筑物区分所有权"及《建筑物区分解释》规定的内容来看，我国对业主共有部分范围的划分，主要采取的是"排除加列举"的方式。

《民法典》第 271 条规定："业主对建筑物内的住宅、经营性用房等专有部分享有所有权，对专有部分以外的共有部分享有共有和共同管理的权利。"该条款是典型的排除式识别模式，将建筑物专有部分以外的部分均认定为业主共有部分，因专有部分与共有部分的区分显然是互相排斥的，对于符合专有部分组成部分条件的，自然应归属相应权利人专有使用，而不属于共有部分。

《建筑物区分解释》第 3 条第 1 款第 2 项亦规定："除法律、行政法规规定的

---

① 焦富民、陆一：《论建筑物区分所有权中业主共有权的保护》，载《比较法研究》2007 年第 5 期。

共有部分外，建筑区划内的以下部分，也应当认定为物权法第六章所称的共有部分……（二）其他不属于业主专有部分，也不属于市政公用部分或者其他权利人所有的场所及设施等。"根据该条款，同时满足以下两个条件的应当认定为共有部分：（1）不属于业主专有部分；（2）不属于市政公用部分或者其他权利人所有。鉴于实践中部分小区建筑规划内道路有属于市政道路的情况及部分公用设施如公用电话设施、供水、供电设施等，其所有权属于相关权利人的情况，有必要对该部分建筑或设施设备排除出业主共有部分的范围。

《民法典》第274条规定："建筑区划内的道路，属于业主共有，但是属于城镇公共道路的除外。建筑区划内的绿地，属于业主共有，但是属于城镇公共绿地或者明示属于个人的除外。建筑区划内的其他公共场所、公用设施和物业服务用房，属于业主共有。"该条款对建筑区划内的道路、绿地、物业服务用房采用的即是列举的方式。《建筑物区分解释》第3条第1款第1项亦作了补充规定："除法律、行政法规规定的共有部分外，建筑区划内的以下部分，也应当认定为物权法第六章所称的共有部分：（一）建筑物的基础、承重结构、外墙、屋顶等基本结构部分，通道、楼梯、大堂等公共通行部分，消防、公共照明等附属设施、设备，避难层、设备层或者设备间等结构部分……"

因此，在"排除加列举"的立法方式下，对于业主共有部分范围的覆盖已较为全面，结合我国相关法律规定，一般认为，业主共有部分应当包括：（1）维持建筑物安全所必需的建筑物主体结构除专有部分以外的其他部分，如承重墙、屋顶等；（2）供区分所有权人共同使用的建筑物的附属物部分，如走廊、电梯等；（3）地基；（4）应为专有部分客体而具有封闭性空间，但依住宅所有权人全体约定，供全体或部分区分所有人共同使用的部分。① 在业主与建设单位、物业服务人或其他主体产生争议时，可比照列举内容并结合排除式规则予以识别认定。

（二）共有部分收益属于全体业主所有，业主大会有权决定其使用方式

依据《民法典》第271条之规定，业主对于小区共有部分享有共有权，共有权是所有权形态上主体为多数的表现形式。建筑物区分所有人对共有部分的共有权，是指区分所有人依照法律、合同以及区分所有人之间的规约，对建筑物的共用部分、

---

① 参见最高人民法院民事审判第一庭编著：《最高人民法院建筑物区分所有权、物业服务司法解释理解与适用》，人民法院出版社2009年版，第196页。

基地使用权、小区的公共场所和公共设施等所共同享有的财产权利。①《民法典》第240条规定："所有权人对自己的不动产或者动产，依法享有占有、使用、收益和处分的权利。"共有作为所有权形态的一种特殊表现形式，除了法律另设的共有权行使的特殊规定，自然也具有所有权的全部权能。因此，全体业主基于对共有部分享有的共有权，自亦对该共有部分所产生的天然孳息以及利用共有部分经营所获取的收益享有共有权及共同管理的权利，只是在权利的行使方面需遵循法律所设定的特殊规则。

实践中，由于业主人数较多，由全体业主自行管理不符合实际情况，一般小区共有部分均委托由物业服务人进行管理并代为收取收益，而该部分收益往往会成为双方争夺的焦点，实践中争议较多的就是物业服务人利用小区外墙、电梯发布广告，出租物业服务用房，利用小区地面停车位等获取的收益的归属及分配问题。应当明确的是，在业主与物业服务人之间存在的是物业服务法律关系，业主为共有部分的共有权人，即便物业服务人代为管理、收费，但业主并未有让渡共有部分收益权的意思表示，权利主体并未发生转移，因此，就利用业主共有部分所产生的收益，应属于全体业主所有，物业服务人对该经营收益并不享有权利，当然，双方对此另有约定的除外。即便物业服务人可从其管理、服务行为中获取一定的收益，但该收益的实质是其基于物业服务法律关系所获取的报酬，而非基于其对共有部分的收益权。

业主享有对共有部分占有、使用、收益的权利，并有权决定共有部分收益的管理和使用。《物业管理条例》第54条规定："利用物业共用部位、共用设施设备进行经营的，应当在征得相关业主、业主大会、物业服务企业的同意后，按照规定办理有关手续。业主所得收益应当主要用于补充专项维修资金，也可以按照业主大会的决定使用。"专项维修资金主要是指属于全体业主共有的，用于物业共有部位的特定事项进行维护的资金，实践中多指住宅专项维修资金，专项用于住宅共用部位、共用设施设备保修期满后的维修和更新、改造。根据《住宅专项维修资金管理办法》规定，住宅专项维修资金管理实行专户存储、专款专用、所有权人决策、政府监督的原则，主要来源于业主交存、共有部分经营收益及维修资金的增值部分，因此，将共有部分所得收益用于补充专项维修资金符合全体业主利益。业主大会作为代表和维护物业管理区域内全体业主利益的组织，有权决定共有部分收益的使用方式，除用于补充专项维修资金外，业主大会亦可决定用于小区日常维修、公共设施设备

---

① 参见王利明：《物权法论》，中国政法大学出版社2008年版，第164页。

更新改造等。实践中,在业主与物业服务人就共有部分经营收益的归属产生争议时,业主要求物业服务人返还经营收益的,亦应当由全体业主共同决定,并由经过业主大会授权的业主委员会作为诉讼主体,未经过授权的业主委员会或业主个人,并无权请求返还。

实践中出现较多的一种情况是,经过业主委员会决定即将小区共有部分收益通过现金分红的方式分配给业主个人,该种做法值得商榷。一是根据《物业管理条例》第54条的规定,业主委员会并无权决定共有部分收益的处理;二是将共有部分收益直接分配给业主个人的方式也不符合相关规定。首先,虽然《物业管理条例》第54条规定了共有部分收益"也可以按照业主大会的决定使用",并未限制具体使用方式,但从条文表述来看,该等使用方式应是与前项规定的"补充专项维修资金"至少同等或类似目的的用途,即应是为整个小区的维护管理和全体业主的利益服务。部分地区如浙江、上海、湖南等对共有部分收益的用途作了相应的限制性规定。比如,《浙江省物业管理条例》第46条规定:"利用物业共用部位、共用设施设备进行经营活动的……业主所得收益主要用于补充专项维修资金,也可以按照业主大会的决定用于物业管理方面的其他需要。"又如,《上海市住宅物业管理规定》第51条第3款规定:"公共收益应当主要用于补充专项维修资金,也可以按照业主大会的决定使用。公共收益主要用于补充专项维修资金的,应当按季度补充专项维修资金,补充比例应当高于百分之五十;剩余部分应当按照业主大会或者共同拥有该收益业主的决定,用于业主大会和业主委员会工作经费、物业管理活动的审计费用、拥有该收益业主的物业维护费用或者物业管理方面的其他需要。"该条规定明确业主大会有权决定共有部分收益的使用方式,但将其限制在"物业管理方面的需要",该规定契合建筑物区分所有权的内涵及共有部分收益的性质。将经营收益通过现金分红的方式分配给业主个人,从形式上看并未损害业主利益,但应注意的是,建筑物区分所有权中业主的共有权是一种特殊的共有,其共有主体"全体业主"所包含的具体对象是不确定的、动态的、变化的,具体业主可能随时会通过房屋转让等途径发生变化,而将收益直接分配给特定的业主个人,显然损害了后续受让房屋的业主的利益。其次,专项维修资金金额实际有限,在小区交付初期,各项公共设施设备均刚刚投入使用,所需维修费用有限,且由房地产开发企业承担保修责任,一般情况下均无使用的必要,但在小区交付后期,特别是交付超过十年的小区,公共设施设备日益老旧,电梯、变压器、消防系统等公共设施设备需要维修、更新的部位会越来越多且均耗费巨大,仅依靠有限的专项维修资金必将难以为继,依照《住宅专项维修资金管理办法》第 17 条之规定，在业主分户账面住宅专项维修资金余额不足首期交存额 30% 的，即应当开始续筹，而现实情况是，向小区业主续筹维修资金几乎难以成功。因此，将共有部分收益分配给业主的行为，最终将会损害全体业主利益，现有立法并未对共有部分的收益分配作出明确的限制性规定，仅依靠地方政府规定难免约束乏力，考虑到该部分收益的性质，应当参照专项维修资金的相关规定，对共有部分收益的管理和使用作出进一步的规定，将其用途限定于"物业管理方面的需要"，并应明确不得提取、分配给业主个人。

（三）对物业服务人管理期间产生的共有部分收益，物业服务人应享有一定比例的收益

物业服务人对业主共有部分进行经营管理，有助于业主共有财产的保值增值，同时亦符合物的效能原则，业主共有部分如会所、物业服务用房等长期闲置且还需要业主支付高额的维护费用，明显与业主的利益相悖。而对于利用业主共有部分所产生的收益的分配问题，则是关系业主与物业服务人利益的核心问题，既要保障全体业主对共有部分的收益权，又要避免物业服务人怠于经营管理的情况出现。比如，业主与物业服务人已对物业服务人管理期间产生的共有部分收益分配方式有约定的，应当按照约定处理，未约定或未明确约定的，则应当由法院综合案件情况，根据公平原则予以合理分配。

在《最高人民法院公报》2010 年第 5 期刊载的"无锡市某业主委员会诉上海某物业管理有限公司等物业管理纠纷案"中，法院即认为："本案中双方对该部分收益的分配没有合同根据，故应当按照法律规定进行分配。由于我国法律对此没有具体规定，故法院认为应当在不违反法律原则的前提下，公平合理分配共有部分物业的管理收益。物业管理有其特殊性，物管企业在实施物业管理期间，其服务的对象为小区业主，而其对共有部分进行管理时，业主并不给予报酬。如果物管企业付出管理成本后不能获得经济回报，这对物管企业是不公平的。同时，小区共有部分作为小区全体业主的共有物，全体业主才是该物的所有权人，如果在收益分配上排除业主的权利，显而易见，这有悖法律原则。据此，在存有小区共有部分管理收益的情形下，该收益应主要归属于全体业主享有，同时物管企业付出了管理成本，也应享有合理的回报。"

一些地方政府的规范性法律文件也已对业主与物业服务人之间的收益分配问题作了相关规定，如《江苏省物业管理条例》则对收益分配比例作了更加明确的规定，

其中第 65 条规定:"业主大会成立前,需要占用业主共有的道路或者其他场地停放汽车的,应当在前期物业服务合同中约定。物业服务企业应当将汽车停放费单独列账,所得收益的百分之七十纳入住宅专项维修资金,其余部分可以用于补贴物业服务费。业主大会成立后,需要占用业主共有的道路或者其他场地用于停放汽车,以及利用业主共有部分、共用设施从事广告等经营性活动的……收益按照业主大会或者业主大会授权的业主委员会决定、物业服务合同约定使用;没有决定或者约定的,按照前款规定使用。"

因此,就共有部分收益的分配问题,从公平原则出发,在确认全体业主共有权的基础上,对物业服务人的管理行为给予一定的回报,应是平衡双方之间利益冲突的有效路径。

(四)物业服务人与业主对共有部分收益另有约定的,应按照约定执行

关于共有部分收益的分配问题,首要步骤仍是确定业主与物业服务人之间是否已有相应约定,在双方已有明确约定的场合,自应尊重双方当事人真实意思表示,并按照双方之约定予以分配。但在实践中,即便物业服务人与业主对收益分配方式已有约定的,在后续分配过程中双方仍有可能就此产生争议,常见争议事项为双方约定的共有部分收益用于弥补物业服务人亏损,或由物业服务人收取较大部分收益(如物业服务人享有 80% 的收益,业主占有 20% 的收益)的条款的效力问题。

就共有部分收益的分配比例,有部分地方政府确实明确限定了物业服务人最高可占有比例,如《重庆市物业管理条例》第 84 条规定,利用物业共有部位、共有设施设备进行经营的,物业服务企业管理服务费用的标准,比例不得超过所得收入的 30%。《福建省物业管理条例》第 63 条规定,前期物业服务期间,物业管理区域内公共收益在扣除物业服务企业的经营管理费用后,应当存入专项维修资金专户,经营管理费用支出不得超过公共收益的 30%。但该类规定均系政府部门发布的地方性法规或地方政府规章,民事主体作出的意思表示,即便与其相悖,亦不引致无效的法律后果。

《物业管理条例》第 54 条仅规定了对于共有部分收益应当主要用于补充专项维修资金,也可以按照业主大会的决定使用,其并未明确限制其使用范围,但如前已论及的,共有部分收益的使用应限制于"物业管理方面的需要"。业主大会决定将共有部分收益用于弥补物业服务人亏损或由物业服务人收取大部分收益的,应当认为亦属于物业管理方面的需要。因业主大会作出此类决定,一般均是综合考虑小区物

业管理的基本情况后的结果，如物业费用偏低、老旧小区需要维修事项较多等，在该种情况下，通过让物业服务人享有全部或大部分共有部分收益的方式以实现权利义务的平衡，实质上仍是将收益用于物业管理方面。因此，该类条款应属有效，并不损害业主利益，更不存在损害社会公共利益的情形，不论是业主还是物业服务人均应遵循契约精神、严守诚信原则，按照约定予以履行。在法院审理过程中，一般重点审查业主大会作出决定或签订合同是否已经过法定程序，且如果业主认为程序存在瑕疵的，也应当由业主承担举证责任，业主未能举证证明的情况下，应当认定该类条款有效。

四、辅助信息

《民法典》

第二百七十一条　业主对建筑物内的住宅、经营性用房等专有部分享有所有权，对专有部分以外的共有部分享有共有和共同管理的权利。

第二百七十三条　业主对建筑物专有部分以外的共有部分，享有权利，承担义务；不得以放弃权利为由不履行义务。

业主转让建筑物内的住宅、经营性用房，其对共有部分享有的共有和共同管理的权利一并转让。

第二百七十四条　建筑区划内的道路，属于业主共有，但是属于城镇公共道路的除外。建筑区划内的绿地，属于业主共有，但是属于城镇公共绿地或者明示属于个人的除外。建筑区划内的其他公共场所、公用设施和物业服务用房，属于业主共有。

第二百八十二条　建设单位、物业服务企业或者其他管理人等利用业主的共有部分产生的收入，在扣除合理成本之后，属于业主共有。

《建筑物区分所有司法解释》

第十四条　建设单位或者其他行为人擅自占用、处分业主共有部分、改变其使用功能或者进行经营性活动，权利人请求排除妨害、恢复原状、确认处分行为无效或者赔偿损失的，人民法院应予支持。

属于前款所称擅自进行经营性活动的情形，权利人请求行为人将扣除合理成本之后的收益用于补充专项维修资金或者业主共同决定的其他用途的，人民法院应予支持。行为人对成本的支出及其合理性承担举证责任。

《物业管理条例》

第五十四条　利用物业共用部位、共用设施设备进行经营的，应当在征得相关业主、业主大会、物业服务企业的同意后，按照规定办理有关手续。业主所得收益应当主要用于补充专项维修资金，也可以按照业主大会的决定使用。

《物业服务收费管理办法》

第十八条　利用物业共用部位、共用设施设备进行经营的，应当在征得相关业主、业主大会、物业管理企业的同意后，按照规定办理有关手续。业主所得收益应当主要用于补充专项维修资金，也可以按照业主大会的决定使用。

物业服务合同纠纷案件裁判规则第 15 条

业主依照法定程序共同决定解聘物业服务人的，可以解除物业服务合同

【规则描述】　本条是关于业主解除物业服务合同的规则。由专有部分面积占比三分之二以上的业主且人数占比三分之二以上业主参与表决，经参与表决专有部分面积过半数的业主且参与表决人数过半数的业主同意，决定解聘物业服务人的，可以解除物业服务合同。业主决定解聘的，应当在物业服务合同约定的期限内通知物业服务人，合同没有约定通知期限的，为 60 日。业主解除物业服务合同造成物业服务人损失的，除不可归责于业主的事由外，业主应当赔偿损失。

一、类案检索大数据报告

时间：2023 年 9 月 20 日之前；案例来源：Alpha 案例库；案由：物业服务合同纠纷；检索条件：法院认为包含"业主依照法定程序共同决定解聘物业服务人的，可以解除物业服务合同"；案件数量：178 件；数据采集时间：2023 年 9 月 20 日。

本次检索获取了 2023 年 9 月 20 日前共 178 篇裁判文书。从图 15-1 的年份分布可以看到当前条件下此类案件数量的变化趋势。

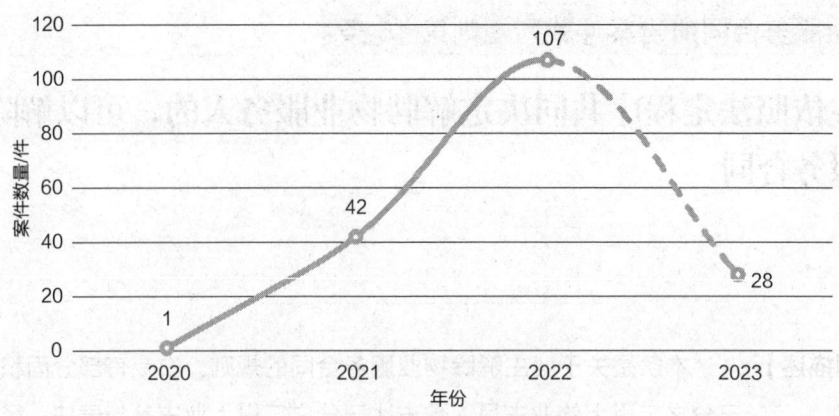

图 15-1　类案时间分布情况

从图 15-2 的程序分类统计可以看到此类案件当前的审理程序分布状况。一审案件有 119 件，二审案件有 59 件。

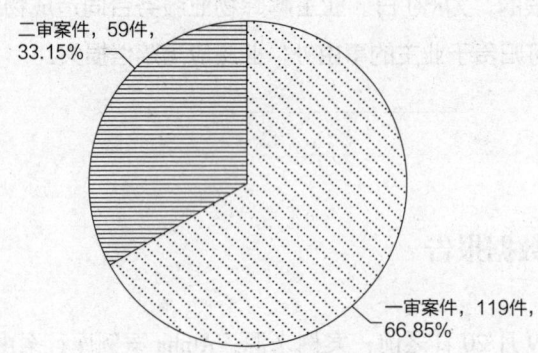

图 15-2　审理程序分布情况

如图 15-3 所示，通过对一审裁判结果的可视化分析可以看到，当前条件下全部/部分支持的有 85 件，占比为 71.43%；全部驳回的有 31 件，占比为 26.05%；驳回起诉的有 3 件，占比为 2.52%。

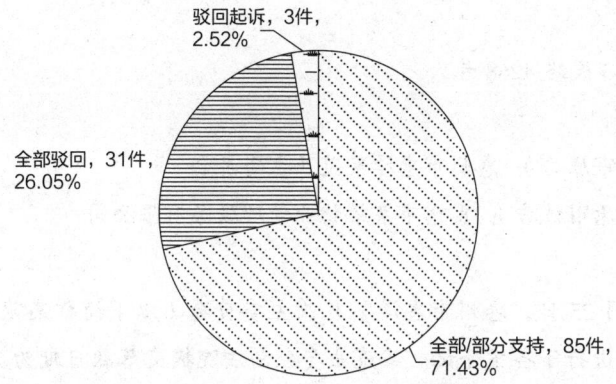

图15-3 一审裁判结果分析

如图15-4所示,通过对二审裁判结果的可视化分析可以看到,当前条件下维持原判的有55件,占比为93.22%;改判的有3件,占比为5.08%;其他的有1件,占比为1.69%。

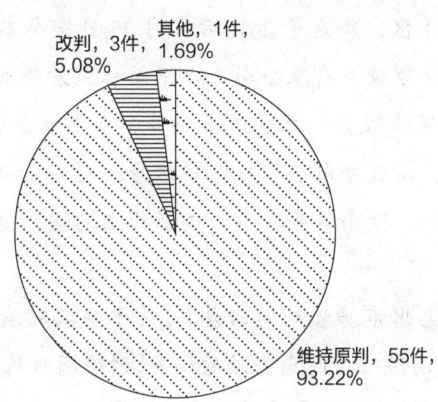

图15-4 二审裁判结果分析

二、可供参考的例案

例案一　惠州市惠泽某苑业主委员会与惠州市某景物业管理服务有限公司物业服务合同纠纷案

【法院】
广东省惠州市中级人民法院

【案号】
（2020）粤 13 民终 4268 号

【当事人】
上诉人（原审原告）：惠州市惠泽某苑业主委员会
被上诉人（原审被告）：惠州市某景物业管理服务有限公司

【基本案情】
2016 年 11 月 25 日，惠州市惠泽某苑业主委员会（以下简称某苑业委会）在惠州市房产管理局进行了备案登记。某苑业委会向法院提交落款日期为 2016 年 5 月 17 日的《函件》，载明：惠州市某富物业有限公司（以下简称某富物业公司）自 2005 年开始为本小区提供物业服务，但在经过长达 12 年的多次人员成本上涨和物价不断上升的情况下，即使物业服务费一直得不到提升，仍然保持 12 年前的收费标准，加上大量业主不按时支付物业管理服务费，故意拖欠、恶意不交，致使小区的经营长期处于亏损状态，为公司带来了沉重的经济负担和压力。因此，某富物业公司因长期亏损无法再继续服务小区，决定于 2016 年 4 月 25 日搬离本小区且不再提供物业服务，惠州市某景物业管理服务有限公司（以下简称某景物业公司）愿意承接并继续提供小区以后的物业保障服务。社区居民委员会在上述函件的空白处手写载明：同意某景物业公司管理，请贵公司尽快把电梯维修改造好，确保小区日常管理正常运作，保持电梯正常运行，提高服务质量，加强业主沟通，小区的后续由业主大会决定。

某苑业委会提交《惠州市房管局的回复》《关于要求对消防设施进行维修整改的函》《关于要求对小区消防安全隐患整治的函》《网络问政认定结果》《关于要求监督小区物业管理企业对消防设施设备进行整改的报告》《电梯运行状况说明及维修报价》，拟证明某景物业公司在提供物业服务期间不作为，对小区消防器材、电梯设备不予维护，不履行物业服务企业应尽义务，对小区业主生命安全造成巨大隐患。

某苑业委会提交《业主委员会召开 2018 年度第一次业主大会的请示》《业主委员会关于召开 2018 年第一次业主大会有关表决事项的报告》及公示、《关于召开小区 2018 年第一次业主大会的通知》及照片、《2018 年第一次业主大会投票表决结果》及公示、《业主委员会关于小区 2018 年第一次业主大会表决结果的报告》，拟证明小区业主大会已在 2018 年表决决定撤销某景物业公司物业服务企业资格并授权某业委会通过招标方式选聘新物业服务公司。

某苑业委会提交《业主委员会关于公开招标选聘物业的函》《业主委员会关于公

开物业招标代理合同的通告》《招标代理合同》《物业服务采购项目招标公告》《评标报告》《物业服务采购项目中标公告》《关于第二次公开选聘物业管理企业招标结果的通知》，拟证明某苑业委会得到授权后，通过公开招标方式确定了中标物业服务企业为上海文化某湾物业管理有限公司（以下简称某湾物业公司），且该企业为中标公告中唯一中标供应商。

某苑业委会提交《关于召开小区2019年第一次业主大会会议的函》《关于召开小区2019年第一次业主大会会议的通知》《关于公示〈业主投票权清册〉的通告》《小区2019年第一次业主大会监督小组人员名单》《小区2019年业主大会表决票验票结果确认书》《2019年第一次业主大会投票结果的报告》《关于业主大会开箱验票结果的报告》，拟证明小区业主大会已在2019年表决决定与中标企业某湾物业公司建立物业服务关系并签订物业服务合同。

某苑业委会提交《物业管理条例》《广东省物业管理条例》《小区管理规约》《业主大会议事规则》，拟证明新物业公司的选聘过程符合所有法规规约要求，某景物业公司必须服从且应立即退出小区管理。

2019年11月14日，某苑业委会与案外人某湾物业公司签订《小区物业服务合同》，约定案外人某湾物业公司为小区提供物业管理服务，服务期限自2019年12月1日至2024年11月30日。

【案件争点】

本案某苑业委会提起诉讼是否需要授权以及是否符合受理条件。

【裁判摘要】

依据《物权法》第76条[1]第1款第7项及《物业管理条例》第15条第5项的规定，有关共有和共同管理权利的其他重大事项由业主共同决定，业主委员会是业主大会的执行机构，执行业主大会的决定事项，履行业主大会赋予的其他职责。同时，根据《广东省高级人民法院关于审理住宅物业服务纠纷案件若干问题的指导意见》[2]的规定，业主委员会起诉、应诉、提起反诉、上诉、撤诉、变更、放弃或者承认诉讼请求，进行和解、调解等诉讼行为的，应当向人民法院提交业主大会的授权决定。因此，业主权益诉讼事项属于业主的共同管理事项之一，应当有相应足够的人数比例和专有面积比例的业主支持该诉讼方能使业主委员会的诉讼主体适格，以保证业

---

[1] 参见《民法典》第278条。
[2] 该意见已于2020年12月31日被废止。

主委员会的起诉符合全体业主的共同意志。本案中，某苑业委会虽在一审中提交了2018年第一次业主大会会议决议，二审中亦提交了业主名册及出席会议的业主签名等证据，但某苑业委会提交的业主名册及业主签名的真实性均无法确定，且距离某苑业委会起诉之日已有二年多，业主是否发生变动亦无法确定，故某苑业委会提交的证据无法证明某苑业委会对本案的起诉是经过合法程序获得授权的。故某苑业委会对本案的起诉不符合受理的条件。今后，某苑业委会若经小区全体业主明确授权决定起诉，并向法院提交起诉授权决定，可另行主张权利。

例案二　某宁文化广场业主委员会与某庆鼎千里物业服务有限公司物业服务合同纠纷案

【法院】

云南省临沧市中级人民法院

【案号】

（2020）云09民终709号

【当事人】

上诉人（原审原告、反诉被告）：某宁文化广场业主委员会

被上诉人（原审被告、反诉原告）：某庆鼎千里物业服务有限公司

【基本案情】

2019年7月1日，某宁文化广场业主委员会（以下简称某宁业委会）和某庆鼎千里物业服务有限公司（以下简称某庆物业公司）签订了《某宁文化广场物业服务合同》《某宁文化广场物业服务管理标准》，某宁业委会将某宁文化广场小区的物业服务交某庆物业公司管理，期限三年，并对物业服务内容与服务标准都作了详尽的规定。合同签订后，某庆物业公司进入小区开始实施管理行为。由于某庆物业公司认为小区的消防设施设备、门禁系统、可视对讲系统等物业共用设备设施存在故障，开发商没有整改完善，不具备移交条件，所以没有对以上设施进行接收。2020年6月24日，某宁业主委员会以某庆物业公司不履行合同规定的责任和义务，对应接管的物业共用设施设备不接收、对已接收的项目管理跟不上、服务不到位为由，向法院提起诉讼，要求解除双方签订的物业服务合同。

另确认，2017年11月4日至7日，某宁文化广场小区项目部组织下正式启动成立业委会业主联名申请征求意见工作，经过征求大部分业主意见，完成了意见征求

工作，成立某宁业委会筹备组，并公告。于2017年11月20日向某庆县房管所提出申请成立某宁业委会、选举产生业委会。于2017年12月16日业主大会，在筹备组和小区业主组成的监票人的组织和监督下采取书面选举了首届业委会委员，共有101户业主参加选举，参加的业主人数和所代表的投票权额均超过半数以上，根据小区业主大会议事规则，通过对票数的统计，顺利选出第一届业委会成员，并推选出主任、副主任，于2018年1月10日向某庆县房管所申请备案。《某宁文化广场物业服务管理标准》于2019年6月15日经业委会成员讨论通过。

【案件争点】

业委会是否有权解除案涉物业服务合同。

【裁判摘要】

《物权法》第76条①规定："下列事项由业主共同决定：……（四）选聘和解聘物业服务企业或者其他管理人……决定前款第五项和第六项规定的事宜，应当经专有部分占建筑物总面积三分之二以上的业主且占总人数三分之二以上的业主同意。决定前款其他事项，应当经专有部分占建筑物总面积过半数的业主且占总人数过半数的业主同意。"2009年《物业纠纷司法解释》第8条规定："业主大会按照物权法第七十六条规定的程序作出解聘物业服务企业的决定后，业主委员会请求解除物业服务合同的，人民法院应予支持。"本案中，某宁业委会对按上述法律规定召开业主大会，依法形成解聘某庆物业公司的决定承担举证责任。至二审，某宁业委会未提交某宁文化广场业主大会合法召开，且形成解聘某庆物业公司决定的证据，应承担举证不能的不利后果。某宁业委会是经过业主大会依据法定程序选举产生的，经业委会推选由李某红担任业委会主任，且经某庆县房产管理所登记备案。2019年7月1日时任业委会主任的李某代表业委会与某庆物业公司签订《某宁文化广场小区物业服务合同》，双方均在合同中加盖了公章。该物业服务合同是双方当事人的真实意思表示，不违反法律、行政法规的强制性规定，应为合法有效。双方当事人应按合同约定履行自己的义务，不得擅自变更或解除合同。故某宁业委会要求解除与某庆物业公司之间的物业服务合同、撤离某宁文化广场小区的诉讼请求不能成立。

---

① 参见《民法典》第278条。

例案三　成都某房物业集团有限责任公司绵阳分公司、绵阳市涪城区某小区第八届业主委员会物业服务合同纠纷案

【法院】

四川省绵阳市中级人民法院

【案号】

（2019）川07民终1772号

【当事人】

上诉人（原审原告、反诉被告）：成都某房物业集团有限责任公司绵阳分公司

被上诉人（原审被告、反诉原告）：绵阳市涪城区某小区第八届业主委员会

【基本案情】

2017年12月10日，成都某房物业集团有限责任公司绵阳分公司（以下简称某房物业公司）与绵阳市某小区业主委员会签订《物业服务合同》，物业服务期限为五年，自2017年12月10日至2022年12月10日。2018年11月19日，绵阳市涪城区某小区第八届业主委员会（以下简称第八届业委会）向某房物业公司送达"关于终止《物业服务合同》的通知"，该通知载明：2018年11月18日某小区业主大会表决通过了"关于解聘某房物业公司、终止与其《物业服务合同》的议案"并形成决定。根据业主大会授权，现通知你公司：终止2017年12月10日"绵阳市某小区业主委员会"与你公司签订的《物业服务合同》，合同终止日期为2018年12月31日。合同终止前，请你方按照《物业服务合同》履行相关职责。合同终止该日的二十四时零分，为你公司物业服务退出时间，请届时做好相关移交工作。此后，某小区选聘了某城物业集团股份有限公司。2019年1月10日第八届业委会又向某房物业公司发出退场通知，明确退场交接时间为2019年1月19日。现该小区新聘的某城物业集团股份有限公司已入驻该小区，某房物业公司也未退场。某房物业公司于2019年3月20日提起诉讼。

另查明，第八届业委会于2018年8月13日在绵阳市涪城区朝阳街道办事处备案。第八届业委会提交某小区2018年11月18日业主大会解聘某房物业公司表决面积、户数统计表，载明同意解聘户数比例为56.82%，同意解聘面积占62.67%，绵阳市涪城区朝阳街道办事处在该统计表签章证明情况属实。

【案件争点】

业委会是否有权解除物业服务合同。

【裁判摘要】

本案系解除物业服务合同的合同纠纷，在因各种客观原因导致业主对物业服务企业丧失信任以及影响物业服务业主的目的时，第八届业委会有权根据《业主大会和业主委员会指导规则》《四川省业主大会和业主委员会指导规则》的相关规定召开业主大会，并根据《物权法》第76条[①]第1款第4项"下列事项由业主共同决定：（四）选聘和解聘物业服务企业或者其他管理人"和第2款"决定前款第五项和第六项规定的事项，应当经专有部分占建筑物总面积三分之二以上的业主且占总人数三分之二以上的业主同意。决定前款其他事项，应当经专有部分占建筑物总面积过半数的业主且占总人数过半数的业主同意"之规定，形成了解除物业服务合同的决议，并不违反上述规定的法定程序。第八届业委会作出的"关于终止《物业服务合同》的通知"，实际上是在执行业主大会形成的解除物业服务合同的决议，根据2009年《物业纠纷司法解释》第8条第1款"业主大会按照物权法第七十六条规定的程序作出解聘物业服务企业的决定后，业主委员会请求解除物业服务合同的，人民法院应予支持"之规定，第八届业委会的反诉请求成立。对于某房物业公司要求核实业主大会选票的真实性，以证明业主大会形成决议的真实性和合法性的主张，于法无据，且没有证据证明业主大会形成决议的程序违反相关法律规定；"两个过半"统计表已经质证，只要形成程序合法，朝阳街道办的签章并不影响对此证据的采信，同时某房物业公司主张第八届业委会主体身份不具有合法性，因其未经法定程序和业主大会罢免，其诉讼主体资格有效，该主张不能成立。

例案四　南阳某家园物业管理有限公司与桐柏县某华府业主委员会物业服务合同纠纷案

【法院】

河南省南阳市中级人民法院

【案号】

（2020）豫13民终6330号

【当事人】

上诉人（原审被告）：南阳某家园物业管理有限公司

[①] 参见《民法典》第278条。

被上诉人（原审原告）：桐柏县某华府业主委员会

原审第三人：南阳市某信房地产开发有限公司

【基本案情】

2015年6月1日，南阳市某信房地产开发有限公司（以下简称某信房开公司）与南阳某家园物业管理有限公司（以下简称某家园物业公司）签订《物业承包合同》，由某家园物业公司承包某信房开公司开发建设的某华府小区物业服务，承包期限为2015年6月1日至2025年6月1日。部分业主与某家园物业公司签订了《前期业主管理服务合同书》。2018年10月，由业主选举成立某华府第一届业主代表大会，并在桐柏县××××区管理委员会进行了备案登记。2019年9月1日，桐柏县某华府业主委员会（以下简称某华府业委会）在征求大部分业主意见的基础上向某家园物业公司发出《解除合同通知书》，要求某家园物业公司在90日内向某华府业委会移交物业相关手续。2019年11月1日，某华府业委会与南阳某泽物业管理有限公司（以下简称某泽物业公司）签订了《物业管理委托书》，将某华府小区物业委托某泽物业公司管理，期限为2019年11月1日至2022年11月1日，该合同签订后因某家园物业公司未移交物业设施及相关手续，某泽物业公司一直未能履行义务。一审法院于2020年9月24日作出（2020）豫1330行初51号行政裁定，驳回某家园物业公司要求撤销为桐柏县某华府业委会颁发的河南省业主大会业主委员会备案证书的起诉。另查明，某信房开公司对某华府小区的建设任务未全部建设完毕，现有的某华府小区已形成封闭小区，尚有部分业主拖欠某家园物业公司物业管理费未交。

【案件争点】

业委会是否有权解除前期物业服务合同。

【裁判摘要】

《物权法》第81条第2款[①]规定："对建设单位聘请的物业服务企业或者其他管理人，业主有权依法更换。"2009年《物业纠纷司法解释》第8条第1款规定："业主大会按照物权法第七十六条规定的程序作出解聘物业服务企业的决定后，业主委员会请求解除物业服务合同的，人民法院应予支持。"物业服务合同具有委托合同的性质，以双方当事人的相互信任为基础，业主作为物业服务的享有者，对物业服务合同享有单方解除权。前期物业服务合同虽然非业委会签订，但其系项目建成初期、尚未成立业主大会及业委会这一特殊时期的产物，仍是以为业主提供物业服务

---

① 对应《民法典》第284条第2款。

为目的。故对于某家园物业公司关于某华府业委会并非前期物业服务合同的当事人、无权解除某家园物业公司与某信公司之间的前期物业服务合同的上诉理由不能成立。某华府业委会提交了同意更换物业公司的业主签名表，证实该决定已符合"应当经专有部分占建筑物总面积过半数的业主且占总人数过半数的业主同意"的规定。某家园物业公司辩称某华府业委会提供的业主签名表不属实、业主签名有重复及代签情况，但未提交足以反驳的证据，法院对其抗辩意见不予采信。故在某华府业委会依照法定程序作出了解聘物业服务企业的决定，并向某家园物业公司发出了《解除合同通知书》的情况下，某家园物业公司与某信公司的前期物业服务合同已经解除，某家园物业公司应当搬离某华府小区并移交相关设施及手续。

三、裁判规则提要

业主经法律规定的程序共同决定解聘物业服务人的，可以解除物业服务合同。这是法律规定的赋予业主对物业服务合同的任意解除权，目的在于保护业主的合法权益，构建和谐的物业服务关系。业主共同决定解聘物业服务人的，可以由业主委员会在物业服务合同约定的期限内书面通知物业服务人解除合同。如果物业服务人认为业主解除物业服务合同造成其损失的，其可以要求业主承担损失赔偿责任。

（一）合同的任意解除

合同解除，是指合同有效成立后，因一方或双方当事人的意思表示，使合同关系终了，未履行的部分不必继续履行，既已履行的部分依具体情形进行清算的制度，它是合同特有的终止原因。[①]

1. 约定解除与法定解除

依据解除权发生根据的差异，合同解除可以分为约定解除和法定解除。《民法典》第562条规定了合同的约定解除："当事人协商一致，可以解除合同。当事人可以约定一方解除合同的事由。解除合同的事由发生时，解除权人可以解除合同。"第563条规定了合同的法定解除，"有下列情形之一的，当事人可以解除合同：（一）因不可抗力致使不能实现合同目的；（二）在履行期限届满前，当事人一方明确表示或者以自己的行为表明不履行主要债务；（三）当事人一方迟延履行主要债务，经催告

[①] 韩世远：《合同法总论》（第四版），法律出版社2018年版，第644页。

后在合理期限内仍未履行；（四）当事人一方迟延履行债务或者有其他违约行为致使不能实现合同目的；（五）法律规定的其他情形。以持续履行的债务为内容的不定期合同，当事人可以随时解除合同，但是应当在合理期限之前通知对方。"

2. 任意解除

所谓任意解除，是指当事人可以在合同所约定的期限届满之前，根据法律规定或合同的约定，无须特别理由，可以根据自己单方的意志解除合同。①《民法典》中多处条文规定了合同当事人的任意解除权，可以分为两类：第一类是以持续履行债务为内容的不定期合同中的任意解除权；第二类是服务合同中的任意解除权。这两类任意解除权的共同之处在于解除权人无须任何理由即可行使解除权，这意味着解除权人无须履行合同义务，而随时能够摆脱合同的绝对约束，体现解除权人更强的自治可能性。②

（1）不定期继续性合同中的任意解除权。《民法典》第 563 条第 2 款规定："以持续履行的债务为内容的不定期合同，当事人可以随时解除合同，但是应当在合理期限之前通知对方。"这是此类任意解除权的一般性规定，适用范围是以持续履行债务为内容的不定期合同，从而避免当事人无限期地受到合同约束。"继续性合同可能是定期或者不定期的。在定期的继续性合同中，期限本身已经包含了合同终止的时间，不会产生无限期约束的可能性，故无须规定该类任意解除权。"③

《民法典》还具体规定了一些合同中的任意解除权。第 675 条后半句（借款合同）规定的"对借款期限没有约定或者约定不明确，依据本法第五百一十条的规定仍不能确定的，借款人可以随时返还；贷款人可以催告借款人在合理期限内返还"。第 730 条（租赁合同）规定的"当事人对租赁期限没有约定或者约定不明确，依据本法第五百一十条的规定仍不能确定的，视为不定期租赁；当事人可以随时解除合同，但是应当在合理期限之前通知对方"。第 899 条（保管合同）规定的"当事人对保管期限没有约定或者约定不明确的，保管人可以随时请求寄存人领取保管物"。第 914 条（仓储合同）规定的"当事人对储存期限没有约定或者约定不明确的，存货人或者仓单持有人可以随时提取仓储物，保管人也可以随时请求存货人或者仓单持有人提取仓储物，但是应当给予必要的准备时间"。第 948 条第 2 款（物业服务合同）

---

① 王利明：《物业服务合同立法若干问题探讨》，载《财经法学》2018 年第 3 期。
② 参见朱虎：《分合之间：民法典中的合同任意解除权》，载《中外法学》2020 年第 4 期。
③ 朱虎：《分合之间：民法典中的合同任意解除权》，载《中外法学》2020 年第 4 期。

规定的"当事人可以随时解除不定期物业服务合同，但是应当提前六十日书面通知对方"。第976条第3款（合伙合同）规定的"合伙人可以随时解除不定期合伙合同，但是应当在合理期限之前通知其他合伙人"。第1022条第1款（肖像许可使用合同）规定的"当事人对肖像许可使用期限没有约定或者约定不明确的，任何一方当事人可以随时解除肖像许可使用合同，但是应当在合理期限之前通知对方"。

（2）服务合同中的任意解除权。此类解除权规定在以提供劳务或服务为内容的服务合同中，而不论该服务合同是不是继续性合同，也不论其期限是否固定。根据合同类型的不同，为合同当事人之间的利益平衡，而规定了不同的任意解除权主体。具体包括：《民法典》第787条（承揽合同）规定的"定作人在承揽人完成工作前可以随时解除合同，造成承揽人损失的，应当赔偿损失"；第816条（客运合同）规定的"旅客因自己的原因不能按照客票记载的时间乘坐的，应当在约定的期限内办理退票或者变更手续"；第829条（货运合同）规定的"在承运人将货物交付收货人之前，托运人可以要求承运人中止运输、返还货物、变更到达地或者将货物交给其他收货人，但是应当赔偿承运人因此受到的损失"；第899条第1款（保管合同）规定的"寄存人可以随时领取保管物"；第933条（委托合同）规定的"委托人或者受托人可以随时解除委托合同"；第946条（物业服务合同）规定的"业主依照法定程序共同决定解聘物业服务人的，可以解除物业服务合同"。

（二）业主对物业服务合同的任意解除权

1. 关于业主的建筑物区分所有权

《民法典》第271条规定了业主的建筑物业区分所有权，"业主对建筑物内的住宅、经营性用房等专有部分享有所有权，对专有部分以外的共有部分享有共有和共同管理的权利"。该条规定明确了业主的建筑物区分所有权的范围，包括三部分：

第一，业主对建筑物（包括住宅、经营性用房）专有部分有所有权，可以依法占有、使用、收益和处分，与传统民法中所有权的完整权能范围完全一致。《民法典》第272条规定，业主对其建筑物专有部分享有占有、使用、收益和处分的权利。业主行使权利不得危及建筑物的安全，不得损害其他业主的合法权益。《民法典》第273条规定，业主对建筑物专有部分以外的共有部分，享有权利，承担义务；不得以放弃权利为由不履行义务。业主转让建筑物内的住宅、经营性用房，其对共有部分享有的共有和共同管理的权利一并转让。

第二，业主对建筑区划内的共有部分享有共有权，即业主对专有部分以外的共有部分如电梯、过道、楼梯等享有共有的权利。此外,《民法典》第 274 条规定,建筑区划内的道路,属于业主共有,但是属于城镇公共道路的除外。建筑区划内的绿地,属于业主共有,但是属于城镇公共绿地或者明示属于个人的除外。建筑区划内的其他公共场所、公用设施和物业服务用房,属于业主共有。

第三,业主对建筑区划内的共有部分的共同管理权。《民法典》第 284 条第 1 款规定,业主可以自行管理建筑物及其附属设施,也可以委托物业服务企业或者其他管理人管理。同时,根据《民法典》第 278 条的规定,业主对共有部分的共同管理权,还体现在下列事项:制定和修改业主大会议事规则;制定和修改管理规约;选举业主委员会或者更换业委员会成员;选聘和解聘物业服务企业或者其他管理人;筹集和使用建筑物及其附属设施的维修资金;改建、重建建筑物及其附属设施;改变共有部分的用途或者利用共有部分从事经营活动等。

业主的建筑物区分所有权的特点包括:一是复合性。建筑物区分所有权是由专有权、共有权和共同管理权三种权利构成的复合性权利。且在该复合性权利中,既有财产权内容,又有人身权的内容。二是整体性。建筑物区分所有权的权利人,就其享有的专有权、共有权和共同管理权,不能分割行使,建筑物区分所有权三要素必须一并转让、抵押或继承。三是专有权具有主导性。在建筑物区分所有权的三种权利中,业主对专有部分享有的专有权居于主导地位,是共有权和共同管理权的基础。业主的专有权决定了对共有部分的份额比例、费用分摊和收益分配,① 决定了共同管理权的大小。②

2. 关于业主的共同管理权

根据《物业管理条例》第二章"业主及业主大会"的相关规定,物业管理区域内全体业主组成业主大会,业主大会应当代表和维护物业管理区域内全体业主在物业管理活动中的合法权益。一个物业管理区域成立一个业主大会。同一个物业管理区域内的业主,应当在物业所在地的区、县人民政府房地产行政主管部门或者街道办事处、乡镇人民政府的指导下成立业主大会,并选举产生业主委员会。但是,只有一个业主的,或者业主人数较少且经全体业主一致同意,决定不成立业主大会的,由业主共同履行业主大会、业主委员会职责。

---

① 《民法典》第 283 条规定:"建筑物及其附属设施的费用分摊、收益分配等事项,有约定的,按照约定;没有约定或者约定不明确的,按照业主专有部分面积所占比例确定。"

② 参见最高人民法院民法典贯彻实施工作领导小组主编:《中华人民共和国民法典物权编理解与适用》(上),人民法院出版社 2020 年版,第 336 页。

业主的共同管理权主要体现在《民法典》第278条的规定，下列事项由业主共同决定：（1）制定和修改业主大会议事规则；（2）制定和修改管理规约；（3）选举业主委员会或者更换业主委员会成员；（4）选聘和解聘物业服务企业或者其他管理人；（5）使用建筑物及其附属设施的维修资金；（6）筹集建筑物及其附属设施的维修资金；（7）改建、重建建筑物及其附属设施；（8）改变共有部分的用途或者利用共有部分从事经营活动；（9）有关共有和共同管理权利的重大事项。业主共同决定事项，应当由专有部分面积占比三分之二以上的业主且人数占比三分之二以上的业主参与表决。决定前款第6项至第8项规定的事项，应当经参与表决专有部分面积四分之三以上的业主且参与表决人数四分之三以上的业主同意。决定前款其他事项应当经参与表决专有部分面积过半数的业主且参与表决人数过半数的业主同意。

3. 业主可以依据法定程序行使任意解除物业服务合同的权利

根据《民法典》第278条的规定，选聘和解聘物业服务企业或其他管理人由业主共同决定。《民法典》第946条明确了业主对物业服务合同的任意解除权，规定"业主依照法定程序共同决定解聘物业服务人的，可以解除物业服务合同"。这里的"业主"并非指单个业主，而是指全体业主。"法定程序"主要是指《民法典》第278条第2款规定的程序，"应当由专有部分面积占比三分之二以上的业主且人数占比三分之二以上的业主参与表决"，且"经参与表决专有部分面积过半数的业主且参与表决人数过半数的业主同意"。依照法定程序作出决定是业主解聘物业服务人的必备环节，它直接决定了业主解除物业服务合同的正当性与否，如果未能经过正当程序作出决定，则不能产生全体业主解聘物业服务人的意思表示效果。①

法律赋予业主对物业服务合同的任意解除权，主要原因在于，尽管对于物业服务合同是不是委托合同，理论界和实务界都有争议，但是物业服务合同与委托合同一样都是继续性合同，合同的顺利履行和合同目的的顺利实现都离不开当事人双方的相互信任和相互配合，因此，无论物业服务合同是不是委托合同，都应当赋予业主一方任意解除权。物业服务人的选聘以业主的信任为基础，具有一定的人身信任属性，如果业主对物业服务人产生信任危机，将使得物业服务和管理难以继续进行，此时应当允许业主通过法定程序解聘、更换物业服务人。②

---

① 最高人民法院民法典贯彻实施工作领导小组主编：《中华人民共和国民法典合同编理解与适用（四）》，人民法院出版社2020年版，第2621页。

② 黄薇主编：《中华人民共和国民法典合同编解读》（下册），中国法制出版社2020年版，第1425页。

4. 业主应当提前通知物业服务人

《民法典》第 565 条规定了"合同解除权的行使规则",当事人一方主张解除合同的,应当通知对方。合同自通知到达对方时解除;通知载明债务人在一定期限内不履行债务则合同自动解除,债务人在该期限内未履行债务的,合同自通知载明的期限届满时解除。对方对解除合同有异议的,任何一方当事人均可以请求人民法院或者仲裁机构确认解除行为的效力。当事人一方未通知对方,直接以提起诉讼或者申请仲裁的方式依法主张解除合同,人民法院或者仲裁机构确认该主张的,合同自起诉状副本或者仲裁申请书副本送达对方时解除。但《民法典》第 946 条第 1 款后半句的规定,即"(业主共同)决定解聘的,应当提前六十日书面通知物业服务人,但是合同对通知期限另有约定的除外",明确了物业服务合同中业主的任意解除权区别于一般合同解除权的行使规则,要求业主应当提前 60 日将解聘决定书面通知物业服务人。但该合理期限的规定为任意性规定,当事人可以在合同中作出特别约定以排除其适用。

提前通知的作用在于合同解除的情况下给予物业服务人必要的准备时间以便安排合同解除后的交接事宜。业主没有提前 60 日通知物业服务人的,不影响解除通知的效力,但要赔偿因未在合理期限前通知而造成物业服务人的损失,或者解除通知延至合理期限之后才发生效力。

5. 业主应赔偿任意解除造成物业服务人的损失

《民法典》第 566 条规定,合同解除后,尚未履行的,终止履行;已经履行的,根据履行情况和合同性质,当事人可以请求恢复原状或者采取其他补救措施,并有权请求赔偿损失。如果业主基于合同约定或物业服务人违约而行使解除权的,业主还可以请求物业服务人承担违约责任或损害赔偿责任。但如系业主行使任意解除权解除物业服务合同,且造成物业服务人损失的,则业主应当赔偿该损失。《民法典》第 946 条第 2 款规定:"依据前款规定解除合同造成物业服务人损失的,除不可归责于业主的事由外,业主应当赔偿损失。"这里的损失,是指直接损失和可得利益损失,包括物业服务人已经实际支出且无法收回的服务成本、合同未履行期间的收益等损失。但如是不可归责于业主的事由导致物业服务人损失的,如不可抗力、物业服务人违约导致合同解除等,则业主无须承担损失赔偿责任。

6. 物业服务人不享有任意解除权

《民法典》第 933 条规定:"委托人或者受托人可以随时解除委托合同。"有观点认为,物业服务合同是委托合同的一种,应当认为业主和物业服务人都享有任意解除权。但最终《民法典》在合同编物业服务合同章中仅规定了业主的任意解除权，而没有规定物业服务人享有该权利。而任意解除权属于法定解除权，在法律没有明确规定的情况下，物业服务人不享有任意解除权。"物业服务人作为专门提供物业服务的经营者，掌握信息优势，处于合同的有利地位，在服务期限届满前，都应当尽到善良管理人之职责，按照约定为业主提供物业服务。因此，《民法典》未赋予物业服务人任意解除权。"①

四、辅助信息

《民法典》

　　第二百七十八条　下列事项由业主共同决定：

　　（一）制定和修改业主大会议事规则；

　　（二）制定和修改管理规约；

　　（三）选举业主委员会或者更换业主委员会成员；

　　（四）选聘和解聘物业服务企业或者其他管理人；

　　（五）使用建筑物及其附属设施的维修资金；

　　（六）筹集建筑物及其附属设施的维修资金；

　　（七）改建、重建建筑物及其附属设施；

　　（八）改变共有部分的用途或者利用共有部分从事经营活动；

　　（九）有关共有和共同管理权利的其他重大事项。

　　业主共同决定事项，应当由专有部分面积占比三分之二以上的业主且人数占比三分之二以上的业主参与表决。决定前款第六项至第八项规定的事项，应当经参与表决专有部分面积四分之三以上的业主且参与表决人数四分之三以上的业主同意。决定前款其他事项，应当经参与表决专有部分面积过半数的业主且参与表决人数过半数的业主同意。

　　第九百四十六条　业主依照法定程序共同决定解聘物业服务人的，可以解除物业服务合同。决定解聘的，应当提前六十日书面通知物业服务人，但是合同对通知期限另有约定的除外。

---

① 黄薇主编：《中华人民共和国民法典合同编解读》（下册），中国法制出版社2020年版，第1430页。

依据前款规定解除合同造成物业服务人损失的，除不可归责于业主的事由外，业主应当赔偿损失。

《物业管理条例》

第十一条　下列事项由业主共同决定：

（一）制定和修改业主大会议事规则；

（二）制定和修改管理规约；

（三）选举业主委员会或者更换业主委员会成员；

（四）选聘和解聘物业服务企业；

（五）筹集和使用专项维修资金；

（六）改建、重建建筑物及其附属设施；

（七）有关共有和共同管理权利的其他重大事项。

第十二条　业主大会会议可以采用集体讨论的形式，也可以采用书面征求意见的形式；但是，应当有物业管理区域内专有部分占建筑物总面积过半数的业主且占总人数过半数的业主参加。

业主可以委托代理人参加业主大会会议。

业主大会决定本条例第十一条第（五）项和第（六）项规定的事项，应当经专有部分占建筑物总面积 2/3 以上的业主且占总人数 2/3 以上的业主同意；决定本条例第十一条规定的其他事项，应当经专有部分占建筑物总面积过半数的业主且占总人数过半数的业主同意。

业主大会或者业主委员会的决定，对业主具有约束力。

业主大会或者业主委员会作出的决定侵害业主合法权益的，受侵害的业主可以请求人民法院予以撤销。

第十五条　业主委员会执行业主大会的决定事项，履行下列职责：

（一）召集业主大会会议，报告物业管理的实施情况；

（二）代表业主与业主大会选聘的物业服务企业签订物业服务合同；

（三）及时了解业主、物业使用人的意见和建议，监督和协助物业服务企业履行物业服务合同；

（四）监督管理规约的实施；

（五）业主大会赋予的其他职责。

物业服务合同纠纷案件裁判规则第 16 条

物业服务合同的权利义务终止后，业主可以请求物业服务人退还已经预收，但尚未提供物业服务期间的物业费

【规则描述】　　本条是关于业主在物业服务合同终止后，可以请求物业服务人退还已经预收，但尚未提供物业服务期间物业费的规则。物业服务人应当按照物业服务合同向业主提供物业服务，在物业服务合同终止时，如果业主已经根据物业服务合同的约定预交了物业费，则对于物业服务人退出后尚未提供物业服务期间的部分物业费，业主有权要求物业服务人予以退还。

一、类案检索大数据报告

　　时间：2023 年 7 月 21 日之前；案例来源：Alpha 案例库；案由：物业服务合同纠纷；检索条件：法院认为包含"物业服务合同的权利义务终止后，业主请求物业服务企业退还已经预收，但尚未提供物业服务期间的物业费的，人民法院应予支持"；案件数量：838 件；数据采集时间：2023 年 7 月 21 日。

　　本次检索获取了 2023 年 7 月 21 日前共 838 篇裁判文书。从图 16-1 的年份分布可以看到当前条件下此类案件数量的变化趋势。

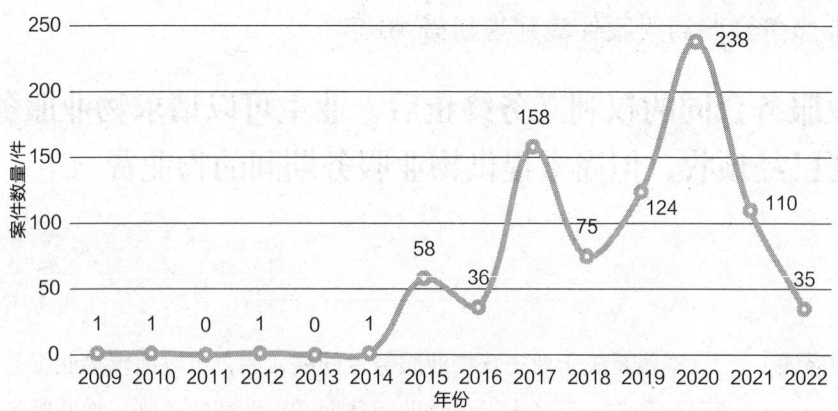

图 16-1 类案时间分布情况

从图 16-2 的程序分类统计可以得出当前的审理程序分布状况，其中，一审案件有 674 件，二审案件有 161 件，再审案件有 3 件。

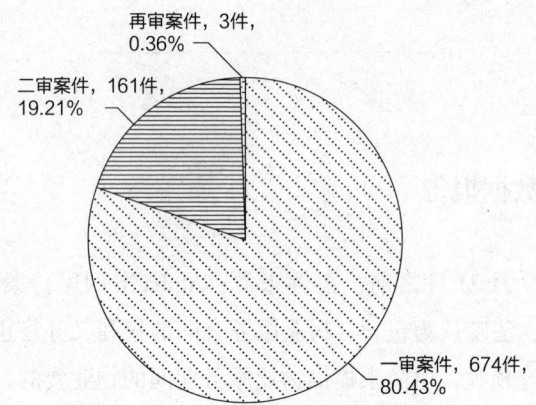

图 16-2 审理程序分布情况

如图 16-3 所示，通过对一审裁判结果的可视化分析可以看到，当前条件下全部/部分支持的有 639 件，占比为 94.81%；全部驳回的有 24 件，占比为 3.56%；驳回起诉的有 11 件，占比为 1.63%。

第二部分 物业服务合同纠纷案件裁判规则研究

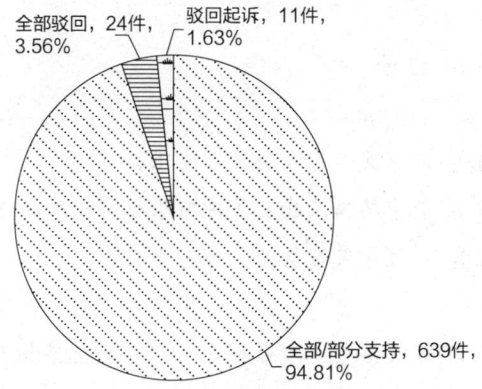

图 16-3 一审裁判结果分析

如图 16-4 所示,通过对二审裁判结果的可视化分析可以看到,当前条件下维持原判的有 139 件,占比为 86.34%;改判的有 20 件,占比为 12.42%;其他的有 2 件,占比为 1.24%。

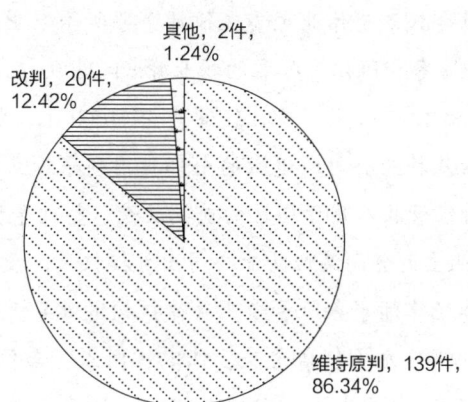

图 16-4 二审裁判结果分析

二、可供参考的例案

例案一 北京某恒基物业管理有限公司、北京某恒基物业管理有限公司沈阳分公司与辽宁某恒物业管理有限公司不当得利纠纷案

【法院】

辽宁省沈阳市中级人民法院

【案号】

（2020）辽 01 民终 10947 号

【当事人】

上诉人（原审被告）：北京某恒基物业管理有限公司

上诉人（原审被告）：北京某恒基物业管理有限公司沈阳分公司

被上诉人（原审原告）：辽宁某恒物业管理有限公司

【基本案情】

北京某恒基物业管理有限公司沈阳分公司（以下简称某恒基物业公司）系案涉小区的前期物业服务公司。2018 年 11 月 12 日，辽宁某恒物业管理有限公司（以下简称某恒物业公司）通过招投标，取得该小区的物业服务资格。2018 年 11 月 14 日，某恒物业公司与小区第一届业主委员会签订物业服务合同，约定某恒物业公司为该小区提供物业服务，合同期限为 2018 年 11 月 14 日起至 2023 年 11 月 13 日止。2018 年 12 月 5 日小区第一届业主大会向沈阳市铁西区某住宅小区第一届业主委员会出具授权书，授权业主委员会代表全体业主委托律师事务所等专业法律机构追缴某恒基物业公司对某小区物业服务期限以外收取的物业费 5442599.07 元（包括仓房、住宅、网点、车位）、预收电费 139508 元、多种经营费 4941000 元，费用共计 10523107.07 元。业主委员会对某恒基物业公司所追缴的全部费用到账后立即全额给付某恒物业公司并要求此款中多种经营收入用于园区的前期改造、整改等费用支出。2018 年 12 月 20 日，小区第一届业主大会向某恒物业公司出具授权书，授权该公司代表全体业主通过法律途径，或委托律师事务所等专业法律机构追缴某恒基物业公司的违法所得，包括物业费 5442599.07 元（包括仓房、住宅、网点、车位）、预收电费 139508 元、多种经营费 4941000 元，费用共计 10523107.07 元。所产生的诉讼费、律师费等相关费用由该公司垫付后在园区多种经营中列支。2018 年 11 月 16 日某恒基物业公司向小区第一届业主委员会致函，承诺 10 日内完成业主档案以及相关办公用品的整理以及交接工作。某恒基物业分公司向法庭提供报警情况登记表一份，证实 2018 年 11 月 16 日某恒物业公司、某恒基物业公司双方在物业交接时发生冲突，登记表中载明某恒基物业公司称某恒物业公司工作人员在未正式交接，未经允许强行进入其财务室，不让其办公。在本案审理过程中，经某恒物业公司申请，一审法院委托辽宁某会计师事务所有限公司对某恒基物业公司收取的业主预交 2018 年 11 月 16 日之后的物业费、停车费进行审计，审计结果为 2018 年 11 月 16 日以后物业费 4234832.25 元、停车费 499148.82 元，合计费用 4733981.07 元。某恒物业公司预付审计费 10 万元。

【案件争点】

某恒基物业公司是否应向某恒物业公司返还预收的物业费。

【裁判摘要】

某恒物业公司与案涉小区的业主委员会于 2018 年 11 月 14 日签订的物业服务合同合法有效，受法律保护。该合同一经生效，某恒基物业公司签订的前期物业服务合同终止，其基于前期物业服务合同向业主预收取的物业费、车位费属于不当得利，应予返还业主。某恒物业公司实际进驻案涉小区的日期为 2018 年 11 月 16 日，故某恒基物业公司预收的 2018 年 11 月 16 日之后的物业费和车位费应予返还。某恒物业公司向法庭提供业主大会的授权书两份，用于证明某恒物业公司拥有业主大会的授权，具备诉讼主体资格，对此某恒基物业公司予以否认。经审查，该两份授权书加盖了业主大会的公章，内容具体明确，对该证据的真实性予以确认。对于授权书的法律效力，依据《民法总则》第 134 条①第 2 款的规定，法人、非法人组织依照法律或者章程规定的议事方式和决议程序作出决议的，该决议行为成立。民事法律行为自成立时生效。故某恒物业公司向法庭提供的两份授权书应系案涉园区业主大会的决议行为，其内容应对全体业主具有法律约束力。依据 2018 年 12 月 5 日的授权书的内容可以证实，业主大会决议将业主对某恒基物业公司 5442599.07 元物业费追缴权利授权给业主委员会，并在追缴后全额支付某恒物业公司。依据 2018 年 12 月 20 日的授权书内容可以证实，业主大会决议将业主对某恒基物业公司 5442599.07 元物业费追缴权限授权某恒物业公司。依据以上两份授权书的决议内容及法律效力，可以认定案涉园区的业主大会决议将业主对某恒基物业公司的预交物业费返还请求权转让给某恒物业公司，并排除了业主单独向某恒基物业公司主张返还预交物业费的权利。某恒基物业公司主张该证据系某恒物业公司伪造，并向法庭提供 50 名业主签字的情况说明一份，欲证实 2018 年 11 月 -12 月没有收到召开业主大会的通知，也没有在小区里见到公告，没有召开过业主大会，也没有收到业主大会会议的征求意见稿。对于某恒基物业公司提供的该份情况说明，因案涉园区有近 1 万户业主，本案中涉及预交物业费的业主也有 7000 余户，某恒基物业公司提供的 50 名业主的数量远远小于案涉业主的数量，其证明的效力不足以否认业主大会授权的真实性，故对某恒基物业公司主张的事实不予认可。同时，在情况说明上签字的业主均未出庭作证，根据《民事证据规定》第 68 条规定，无正当理由未出庭的证人以书面等方式提供的

---

① 对应《民法典》第 134 条。

证言，不得作为认定案件事实的根据。故对该份证据不予采信。

例案二　湖南某达屋物业服务有限公司与卢某物业服务合同纠纷案

【法院】

湖南省长沙市中级人民法院

【案号】

（2019）湘01民终6055号

【当事人】

上诉人（原审被告）：湖南某达屋物业服务有限公司

被上诉人（原审原告）：卢某

【基本案情】

卢某系案涉小区的业主，湖南某达屋物业服务有限公司（以下简称某达屋物业公司）为小区的前期物业服务企业。卢某向某达屋物业公司交纳了2015年1月至2026年12月的物业管理费35916元。后该小区业主委员会选聘广州市某科物业服务有限公司长沙分公司（以下简称某科物业公司）为该小区新的物业服务公司。2017年8月4日，某达屋物业公司与某科物业公司签订《物业移交协议》，双方为此办理了交接手续。之后，某达屋物业公司未将其退场后多收取的物业管理费退还给卢某，双方经协商未果，卢某于2019年1月17日向一审法院起诉。某达屋物业公司提交如下证据：卢某关于推迟办理产权证补偿的保密承诺书。拟证明卢某并没有向某达屋物业公司支付货币资金，系湖南某天房地产开发有限公司（以下简称某天房开公司）代卢某支付。卢某对上述证据的真实性、合法性无异议，某天房开公司确实代卢某履行了几次物业费支付义务。

另查明，因某天房开公司未在约定时间为卢某办理房屋权属证书，双方通过协商，由某天房开公司代卢某支付案涉房屋2015年1月1日至2026年12月31日的物业管理费，卢某放弃追究某天房开公司逾期办证的责任。

【案件争点】

物业公司是否应当返还预收的物业费。

【裁判摘要】

2009年《物业纠纷司法解释》第9条第1款规定：物业服务合同的权利义务终止后，业主请求物业服务企业退还已经预收，但尚未提供物业服务期间的物业费的，人民法院应予支持。某达屋物业公司于2017年7月底终止了与案涉小区的物业服务合同，并于2017年8月4日办理了交接手续，但未将已预收卢某的物业管理费退还，某天房开公司与卢某因逾期办证的问题，双方协商由某天房开公司代卢某向某达屋物业公司支付相应的物业费以抵扣逾期办证的违约金。虽然卢某不是以现金或转账的方式直接向某达屋物业公司支付物业费，但某达屋物业公司确认收到了开发商某天房开公司代卢某支付的物业费，应视为卢某实际履行了物业费支付义务。某达屋物业公司在退场时没有及时将多收取的物业费退还给卢某，给卢某造成了资金占用损失，应当支付利息。

例案三　盐城好管家企业管理有限公司与盐城某鑫物业管理有限公司不当得利纠纷案

【法院】

　　江苏省盐城市中级人民法院

【案号】

　　（2019）苏09民终2022号

【当事人】

　　上诉人（原审被告）：盐城某管家企业管理有限公司

　　被上诉人（原审原告）：盐城某鑫物业管理有限公司

【基本案情】

　　盐城某管家企业管理有限公司（以下简称某管家管理公司）系案涉小区原物业服务企业。2016年1月30日，盐城某鑫物业管理有限公司（以下简称某鑫物业公司）与某管家管理公司签订一份《物业移交书》，载明："……小区公共设备设施经双方按照现状进行了接管验收，该移交的已经全部交接结束，以后任何事情都与某管家管理公司无关，小区物业即日起交由某鑫物业公司接管。双方签证无误。本移交书一式三份，自签字之日起生效。"某管家管理公司在"移交方"处加盖印章确认（并由移交方代表季某签字确认），某鑫物业公司在"接管方"处加盖印章确认（并由接管方代表王某签字确认），江苏某嘉置业有限公司（以下简称某嘉置业公司）在"建设方代表"处写明"本次为整体移交。未移交公用设施资料等维修维护资料，维护维修费由街道组织协调……"并加盖印章确认。某街道物服中心在"某街道"处写明"新物业从签订移交之日起收费，此前所有物业账目与某鑫物业无关"，并加盖印章确认。

2016年10月21日，某嘉置业公司与某鑫物业公司签订物业服务合同，约定某鑫物业公司为案涉小区提供物业管理服务，合同自签订之日起生效、执行，合同有效期为2017年6月30日。双方还进行了其他约定。

某管家管理公司已将其认可的收取的装修保证金的账目和部分收费账目移交给了某鑫物业公司，但拒不退还超服务期限收取的物业服务费和业主的装修保证金，致使业主多次与某鑫物业公司发生矛盾。

后某鑫物业公司要求某管家管理公司移交上述"超服务期限收取的物业服务费和业主的装修保证金"费用未果，遂诉至一审法院。诉讼过程中，某鑫物业公司向一审法院提出鉴定申请，并预交鉴定费2万元，要求对案涉"物业管理费、装修保证金"予以司法会计鉴定。2018年7月15日，盐城某会计师事务所作出司法会计鉴定结论："根据提供的资料，经查证：根据2018年苏09××民初字第161号案卷，某管家管理公司于2015年11月30日退出小区的物业管理，根据案卷中提供的小区业主资料花名册、交费时间明细表，某管家管理公司在小区服务期间（截至2015年11月30日），将小区业主交纳的装修保证金抵冲物业管理费后多收、超收的物业管理费215046元，共涉及296户业主。"

另查明，2017年6月12日，经盐城市某经济区管理委员会备案批复，案涉小区成立业主委员会。同年6月26日，小区业主委员会经会议讨论并表决议聘用某鑫物业公司为小区提供物业管理服务。2017年6月28日，小区业主委员会与某鑫物业公司签订物业服务合同，约定某鑫物业公司为小区提供物业管理服务，计费起始时间为2017年7月1日（2016年2月1日至2017年6月30日进场服务费用标准和服务计费时间按某嘉置业公司与某鑫物业公司签订的服务合同执行并有效）。双方还进行了其他相关约定。

【案件争点】

某管家管理公司是否应向顺鑫物业公司返还多收的物业费。

【裁判摘要】

关于某鑫物业公司的原告主体资格是否适格的问题。根据《物业管理条例》的规定，业主在物业管理活动中应当执行业主大会的决定和业主大会授权业主委员会作出的决定。业主大会或者业主委员会的决定，对业主具有约束力。本案中，小区业主委员会代表业主与某鑫物业公司签订物业服务合同，该合同约定某鑫物业公司进场前的服务费用标准和服务计费时间均按某嘉置业公司与某鑫物业公司签订的合同执行,故小区业主应受上述合同内容的约束。根据2009年《物业纠纷司法解释》第9条的规定,物业服务企业对于物业服务合同终止后已预收而未提供服务期间的物业费应当予以退还。根据上述规定,某管家管理公司应当退还多收、超收的物业管理费。而小区业主委员会代表业主授权某鑫物业公司向法院起诉要求某管家管理公司向其返还多收、超收的物业管理费并不违反法律规定。且物业移交书和相关情况说明等材料能进一步佐证某管家管理公司应履行移交物业及结清预收、代收费用等义务。

例案四 北京市石景山区某业主委员会与北京某邦物业管理有限公司物业服务合同纠纷案

【法院】

北京市第一中级人民法院

【案号】

(2018)京01民终9013号

【当事人】

上诉人(原审原告):北京市石景山区某业主委员会

被上诉人(原审被告):北京某邦物业管理有限公司

【基本案情】

北京市石景山区案涉小区系由北京某海兆业房地产开发有限公司(下称某海房开公司)于2002年开发建设。建成后,某海房开公司将小区地上部分住宅出售给业主。业主入住时与北京某海兆业物业管理有限公司签订了《前期物业管理协议》。2006年6月16日,经北京市工商行政管理局石景山分局核准,北京某海兆业物业管理有限公司更名为北京某邦物业管理有限公司(以下简称某邦物业公司)。2006年11月3日,某海房开公司(甲方)与某邦物业公司(乙方)签订《物业管理委托合同》,约定:甲方将小区委托乙方实行物业管理;委托管理期限自2006年11月2日起至业主委员会成立时止;住宅房屋由乙方按建筑面积每月每平方米1.85元向业主或物业使用人收取,非住宅房屋未约定收费标准。因小区业主决定不再由某邦物业公司提供物业服务,2016年1月20日,北京市石景山区某业主委员会(以下简称业委会)与某邦物业公司签订《小区物业交接事宜约定》,约定:"1.按照《北京市物业管理办法》和《北京市物业项目交接管理办法》等相关规定进行交接;2.某邦物业公司现有员工58人,由业委会选聘的物业服务企业优先雇佣;3.小区业主欠某邦物业公司物业费用合计400余万元，由某邦物业公司组织清欠，业委会协助；4.业委会保证某邦物业公司正常使用现有用房及原员工宿舍、水、暖、电、气、通信等正常使用，费用由某邦物业公司按业主使用标准自行承担；5.设备设施移交定价、涉及第三方合同履行等遗留问题及债权债务各方另行商议解决；6.移交范围：某邦物业公司移交属于业主共用的部分（垃圾清运、秩序维护、二次供水、电梯运行等维持业主基本生活的服务事项）；7.交接时间2016年1月21日。"2016年12月26日，因某邦物业公司仍有部分物业资料未进行交接，北京市石景山区住房和城乡建设委员会对某邦物业公司进行了处罚。后本案双方当事人因部分资料及场地交接、返还预收物业费等问题发生争议成讼。

【案件争点】

某邦物业公司是否应向业委会返还预收的物业费。

【裁判摘要】

关于业委会要求某邦物业公司移交预收的2016年度46万元物业费的请求。根据相关规定，物业服务合同终止后，业主可以要求物业服务企业退还已经预收，但尚未提供物业服务期间的物业费。业委会并未获得已经预交费用的业主的授权，亦未获得业主大会的相关授权，现有证据亦不能证明业委会为小区提供物业服务的主体，其以自己名义要求某邦物业公司返还预收的物业费，欠缺事实和法律上的依据。

三、裁判规则提要

物业服务合同的权利义务终止后，业主可以请求物业服务人退还已经预收但尚未提供物业服务期间的物业费。一般来说，物业服务过程中，物业服务人对物业费的收取采取预收的方式，提前向业主收取部分物业费用。但在物业服务合同约定的双方权利义务终止后，业主和物业服务人之间不存在物业服务关系，就物业服务人未提供物业服务期间的物业费，应向业主予以退还。

（一）合同的权利义务终止

《民法典》第557条规定："有下列情形之一的，债权债务终止：（一）债务已经履行；（二）债务相互抵销；（三）债务人依法将标的物提存；（四）债权人免除债务；（五）债权债务同归于一人；（六）法律规定或者当事人约定终止的其他情形。合同解除的，该合同的权利义务关系终止。"该条规定明确了债权债务终止的具体情形，包括：

1. 债务已经履行

债务已经履行，是指债务人按照债的标的、质量、数量、价款或者报酬、履行期限、履行地点和方式正确地、适当地全面履行了债务。[①] 债务履行后，一方面使债权人的债权得以实现，债权请求权归于消灭；另一方面履行行为使得债务人的债务归于消灭，不再负有履行义务，从而产生了终止债权债务关系的法律效果。以下情况也属于债权已经履行：第三人按照债权人和债务人之间的约定或者依照法律规定履行；债务人按照约定或者依照法律规定向第三人履行；债权人和债务人协商一致以他种给付代替原定给付。

2. 债务相互抵销

债务相互抵销是指当事人在互负债务、互享债权时，以自己的到期债权冲抵对方的债权，使自己的债务与对方的债务在等额内消灭。抵销制度，一方面免除了当事人的实际履行行为，便利当事人，节省履行成本；另一方面当一方当事人财产状况恶化，不能履行所负债务时，通过抵销起到了债的担保作用。抵销包括法定抵销和约定抵销。

3. 债务人依法将标的物提存

提存是指由于法律规定的原因，债务人无法向债权人交付合同标的物时，债务人将该标的物交给提存部门而消灭债务的制度。债务的履行往往需要债权人的协助，如果债权人无正当理由拒绝受领，或因客观原因不能受领时，为避免债务人长期陷于"随时准备履行"的不利境地，法律规定债务人可以通过依法将标的物提存，来终止与债权人的债权债务关系。

4. 债权人免除债务

债权人免除债务是指债权人免除对债务人享有的债权。债权人可以免除债务人的全部债务，也可以免除债务人的部分债务。在债权人免除债务的范围内，债权债务终止。《民法典》第575条规定："债权人免除债务人部分或者全部债务的，债权债务部分或者全部终止，但是债务人在合理期限内拒绝的除外。"

5. 债权债务同归于一人

基于某一事实的发生，使得原本分属不同当事人的债权和债务，同归于一方当

[①] 黄薇主编：《中华人民共和国民法典合同编解读》（上册），中国法制出版社2020年版，第318页。

事人。此时，该当事人既是债权人，又是债务人。自己向自己履行债务，显无必要，债权债务自然终止。《民法典》第576条规定："债权和债务同归于一人的，债权债务终止，但是损害第三人利益的除外。"

6. 法律规定或者当事人约定终止的其他情形

法律规定终止的情形，包括《民法典》第934条规定的"委托人死亡、终止或者受托人死亡、丧失民事行为能力、终止的，委托合同终止"；第940条规定的"……服务期限届满前，业主委员会或者业主与新物业服务人订立的物业服务合同生效，前期物业服务合同终止"；第977条规定的"合伙人死亡、丧失民事行为能力或者终止的，合伙合同终止"。合同约定终止的情形，包括《民法典》第158条规定的当事人约定附解除条件的民事法律行为，自条件成就时失效；第160条规定的当事人约定附终止期限的民事法律行为，自期限届满时失效。

7. 合同解除的，该合同的权利义务关系终止

解除只能适用于终止合同的权利义务关系，而不能适用于其他法定的债权债务关系，因而《民法典》第557条将合同解除导致权利义务关系终止单列在第2款。合同的解除适用于已经具有法律约束力的合同，不具有法律约束力的合同不发生解除。依法成立的合同对当事人具有法律约束力，只有出现合同约定、法律规定的事由，或当事人协商一致时，才能解除合同。

（二）物业服务合同权利义务的终止

1. 前期物业服务合同的终止

前期物业服务合同，是指在物业区域内的业主或者业主大会选聘物业服务人之前，由房地产开发建设单位与物业服务人之间订立的，双方约定由物业服务人提供物业服务，对前期的物业服务事项进行处理的合同。① 在业主、业主大会选聘物业服务人之前，建设单位选聘物业服务人的，应当签订书面的前期物业服务合同。建设单位与物业买受人签订的买卖合同应当包含前期物业服务合同约定的内容。《民法典》第939条规定，建设单位依法与物业服务人订立的前期物业服务合同，对业主具有法律约束力。业主应当按照前期物业服务合同的约定向物业服务人支付物业费。

《物业管理条例》第26条规定，前期物业服务合同可以约定期限；但是，期限

---

① 黄薇主编：《中华人民共和国民法典合同编解读》（下册），中国法制出版社2020年版第1386页。

未满、业主委员会与物业服务企业签订的物业服务合同生效,前期物业服务合同终止。《民法典》第940条规定,建设单位依法与物业服务人订立的前期物业服务合同约定的服务期限届满前,业主委员会或者业主与新物业服务人订立的物业服务合同生效的,前期物业服务合同终止。建设单位与物业服务人签订的前期物业服务合同中,如果约定了服务期限的,在该期限届满时,物业服务合同即告终止。但法律对前期物业服务合同的终止作了特殊的规定,即"业主委员会或者业主与新物业服务人订立的物业服务合同生效",前期物业服务合同提前终止。

选聘物业服务人由业主共同决定,通过召开业主大会会议的方式对物业服务人的选聘进行表决。业主共同决定聘请物业服务人的,由业主委员会代表业主与业主大会选聘的物业服务人签订物业服务合同。业主大会选聘物业服务人的决定、业主委员会与物业服务人签订的物业服务合同,对全体业主具有约束力。但从建设单位完成小区物业的开发建设及销售,到业主召开业主大会选聘物业服务人,往往需要一段时间。而这段时间内,陆陆续续会入住一些业主,都需要接受物业服务。此时法律规定,可以由建设单位先行选聘物业服务人签订前期物业服务合同,由前期物业服务人提供物业服务。但在业主大会成立并选聘了新的物业服务人之后,基于"业主自治"的要求,建设单位与其选聘的物业服务人签订的物业服务合同,根据法律规定即告终止,属于《民法典》第557条第1款第6项中的法律规定的终止情形,无须业主或者建设单位作出合同终止或解除的意思表示。

2. 一般物业服务合同的终止

物业服务合同期满后,如业主或物业服务人不同意续聘的,则物业服务合同权利义务终止。《民法典》第947条规定,物业服务期限届满前,业主依法共同决定续聘的,应当与原物业服务人在合同期限届满前续订物业服务合同。物业服务期限届满前,物业服务人不同意续聘的,应当在合同期限届满前90日书面通知业主或者业主委员会,但是合同对通知期限另有约定的除外。第948条规定,物业服务期限届满后,业主没有依法作出续聘或者另聘物业服务人的决定,物业服务人继续提供物业服务的,原物业服务合同继续有效,但是服务期限为不定期。可见,物业服务合同期限届满后并非当然终止。

业主或者物业服务人,可以通过解除物业服务合同的方式终止物业服务合同。《民法典》第557条第2款规定,合同解除的,该合同的权利义务关系终止。第562条规定了"合同的约定解除",根据该规定,业主和物业服务人可以协商一致解除物业服务合同,也可以在物业服务合同中约定一方解除合同的事由,当解除合同的事由发生时，解除权人可以解除合同。《民法典》第563条规定了"合同的法定解除"，物业服务合同有下列情形之一的，当事人可以解除合同：（1）因不可抗力致使不能实现合同目的；（2）在履行期限届满前，当事人一方明确表示或者以自己的行为表明不履行主要债务；（3）当事人一方迟延履行主要债务，经催告后在合理期限内仍未履行；（4）当事人一方迟延履行债务或者有其他违约行为致使不能实现合同目的；（5）法律规定的其他情形。

此外，业主享有对物业服务合同的任意解除权。《民法典》第946条规定："业主依照法定程序共同决定解聘物业服务人的，可以解除物业服务合同。"业主可以通过法定程序行使任意解除权，"法定程序"即是通过业主大会的形式，而且对参与表决和同意的业主数量有所要求，即应当由专有部分面积占比三分之二以上的业主且人数占比三分之二以上的业主参与表决，且经参与表决专有部分面积过半数的业主且参与表决人数过半数的业主同意。

（三）物业服务合同终止的，物业服务人应当返还已预收但尚未提供物业服务期间的物业费

物业服务合同终止后，业主与物业服务人之间不再存有物业服务合同关系，即物业服务人不再负有为业主提供物业服务的义务，业主亦不再负有向物业服务人支付物业费的义务。实践中，有些物业服务合同中会约定业主提前预交物业费，即业主先交费，物业服务人后提供物业服务。比如，《物业服务收费管理办法》第12条规定，实行物业服务费用酬金制的，预收的物业服务费属于代管性质，为所交纳的业主所有，物业管理企业不得将其用于物业服务合同约定以外的支出。

基于物业服务合同的约定，物业服务人享有收取物业费的权利，同时也要承担提供物业服务的义务。在物业服务合同终止后，物业服务人不再提供物业服务，自然不能再收取物业费。对于业主预交的物业费，物业服务人可以收取已经提供物业服务期间的部分费用作为对价，而对于尚未提供物业服务期间的物业费应当返还给业主。如果物业服务人拒绝返还的，因物业服务合同权利义务终止，其占有物业费没有法律根据。根据《民法典》第985条规定的"得利人没有法律根据取得不当利益的，受损失的人可以请求得利人返还取得的利益"，业主可以请求物业服务人予以返还。

个别业主可以自行向法院起诉，要求物业服务人返还尚未提供物业服务期间的物业费，也可以由业主大会委托代表提起诉讼。如果业主大会同意将该部分物业费转为应向新物业服务人支付的物业费，业主大会可以授权委托新物业服务人提起

诉讼，请求原物业服务人直接将该部分物业费支付给新物业服务人。

四、辅助信息

《民法典》

  第五百五十七条　有下列情形之一的，债权债务终止：
  （一）债务已经履行；
  （二）债务相互抵销；
  （三）债务人依法将标的物提存；
  （四）债权人免除债务；
  （五）债权债务同归于一人；
  （六）法律规定或者当事人约定终止的其他情形。
  合同解除的，该合同的权利义务关系终止。
  第九百四十条　建设单位依法与物业服务人订立的前期物业服务合同约定的服务期限届满前，业主委员会或者业主与新物业服务人订立的物业服务合同生效的，前期物业服务合同终止。
  第九百四十六条　业主依照法定程序共同决定解聘物业服务人的，可以解除物业服务合同。决定解聘的，应当提前六十日书面通知物业服务人，但是合同对通知期限另有约定的除外。
  依据前款规定解除合同造成物业服务人损失的，除不可归责于业主的事由外，业主应当赔偿损失。

《物业管理条例》

  第二十一条　在业主、业主大会选聘物业服务企业之前，建设单位选聘物业服务企业的，应当签订书面的前期物业服务合同。
  第二十五条　建设单位与物业买受人签订的买卖合同应当包含前期物业服务合同约定的内容。
  第二十六条　前期物业服务合同可以约定期限；但是，期限未满、业主委员会与物业服务企业签订的物业服务合同生效的，前期物业服务合同终止。

物业服务合同纠纷案件裁判规则第 17 条

物业服务合同终止后，物业服务人未履行后合同义务的，不得请求业主支付合同终止后的物业费

【规则描述】　本条是关于物业服务合同终止后物业服务人负有退出物业服务区域等后合同义务的规则。物业服务合同终止后，物业服务人应当在约定期限或者业主委员会通知的合理期限内退出物业服务区域，将物业服务用房、相关设施、物业服务所必需的相关资料等交还给业主委员会、决定自行管理的业主或者其指定的人，配合新物业服务人做好交接工作，并如实告知物业的使用和管理状况。物业服务合同终止后，在业主和业主大会选聘的新物业服务人或者决定自行管理的业主接管之前，原物业服务人应当继续处理物业服务事项，并可以请求业主支付该期间的物业费。原物业服务人未履行后合同义务的，不得请求业主支付物业服务合同终止后的物业费。如造成业主损失的，物业服务人还应承担损失赔偿责任。

一、类案检索大数据报告

时间：2023 年 7 月 21 日之前；案例来源：Alpha 案例库；案由：物业服务合同纠纷；检索条件：法院认为包含"物业服务合同终止后，在业主或者业主大会选聘的新物业服务人或者决定自行管理的业主接管之前，原物业服务人应当继续处理物业服务事项，并可以请求业主支付该期间的物业费"；案件数量：403 件；数据采集时间：2023 年 7 月 21 日。

本次检索获取了 2023 年 7 月 21 日前共 403 篇裁判文书。从图 17-1 的年份分布可以看到当前条件下此类案件数量的变化趋势。

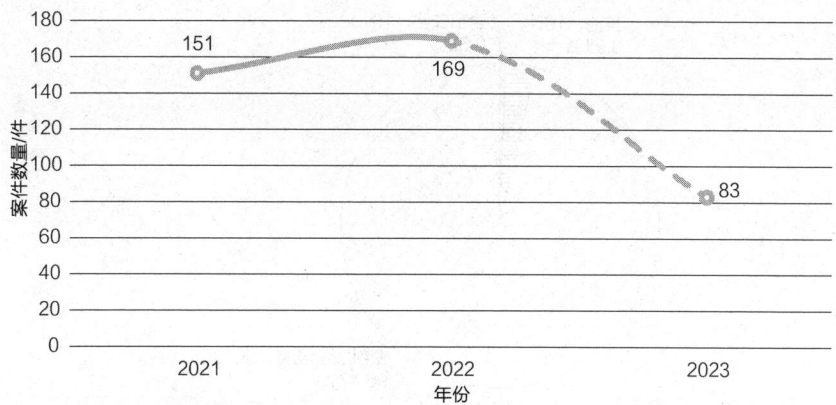

图 17-1　类案时间分布情况

从图 17-2 的程序分类统计可以得出当前的审理程序分布状况,其中一审案件有 312 件,二审案件有 87 件,再审案件有 3 件,执行案件有 1 件。

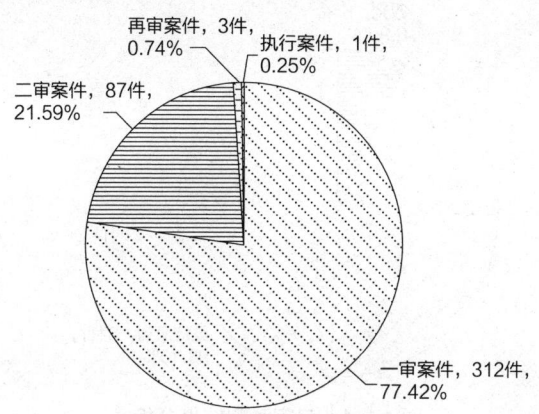

图 17-2　审理程序分布情况

如图 17-3 所示,通过对一审裁判结果的可视化分析可以看到,当前条件下全部 / 部分支持的有 301 件,占比为 96.47%;其他的有 10 件,占比为 3.21%;全部驳回的有 1 件,占比为 0.32%。

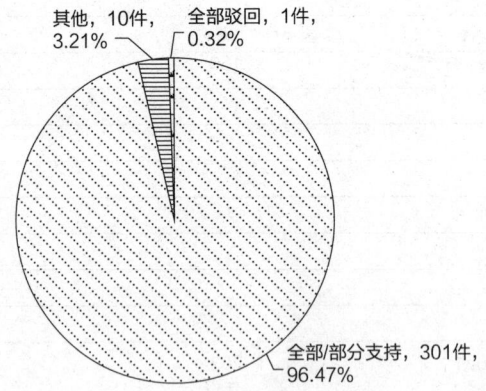

图 17-3　一审裁判结果分析

如图 17-4 所示，通过对二审裁判结果的可视化分析可以看到，当前条件下维持原判的有 81 件，占比为 93.10%；改判的有 6 件，占比为 6.90%。

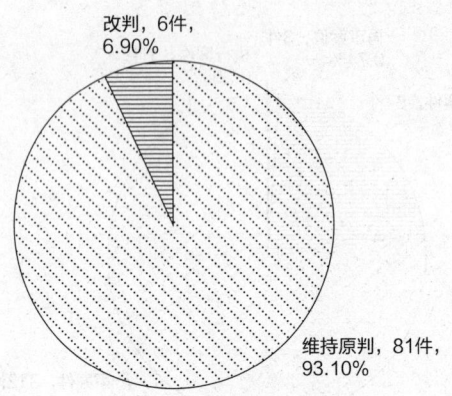

图 17-4　二审裁判结果分析

二、可供参考的例案

> **例案一　南京某丰物业管理有限公司与南京市某住宅小区业主委员会物业服务合同纠纷案**

【法院】

　　江苏省南京市中级人民法院

【案号】
（2020）苏01民终3434号

【当事人】
上诉人（原审被告）：南京某丰物业管理有限公司
被上诉人（原审原告）：南京市某住宅小区业主委员会

【基本案情】
案涉小区于2002年建成并交付后，由江苏某涛物业管理有限公司提供前期物业服务。2009年12月，南京某丰物业管理有限公司（以下简称某丰物业公司）与该小区建设单位签订物业服务合同。2013年5月1日，南京市某住宅小区业主委员会（以下简称业委会）与某丰物业公司签订了《物业服务合同》，约定由某丰物业公司为小区提供物业服务，服务期限三年。合同到期后，该小区业主对某丰物业公司进行续聘并于2016年4月30日签订了《物业服务合同》，服务期限三年。按照双方所签订的物业服务合同约定，某丰物业公司应当建立物业管理档案，并于合同终止、某丰物业公司退出小区时，及时办理交接手续，向业委会移交全部物业管理用房、物业档案全部资料，结清全部账目，双方为此还约定了违约责任。

2017年7月29日，业委会将业主大会决议解聘某丰物业公司一事告知某丰物业公司，并要求某丰物业公司一周内撤离、交接，并移交案涉物业管理资料。同年8月4日，南京市江宁区某街道物业管理办公室（以下简称某街道物管办）作出《指导意见书》，认定业主大会决议有效，由其指导业委会办理物业移交工作。同年10月22日，业委会再次向某丰物业公司发函，要求某丰物业公司移交案涉物业管理资料。当月29日，双方与某街道物管办三方召开联合会议，达成如下协议：某丰物业公司于2017年10月29日上午10时进行门岗交接，交接后，原某丰物业公司工作人员可以进入小区；某丰物业公司提供该小区所有物业收费账目明细给业委会，其中，小区业主所欠某丰物业公司物业费及公摊水电费等款项，业委会承诺协助某丰物业公司收回欠款，有疑义部分需经第三方评估确认……后因某丰物业公司未按约定移交任何资料，江宁区住建局于2018年1月22日作出行政处罚决定，责令立即改正上述违法行为，并处以10万元罚款的行政处罚。

另查明，某丰物业公司于2017年4月24日起诉业主李某物业服务合同纠纷一案，要求李某支付物业费12355元、公摊水电费4176元、垃圾清运费540元、天然气转换费300元等，一审法院于2017年12月16日作出（2017）苏0115民初6158号民事判决书，判决认定按七折支付物业费计6766.76元，公摊水电费等费用因未提供证据证实，故未予支持。此后，某丰物业公司又起诉 22 位业主支付物业费。又查明，2018 年 8 月 2 日，业委会向南京市玄武区人民法院起诉某丰物业公司物业服务合同纠纷一案，该院工作人员至某丰物业公司位于南京市秦淮区白下路 × 号海院伯利兹科技园 × 幢的实际办公地点，该地点系名为"加成健康"的办公室。

【案件争点】

业委会能否请求某丰物业公司移交相关资料。

【裁判摘要】

本案中，业委会与某丰物业公司在物业服务合同中约定，"本合同终止，乙方退出本物业时，应及时办理交接手续，向业委会移交全部物业管理用房、物业档案全部资料，结清账目。"现双方的物业服务合同已经终止，某丰物业公司应移交相关资料。《南京市住宅物业管理条例》第 20 条[①]规定："业主委员会履行下列职责：……（九）法律、法规规定或者业主大会赋予的其他职责。"根据某住宅小区业主大会议事规则的规定，业委会如遇全体业主权益被不法侵害时，应代表全体业主负责追索及维权，并可以代表业主大会聘请律师及参与诉讼。某丰物业公司虽对业委会提交的业主大会议事规则不予认可，但未能提交相应证据予以反驳，法院对住宅小区业主大会议事规则的证明力予以确认。业委会要求某丰物业公司移交相关资料，符合合同约定及法律规定，也是履行业主大会赋予业委会的相关职责。

《江苏省物业管理条例》第 42 条以及《南京市住宅物业管理条例》第 46 条[②]规定，物业服务企业应当将与承接查验有关的文件、资料和记录建立档案，并妥善保管。物业服务企业退出物业管理项目时，应当按照法律规定和合同约定办理移交手续，并移交相关资料。某丰物业公司作为小区的前期物业服务企业，之后又接受业委会委托对该小区进行物业服务，其有义务按照法律规定及合同约定建立物业管理档案。某丰物业公司在物业服务合同终止后，未按规定向业委会移交相关档案资料，其行为有违法律规定及合同约定。

鉴于某丰物业公司未按规定向业委会移交相关物业管理资料，在被江宁区住建局作出行政处罚后，仍未能向业委会移交相关资料。经法院向相关单位查询，目前亦尚未查询到小区竣工验收资料以及物业质量保修文件和物业使用说明文件有档案留存。一审判决某丰物业公司移交竣工总平面图，单体建筑、结构、设备竣工图，

[①] 该省、自治区的人民政府所在市地方性法规已于 2024 年 7 月 31 日修正，本条对应第 22 条。

[②] 该省、自治区的人民政府所在市地方性法规已于 2024 年 7 月 31 日修正，本条对应第 47 条。

配套设施、地、地下管网工程竣工图等竣工验收资料，物业质量保修文件和物业使用说明文件，因上述资料暂无档案可供复制，判决内容现客观上无法执行。但某丰物业公司未尽管理职责，未按规定完善物业档案，其应当承担违约责任，因此给小区业主造成的损失，小区业主可另行主张。

业委会要求某丰物业公司移交的"环境影响评价报告及审批、验收等环境保护资料"，系依据2016年7月1日起施行的《南京市住宅物业管理条例》的有关规定，该资料系建设单位应当向前期物业服务企业移交的资料。某丰物业公司2009年12月承接小区物业服务时，《南京市住宅物业管理条例》尚未出台，目前尚无证据证明建设单位曾保有该资料，并将该资料移交给物业服务企业，故业委会要求某丰物业公司移交"环境影响评价报告及审批、验收等环境保护资料"，客观上履行不能。

例案二　行唐县某祥物业服务有限公司与行唐县某小区业主委员会物业服务合同纠纷案

【法院】

河北省石家庄市中级人民法院

【案号】

（2020）冀01民终7867号

【当事人】

上诉人（原审被告）：行唐县某祥物业服务有限公司

被上诉人（原审原告）：行唐县某小区业主委员会

【基本案情】

2010年3月，在行唐县房地产管理所主持、行唐县公安局参与维持秩序下，行唐县某小区业主委员会（以下简称业委会）选举成立。之后，该业委会向行唐县公安局申请刻制公章，并一直用该公章代表小区从事民事活动。2016年9月30日，业委会与行唐县某祥物业服务有限公司（以下简称某祥物业公司）签订《物业管理服务合同》，双方约定合同期限为三年，自2016年10月20日起至2019年10月19日止。现合同期满，某祥物业公司拒不退出某小区，仍然占用业委会所有的物业服务用房[门岗小房两间、旧锅炉房（库房）]和相关设施及用电卡。小区最北边有一个二层楼（一层是车库，二层是小区办公用房），某祥物业公司占用了9间房。某祥物业公司辩称，其他设施无异议，但小区北边二层楼，他们只占用了4间房，其他房屋空着。为维护自己的合法权益,业委会向法院提起诉讼。

另查明,2019年业委会与某祥物业公司签订的《物业管理服务合同》到期之前,业委会公开选聘物业管理企业,某祥物业公司也提交了物业服务承诺书和对该小区的物业服务标准参与竞聘。最终,行唐县某达物业管理有限公司竞聘成功,与业委会签订了合同,成为该小区新的物业管理公司。

【案件争点】

业委会是否有权请求某祥物业公司退出物业服务区域并办理相关移交手续。

【裁判摘要】

业委会有权提起本次诉讼,无须业主大会的授权。《物权法》第76条第1款①规定:"下列事项由业主共同决定:(一)制定和修改业主大会议事规则;(二)制定和修改建筑物及其附属设施的管理规约;(三)选举业主委员会或者更换业主委员会成员;(四)选聘和解聘物业服务企业或者其他管理人;(五)筹集和使用建筑物及其附属设施的维修资金;(六)改建、重建建筑物及其附属设施;(七)有关共有和共同管理权利的其他重大事项。"业委会在《物业管理服务合同》到期后要求某祥物业公司退出小区的要求,不属于上述规定的内容,无须业主大会的授权。某祥物业公司关于业委会没有召开业主大会更没有经过业主大会的授权,其无权提起本次诉讼之抗辩理由不成立。业委会是依法成立,代表和维护小区全体业主合法民事权益的自我管理的民间自治组织,具有向人民法院提起民事诉讼的资格,是本案的适格原告。

某祥物业公司应否退出小区物业服务区域。2009年《物业纠纷司法解释》第10条第1款规定:"物业服务合同的权利义务终止后,业主委员会请求物业服务企业退出物业服务区域、移交物业服务用房和相关设施,以及物业服务所必需的相关资料和由其代管的专项维修资金的,人民法院应予支持。"业委会与某祥物业公司签订的《物业管理服务合同》是双方的真实意思表示,内容亦不违反法律及行政法规的强制性规定,为有效合同。《合同法》第92条②规定:"合同的权利义务终止后,当事人应当遵循诚实信用原则,根据交易习惯履行通知、协助、保密等义务。"本案中,双方签订的《物业管理服务合同》期限届满且已履行完毕,合同权利义务已终止,某祥物业公司应当遵循诚实信用原则,履行退出小区、移交物业服务用房和相关设施

---

① 参见《民法典》第278条。
② 参见《民法典》第558条。

等附随义务。在合同权利义务已终止的情况下，某祥物业公司拒绝退出小区的行为无法律依据。故，业委会要求某祥物业公司退出小区物业服务区域，移交物业服务用房和相关设施以及物业服务所必需的相关资料和用电卡，法院予以支持。此外，业委会与案外人行唐县某达物业管理有限公司签订的物业服务合同是否有效、是否经过业主大会讨论及经过双过半业主同意，不属于本案的审理范围，本案不议。至于某祥物业公司向法院提交的293份业主调查问卷，其仅仅是其单方所进行的一个民意调查，与本案没有关联性，本案不议。

例案三　城关区雁南街道滩尖子某花园业主委员会与齐某、何某物业服务合同纠纷案

【法院】

甘肃省兰州市中级人民法院

【案号】

（2020）甘01民终2005号

【当事人】

上诉人（原审原告）：兰州市城关区雁南街道滩尖子某花园业主委员会

被上诉人（原审被告）：齐某

被上诉人（原审被告）：何某

【基本案情】

甘肃某物业管理有限公司（以下简称某物业公司）曾为案涉小区提供前期物业服务。2018年9月15日，小区全体业主经过法定程序选举产生了城关区雁南街道滩尖子某花园业主委员会（以下简称业委会）。2018年9月20日，业委会向社区提出《关于成立业主委员会的备案申请》。2018年9月21日，社区及街道依法对业委会予以备案。2018年9月22日，业委会向某物业公司发出《关于要求某物业公司撤出小区的告知函》，解除与某物业公司的前期物业服务合同。2018年10月8日，业委会向某物业公司发出《关于撤离小区的通知》，告知某物业公司进行物业交接工作。2018年10月13日，业委会与甘肃某林物业服务有限公司（以下简称某林物业公司）签订《物业管理合同》，业委会委托某林物业公司对小区实行物业管理。2018年10月14日，业委会向某物业公司发出《关于限期撤离小区的通知》，要求某物业公司于2018年10月16日前撤出小区。

2018年10月20日，业委会与某物业公司、某林物业公司签订三方协议，协议约定：某物业公司同意交接，交接期间，自2018年10月13日前所产生的相关费用由原物业承担，10月13日后所产生的费用，全部由业委会和新物业公司承担，如因不按时缴费所产生的一切后果，均由业委会和新物业公司自行处理解决，与某物业公司无关，协议后附物业移交资产清单：（1）锅炉房一间及锅炉房内所有设施设备；（2）物业办公室2间；（3）消防控制室及室内所有设施设备（含监控）；（4）水箱间（含二次供水设备）、配电室；（5）电梯（5台）（缺维保合同）；（6）水、电、锅炉需过户，10月22日全部配合过户。后因某物业公司始终未与业委会进行协商、配合，未履行移交义务，业委会遂诉至法院。另查明，齐某、何某未通知业委会，于2019年1月8日注销了某物业公司的工商登记。工商资料显示，某物业公司系有限责任公司，注册资本100万元，齐某系法定代表人。在申请注销某物业公司时，齐某、何某既是股东，又是清算组成员，其在清算报告中承诺：由于在清算组中没有债权债务，如果出现债权债务，由齐某、何某承担。

【案件争点】

业委会能否请求齐某、何某向业委会移交物业服务用房和相关设施以及物业服务相关材料。

【裁判摘要】

关于业委会请求判令齐某、何某退出物业服务小区的问题。某物业公司于2019年1月8日注销工商登记，齐某、何某作为原某物业公司股东已经退出物业服务小区，不再行使物业管理经营权，业委会与某林物业公司又签订物业服务合同，所以业委会请求判令齐某、何某退出物业服务小区的诉求事实已不存在。关于业委会请求判令齐某、何某向业委会移交物业服务用房和相关设施以及物业服务相关材料的问题。齐某、何某作为某物业公司的股东在完成公司注销登记时未通知业委会，主观上缺乏善意，且其在清算报告中承诺：由于在清算组中没有债权债务，如果出现债权债务，由齐某、何某承担。故齐某、何某未向业委会承担履行物业管理权移交的义务，妨碍了小区的正常管理秩序。根据2009年《物业纠纷司法解释》第10条的规定："物业服务合同的权利义务终止后，业主委员会请求物业服务企业退出物业服务区域、移交物业服务用房和相关设施，以及物业服务所必需的相关资料和由其代管的专项维修资金的，人民法院应予支持。"同时，《兰州市物业管理条例》第37条第 2 款①规定:"自物业服务合同解除之日起十日内,原物业服务企业、新物业服务企业与业主委员会应当办理下列交接事宜:(一)移交业主和物业的基础档案;(二)移交物业服务中形成的物业服务档案;(三)移交物业服务用房和业主共有的其他房屋、场地和财物;(四)移交物业共用设施设备及其改造、维修、运行、保养的有关资料;(五)清交预收、代收和清算欠收的有关费用;(六)其他需要交接的事项。"本案中,业委会与某物业公司、某林物业公司三方亦签订了移交协议,故业委会要求齐某、何某移交小区物业服务用房和相关设施以及物业服务所必需的相关资料等诉讼请求成立。关于业委会主张移交由齐某、何某代管的专项维修资金,清交预收、代收和清算欠收的有关费用的问题。虽然业委会提交了刘某的一份收据作为证据,该证据仅能证明该业主曾向某物业公司交纳过公共设施维修金,业委会未对某物业公司在注销登记前实际代管的以上费用的具体数额举证证明,业委会的该项诉讼请求数额不明确,故法院不予支持。关于业委会主张的移交业主共有的其他房屋、场地和财物,因在三方约定的移交协议中未涉及,且业委会亦未提交证据证明其他房屋场地和财物由原某物业公司持有或占有等的相关证据,故不予支持。

例案四　马某与莱芜某光物业管理有限公司物业服务合同纠纷案

【法院】

　　山东省济南市中级人民法院

【案号】

　　(2020)鲁01民终1096号

【当事人】

　　上诉人(原审被告):马某

　　被上诉人(原审原告):莱芜某光物业管理有限公司

【基本案情】

　　2013年4月9日,马某入住案涉小区,房屋建筑面积165.36平方米。同日,莱芜某光物业管理有限公司(以下简称某光物业公司)与马某签订《物业管理服务协议》,协议约定:"……第2条:物业管理服务内容:(一)公用部位设施的维护和管理。1.房屋建筑共享部位的维修、养护和管理,包括楼盖、屋顶、外墙面、承重墙

---

①　该省、自治区的人民政府所在市地方性法规已于2020年12月8日修改,本条对应第47条第3款。

体、楼梯间、走廊、门厅等。2. 共享设施设备的维修养护运行和管理，包括共享的上下水管道、落水管、污水管、共享照明、楼内消防设施设备等。3. 物业共享部位和相关场地的清洁卫生，化粪池的清运、垃圾的收集及雨污水管道的疏通。4. 景观、公共绿地、道路、健身场及其附属设备的保洁、养护和管理……第3条：物业管理服务质量……第5条：物业管理服务费及水电费等：1. 根据2012年1月起施行的《山东省住宅物业服务费收费管理办法》第11条规定，业主或物业使用人应当自物业交付之日起按月交纳物业服务费，物业服务费可以预收。因此，乙方（业主）交纳物业服务费自交房之日起算，物业管理费每年交纳一次，每次交纳时间为上一交费周期的最后一个月20号至31号（如有更改会另行通知业主）。2. 交纳标准：住宅按建筑面积每平方米每月1.3元，详细核算标准日后会在小区公示，告知住户详细的物业费测算内容……第9条：违约责任 1. 甲方（某光物业公司）违反协议，未达到管理服务质量约定目标的，乙方（业主）有权要求甲方限期改正，逾期未改正给乙方造成损失的，甲方承担相应法律责任……4. 乙方违反协议，不按本协议约定的收费标准和时间交纳有关费用的，甲方有权要求乙方补交，并从逾期之日起按日应交费用3%的滞纳金……第17条：合同期限：本合同自开发商委托之日起至业主委员会成立。"同日，双方还签订《入住协议书》一份，其中，第7条约定："小区水、电、天然气、供暖、宽带、有线电视等各项费用的收取标准为：小区的供水为专供水，不属于自来水公司直管，考虑到自市政总表至分户表之间的线路损耗，住户的表损、误差等诸多方面，故小区暂定水费为3.5元/吨，其他各项的收费表按照市里有关规定收取。"

马某入住小区后尚欠某光物业公司部分物业管理费及水费。自2015年第一季度至2018年第二季度期间，马某累计欠某光物业公司物业费9039.8元、水费2695.5元。某光物业公司于2016年10月21日在某和园小区的便民信息栏向马某进行了2016年第三季度物业管理费的催交，于2018年7月12日向马某进行了2015年第一季度至2018年第二季度物业管理费及水费的催交。马某所在小区业委会于2015年12月29日成立，街道办事处出具了证明并到当地物业管理办公室进行了备案。小区业委会成立之后于2016年1月25日向某光物业公司发出了撤离小区的通知；2017年3月13日，小区业委会再次向某光物业公司发出撤离的通知，但某光物业公司至今未撤离小区。

【案件争点】

某光物业公司能否要求马某支付其拒绝退出物业服务之后的物业费。

【裁判摘要】

　　本案系马某与某光物业公司之间因前期物业服务合同的履行和终止而产生的争议，属于物业服务合同纠纷。案涉小区于2015年11月21日召开首次业主代表大会，选举产生了首届业委会组成人员，并于2015年12月29日在物业管理办公室备案。自2015年12月29日案涉小区业委会依法备案后，开发商无权再为案涉小区签订前期物业服务合同。根据2015年9月21日开发商与某光物业公司签订《前期物业服务合同》第35条约定本合同期限至2016年12月30日止，第37条约定本合同终止时，某光物业公司应将物业管理用房、物业管理相关资料等属于全体业主所有的财物及时完整地移交给业委会。

　　某光物业公司违反合同约定，在2016年12月30日《前期物业服务合同》到期终止后，拒不向小区业委会移交，并退出物业服务区域。2009年《物业纠纷司法解释》第10条规定："物业服务合同的权利义务终止后，业主委员会请求物业服务企业退出物业服务区域、移交物业服务用房和相关设施，以及物业服务所必需的相关资料和由其代管的专项维修资金的，人民法院应予支持。物业服务企业拒绝退出、移交，并以存在事实上的物业服务关系为由，请求业主支付物业服务合同权利义务终止后的物业费的，人民法院不予支持。"据此，某光物业公司主张2016年12月31日以后的物业费，依据不足。某光物业公司曾向马某进行过催收，其主张未过时效，马某应当向某光物业公司支付2015年1月至2016年12月30日的物业服务费5165元。

三、裁判规则提要

　　物业服务合同终止后，原物业服务人应当在约定期限内或者合理期限内退出物业服务区域，将物业服务用房、相关设施、物业服务所必需的相关资料等交还给业主委员会、决定自行管理的业主或者其指定的人，配合新物业服务人做好交接工作，并如实告知物业的使用和管理状况。在业主或者业主大会选聘的新物业服务人或者决定自行管理的业主接管之前，原物业服务人应当继续处理物业服务事项，并可以请求业主支付该期间的物业费。如果物业服务人拒绝履行移交义务的，不得请求业主支付物业服务合同终止后的物业费；造成业主损失的，应当赔偿损失。

（一）合同的全面履行原则

《民法典》第509条规定了合同履行的全面履行原则，即"当事人应当按照约定全面履行自己的义务"，包括标的数量、质量、规格、价款、地点、期限、履行方式等。合同的履行应是债务人全面地、适当地完成合同义务，使债权人实现其合同债权的给付行为和给付结果的统一[①]。"履行并非指债务人之给付行为，履行重结果，给付仅系履行之手段，必须债权人实际获得给付结果，才能谓之'履行'"[②]。

对于一些具体事宜，如果合同没有约定或者约定不明确，则按照法定的填补漏洞的方法作出履行也属于全面履行的范围[③]。比如，《民法典》第510条规定，合同生效后，当事人就质量、价款或者报酬、履行地点等内容没有约定或者约定不明确的，可以协议补充；不能达成补充协议的，按照合同相关条款或者交易习惯确定。仍然不能确定的，第511条[④]具体规定了相应的确定方法。

从时间轴来看，合同的履行是一个连续进行的完整过程，按照发生时间的先后顺序，它由三个阶段构成，包括执行合同义务的准备阶段、具体合同义务的执行阶段、合同义务执行的善后阶段，所对应的分别为"先合同义务""合同义务"和"后合同义务"[⑤]。在"合同义务"阶段，除合同的主给付义务以外，还包括从给付义务、附随义务等。

1. 先合同义务

先合同义务是指在订立合同过程中，合同生效之前，当事人基于法律规定或诚信、公平等原则所负有的义务。比如，《民法典》第500条规定了"缔约过失责任"，

---

① 崔建远：《合同法总论》（中卷），中国人民大学出版社2016年版，第2页。
② 林诚二：《论债之本质与责任》，载《中兴法学》1978年第13期。
③ 王利明：《合同法研究》（第2卷），中国人民大学出版社2015年版，第14页。
④ 《民法典》第511条规定："当事人就有关合同内容约定不明确，依据前条规定仍不能确定的，适用下列规定：（一）质量要求不明确的，按照强制性国家标准履行；没有强制性国家标准的，按照推荐性国家标准履行；没有推荐性国家标准的，按照行业标准履行；没有国家标准、行业标准的，按照通常标准或者符合合同目的的特定标准履行。（二）价款或者报酬不明确的，按照订立合同时履行地的市场价格履行；依法应当执行政府定价或者政府指导价的，依照规定履行。（三）履行地点不明确，给付货币的，在接受货币一方所在地履行；交付不动产的，在不动产所在地履行；其他标的，在履行义务一方所在地履行。（四）履行期限不明确的，债务人可以随时履行，债权人也可以随时请求履行，但是应当给对方必要的准备时间。（五）履行方式不明确的，按照有利于实现合同目的的方式履行。（六）履行费用的负担不明确的，由履行义务一方负担；因债权人原因增加的履行费用，由债权人负担。"
⑤ 最高人民法院民法典贯彻实施工作领导小组主编：《中华人民共和国民法典合同编理解与适用（一）》，人民法院出版社2020年版，第339页。

当事人在订立合同过程中存在违背诚信原则等行为，造成对方损失的，应承担赔偿责任。第 501 条规定了"当事人的保密义务"，当事人在订立合同过程中知悉的商业秘密或者其他应当保密的信息，无论合同是否成立，不得泄露或者不正当地使用；泄露、不正当地使用该商业秘密或者信息，造成对方损失的，应当承担赔偿责任。

2. 附随义务

附随义务是在债之关系上，除给付义务以外，在当事人间尚发生保护、照顾、通知、忠实及协力义务，是债务人依诚信原则于契约及法律所规定的内容之外所附有的义务[①]。《民法典》第 509 条规定了合同履行的附随义务，"当事人应当遵循诚信原则，根据合同的性质、目的和交易习惯履行通知、协助、保密等义务"。

3. 从合同义务

从合同义务不决定合同的性质和类型，但具有辅助主合同义务之功能，是确保债权人利益能够获得最大满足、合同能够完整履行所必不可少的义务。违反从合同义务，债权人可以独立请求履行，亦可以请求损害赔偿。从合同义务的产生一般基于法律的明文规定、当事人的约定或交易习惯。比如，《民法典》第 599 条明确了买卖合同的从合同义务，规定："出卖人应当按照约定或者交易习惯向买受人交付提取标的物单证以外的有关单证和资料。"

4. 后合同义务

后合同义务，是指合同的权利义务终止后，当事人依照法律的规定，遵循诚信等原则，根据交易习惯履行的各项义务。"契约关系消灭后，当事人尚负有某种作为或不作为义务，以维护给付效果，或协助相对人处理契约终了的善后事务，学说上称为后契约义务。"[②]《民法典》第 558 条规定了"后合同义务"，债权债务终止后，当事人应当遵循诚信等原则，根据交易习惯履行通知、协助、保密、旧物回收等义务。

（二）物业服务人的后合同义务

1. 后合同义务的具体内容

根据《民法典》第 558 条的规定，后合同义务以债权债务终止为前提。《民法典》第 557 条规定债权债务终止的情形包括：债务已经履行；债务相互抵销；债务人依法将标的物提存；债权人免除债务；债权债务同归于一人；法律规定或者当事

[①] 参见王泽鉴：《民法学说与判例研究》（第四册），中国政法大学出版社 1997 年版，第 98 页。
[②] 王泽鉴：《债法原理》（第 1 册），中国政法大学出版社 2001 年版，第 46 页。

人约定终止的其他情形。合同解除的,该合同的权利义务关系终止。上述情形导致合同债权债务终止,当事人的后合同义务随之产生。

后合同义务具体包括:(1)通知义务。通知义务是指在债权债务终止后,当事人应当及时将与债权债务有关的情况通知另一方当事人。比如,《民法典》第572条规定:"标的物提存后,债务人应当及时通知债权人或者债权人的继承人、遗产管理人、监护人、财产代管人。"(2)协助义务。债权债务终止后,当事人应当协助、配合对方当事人处理与债权债务有关的善后事宜。比如,《保险法》第63条规定,保险人向第三者行使代位请求赔偿的权利时,被保险人应当向保险人提供必要的文件和所知道的有关情况。(3)保密义务。当事人对在债权债务存续期间中所知晓的对方当事人的商业秘密或其他重要信息的,在权利义务终止后,仍应当予以保密。比如,《律师法》第38条规定,律师应当保守在执业活动中知悉的国家秘密、商业秘密,不得泄露当事人隐私。律师对在执业活动中知悉的委托人和其他人不愿泄露的有关情况和信息,应当予以保密。(4)旧物回收义务。《民法典》第9条规定了"绿色原则",要求民事主体从事民事活动应当有利于节约资源、保护生态环境。第625条规定了买卖合同的出卖人的回收义务,"依照法律、行政法规的规定或者按照当事人的约定,标的物在有效使用年限届满后应予回收的,出卖人负有自行或者委托第三人对标的物予以回收的义务"。

2. 物业服务人在物业服务合同终止后的义务

实践中,在物业服务合同期限届满或者业主共同决定提前解除物业服务合同,存在物业服务人基于某些原因拒绝退出物业服务区域,拒绝或拖延移交物业服务用房、设施设备或其他相关资料,拒不配合交接工作等情形。这些原因可能是物业服务人对业主单方解除合同的不满,也可能是部分业主未交纳物业费。但物业服务人拒不退出、不配合的行为,会导致新的物业服务人无法正常为业主提供物业服务,影响广大业主的生产生活,损害业主利益,严重的甚至会引发群体性事件。针对此种情况,《民法典》第949条第1款明确了物业服务人的后合同义务,规定:"物业服务合同终止的,原物业服务人应当在约定期限或者合理期限内退出物业服务区域,将物业服务用房、相关设施、物业服务所必需的相关资料等交还给业主委员会、决定自行管理的业主或者其指定的人,配合新物业服务人做好交接工作,并如实告知物业的使用和管理状况。"

根据该条规定,物业服务人的后合同义务包括:

(1)退出物业服务区域。物业服务合同终止后,物业服务人不再负有为业主提供物业服务的义务，自然也就无权在物业服务区域进行管理的权利。所谓退出物业服务区域，应当理解为原物业服务人应当将其保安人员、保洁人员以及其他管理人员撤出物业服务区域，停止提供物业服务，不得干扰新物业服务人接管物业。[①] 物业服务合同中对合同终止后物业服务人的退出时间有约定的，物业服务人应当在该期限内退出。物业服务合同没有约定退出期限的，应当给予物业服务人合理的退出期限。

（2）移交物业服务用房、相关设施和物业服务所必需的相关资料。物业用房是在建设单位开发建设时即和业主的房屋一并建设的房屋，是建设在地面以上的，以便给小区物业使用。该物业用房同其他一般房屋功能一样，具备基本的、独立的、正常使用的房屋功能，包括水电、房屋基本设备齐全的用房。一般包括物业办公用房、物业清洁用房、物业储藏用房、业主委员会活动用房等，是小区维护日常物业活动必不可少的基础公建配套设施。《物业管理条例》第 30 条规定："建设单位应当按照规定在物业管理区域内配置必要的物业管理用房。"第 37 条规定："物业管理用房的所有权依法属于业主。未经业主大会同意，物业服务企业不得改变物业管理用房的用途。"物业服务人在提供物业服务的过程中，有权基于物业服务合同的约定占有物业服务用房和相关设施，用于提供物业服务。在物业服务合同终止后，物业服务人对物业服务用房和相关设施的占有则失去了合同依据，应当向业主予以返还。《物业管理条例》第 29 条规定："在办理物业承接验收手续时，建设单位应当向物业服务企业移交下列资料：（一）竣工总平面图，单体建筑、结构、设备竣工图，配套设施、地下管网工程竣工图等竣工验收资料；（二）设施设备的安装、使用和维护保养等技术资料；（三）物业质量保修文件和物业使用说明文件；（四）物业管理所必需的其他资料。物业服务企业应当在前期物业服务合同终止时将上述资料移交给业主委员会。"上述规定第 4 项"物业管理所必需的其他资料"包括物业管理相关的合同文件、业主信息、物业租赁信息、物业共同部分债权债务、物业服务区域内的防疫信息等资料。在物业服务合同终止后，物业服务人应当将上述资料移交给业主委员会或者其指定的物业服务人。

（3）配合新物业服务人做好交接工作。物业服务合同的终止，意味着原物业服务人不再提供物业服务，业主需要选聘新的物业服务人提供物业服务。新物业服

---

① 最高人民法院民法典贯彻实施工作领导小组主编：《中华人民共和国民法典合同编理解与适用（四）》，人民法院出版社 2020 年版，第 2643 页。

人需要在现有的物业环境基础上提供服务,这意味着新物业服务人要对物业环境有相应程度的了解。原物业服务人除退出物业服务区域以外,还需要配合新物业服务人做好交接工作,帮助新物业服务人更快更好地了解物业环境并提供物业服务。

(4) 如实告知物业的使用和管理情况。根据诚信原则的要求,物业服务合同终止后,原物业服务人负有告知原物业服务合同履行情况的义务,包括物业的使用和管理情况等。告知的对象,应当包括业主委员会、业主或其指定的人以及新物业服务人。此项告知义务不以业主或新物业服务人的询问为前提,系原物业服务人当然负有的义务,且原物业服务人还应当对告知内容的真实性负责。如果原物业服务人未告知或未如实告知物业的使用和管理情况,造成业主相关损失的,应负赔偿责任。

(5) 在物业交接前继续处理物业服务事项。《民法典》第950条规定,物业服务合同终止后,在业主或者业主大会选聘的新物业服务人或者决定自行管理的业主接管之前,原物业服务人应当继续处理物业服务事项,并可以请求业主支付该期间的物业费。在物业服务合同终止后,业主选聘新的物业服务人往往还需要一定的时间,在此期间内,业主仍然需要接受物业服务。因此,法律规定原物业服务人在此期间仍然负有提供物业服务的义务。此义务并非基于物业服务合同产生的义务,而是法律基于保护业主利益和诚信原则,规定的原物业服务人所负有的后合同义务。原物业服务人在此期间内提供物业服务应当获得相应的对价,有权要求业主支付相应的物业费,物业费的标准应按照原物业服务合同执行。

(三) 物业服务人违反后合同义务的法律后果

物业服务人应当忠实履行法律规定的物业服务合同终止的后合同义务,否则应承担相应的法律后果。《民法典》第949条第2款规定:"原物业服务人违反前款规定的,不得请求业主支付物业服务合同终止后的物业费;造成业主损失的,应当赔偿损失。"

《民法典》第950条规定物业服务合同终止后,在业主或者业主大会选聘的新物业服务人或者决定自行管理的业主接管之前,原物业服务人应当继续处理物业服务事项,并可以请求业主支付该期间的物业费。但如果在新物业服务人已选聘完成,原物业服务人违反《民法典》第949条第1款规定的后合同义务,包括拒绝退出物业服务区域,拒绝移交物业服务用房、相关设施、物业服务所必需的相关资料,拒绝配合新物业服务人做好交接工作,未如实告知物业的使用和管理状况的,原物业服务人要求业主支付物业服务合同终止到新物业服务人入场期间的物业费的,业主有权拒绝支付。原物业服务人拒绝履行后合同义务，导致新物业服务人不能入场为业主提供物业服务，即使其仍在继续提供物业服务，也是对业主权利的侵犯，不仅不能请求业主支付物业服务合同终止后继续服务期间的物业费，如果给业主造成损失，还要赔偿相应的损失。① 该损失包括人身损害和财产损失。如果因原物业服务人拒绝交接，导致物业管理混乱，发生入室盗窃导致业主人身损害或财产损失的，又或设施设备长期得不到维修，发生故障导致业主损害的，原物业服务人应负赔偿责任。

四、辅助信息

《民法典》

第五百零九条 当事人应当按照约定全面履行自己的义务。

当事人应当遵循诚信原则，根据合同的性质、目的和交易习惯履行通知、协助、保密等义务。

当事人在履行合同过程中，应当避免浪费资源、污染环境和破坏生态。

第五百五十八条 债权债务终止后，当事人应当遵循诚信等原则，根据交易习惯履行通知、协助、保密、旧物回收等义务。

第九百四十九条 物业服务合同终止的，原物业服务人应当在约定期限或者合理期限内退出物业服务区域，将物业服务用房、相关设施、物业服务所必需的相关资料等交还给业主委员会、决定自行管理的业主或者其指定的人，配合新物业服务人做好交接工作，并如实告知物业的使用和管理状况。

原物业服务人违反前款规定的，不得请求业主支付物业服务合同终止后的物业费；造成业主损失的，应当赔偿损失。

第九百五十条 物业服务合同终止后，在业主或者业主大会选聘的新物业服务人或者决定自行管理的业主接管之前，原物业服务人应当继续处理物业服务事项，并可以请求业主支付该期间的物业费。

---

① 黄薇主编：《中华人民共和国民法典合同编解读》（下册），中国法制出版社2020年版，第1436页。

《物业管理条例》

第二十九条 在办理物业承接验收手续时，建设单位应当向物业服务企业移交下列资料：

（一）竣工总平面图，单体建筑、结构、设备竣工图，配套设施、地下管网工程竣工图等竣工验收资料；

（二）设施设备的安装、使用和维护保养等技术资料；

（三）物业质量保修文件和物业使用说明文件；

（四）物业管理所必需的其他资料。

物业服务企业应当在前期物业服务合同终止时将上述资料移交给业主委员会。

物业服务合同纠纷案件裁判规则第 18 条

为维护业主共同权益，业主委员会依照法律规定或者经过业主大会授权，可以以自己的名义提起诉讼，相应费用由全体业主承担

【规则描述】　本条是关于业主委员会的诉讼主体资格的规则。出于维护业主共同利益的目的，依照相关法律的规定或者经过业主大会的授权，业主委员会可以作为原告提起诉讼，并且由全体业主承担相应费用。未依法成立业主委员会，或者业主委员会怠于提起诉讼的，经过业主大会授权的业主也可以以自己的名义提起诉讼。

一、类案检索大数据报告

时间：2023 年 7 月 24 日之前；案例来源：Alpha 案例库；案由：民事；检索条件：法院认为包含"业主委员会符合'其他组织'条件，对房地产开发单位未向业主委员会移交住宅区规划图等资料，未提供配套公用设施、公用设施专项费、公共部位维护费及物业管理用房、商业用房的，可以自己名义提起诉讼"；案件数量：20 件；数据采集时间：2023 年 7 月 24 日。

本次检索获取了 2023 年 7 月 24 日前共 20 篇裁判文书。从图 18-1 的年份分布可以看到当前条件下此类案件数量的变化趋势。

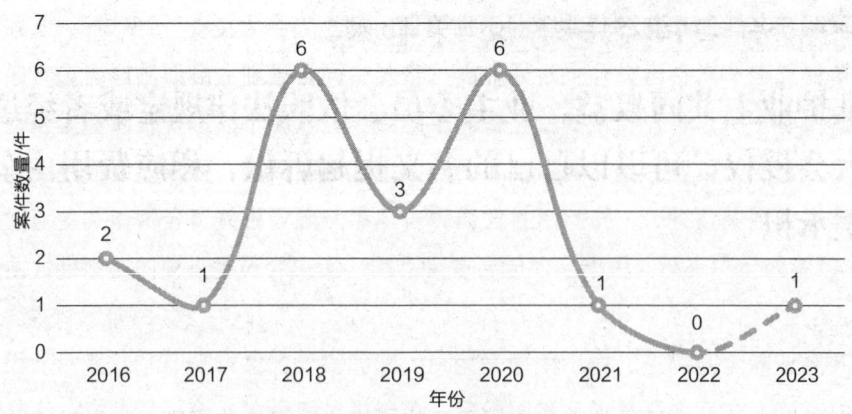

图 18-1　类案时间分布情况

从图 18-2 的程序分类统计可以看到此类案件当前的审理程序分布状况。一审案件有 14 件，二审案件有 3 件，再审案件有 3 件。

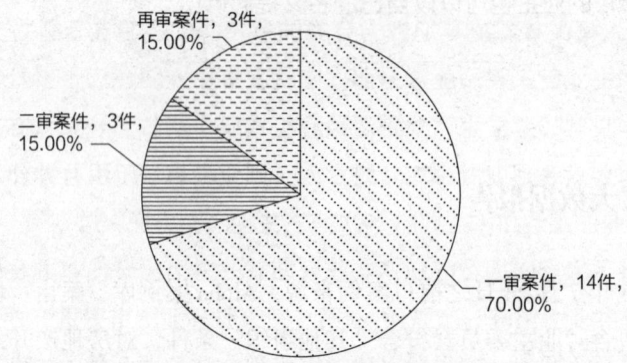

图 18-2　审理程序分布情况

如图 18-3 所示，通过对一审裁判结果的可视化分析可以看到，当前条件下全部/部分支持的有 8 件，占比为 57.14%；全部驳回的有 4 件，占比为 28.57%；其他的有 2 件，占比为 14.29%。

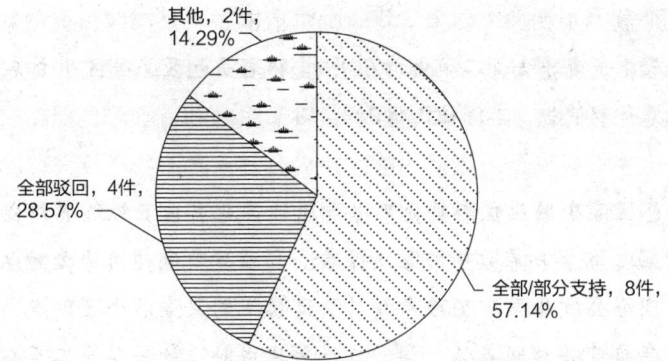

图 18-3　一审裁判结果分析

如图 18-4 所示，通过对二审裁判结果的可视化分析可以看到，当前条件下维持原判的有 2 件，占比为 66.67%；改判的有 1 件，占比为 33.33%。

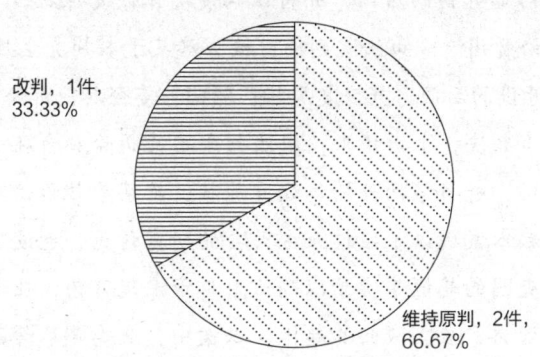

图 18-4　二审裁判结果分析

二、可供参考的例案

例案一　吉林省昌邑区某小区业主委员会与路某恢复原状纠纷案

【法院】

吉林省高级人民法院

【案号】

（2018）吉民再 65 号

【当事人】

再审申请人（一审原告、二审上诉人）：吉林省昌邑区某小区业主委员会

被申请人（一审被告、二审被上诉人）：路某

【基本案情】

吉林省昌邑区某小区业主委员会（以下简称某业委会）经选举并公告后于 2014 年 3 月 20 日成立，经其所在江畔社区委员会、所在通江街道办事处确认，在吉林市昌邑区物业管理办公室备案。2009 年 9 月 7 日路某购买案涉小区网点，该网点为二层结构，2010 年路某将该网点的一层、二层隔离成独立的一层、二层，并在该网点二层走廊开凿安装房门。路某将该处网点一层出租给他人经营汽车维修行。汽车维修行的经营者因经营需要在该网点一楼后墙开凿和安装防盗门。业委会向一审法院起诉请求：（1）拆除被告路某私自在案涉小区网点二楼走廊开凿和安装的防盗门，以及在该网点一楼后墙开凿的后门，并将该两处墙体恢复原状。（2）请求判令被告路某承担本案的诉讼费用。一审法院判决：被告路某于本判决生效之日起 10 日内拆除网点一层后墙中开设的后门，并恢复原状；驳回业委会其他诉讼请求。

业委会不服一审判决，上诉请求：依法判令路某拆除私自在小区网点二楼走廊开凿和安装的防盗门，并将该两处墙体恢复原状，路某承担诉讼费用。二审法院认定事实：业委会提起本案诉讼未经过业主大会的研究讨论，也没有得到业主大会的授权。对一审判决查明的其他事实予以确认。二审法院认为，业委会不具有提起本案诉讼的原告主体资格，应当驳回其起诉。本案中，业委会尽管是依法成立并登记备案的，但是，其提起本案诉讼并没有业主代表大会的授权，且从卷宗材料可以看出，对路某二楼走廊开凿和安装的防盗门，以及在该网点一楼后墙开凿的门提出异议的仅是其所在单元的部分住户，故本案仅涉及部分业主的权益，并非全体业主的公共利益，因此，业委会不具备提起本案诉讼的原告主体资格。二审法院依照《民诉法解释》第 330 条①规定，裁定：一、撤销吉林市昌邑区人民法院（2016）吉 0202 民初 2691 号民事判决；二、驳回业委会的起诉。

围绕当事人的再审请求，法院对有争议的证据和事实认定如下：业委会在再审庭审中提交 2016 年 3 月 15 日《业主通过划票需要解决以下几个方面的问题》40 页和 2016 年 3 月 26 日《汇总表》1 页，用以证明业委会统计小区 358 户业主对"拆除 17 号楼网点走廊开门、后墙开门、窗以及违章铁棚子"问题划票情况并汇总，有 279

---

① 该司法解释已于 2022 年 3 月 22 日修正，本条对应第 328 条。

户签字同意如果房屋安全大队解决不了就诉讼。但该 40 页打印材料上"房屋安全大队解决不了就诉讼"字样均为手写添加的,所书写签名没有签字人身份证明予以佐证,故法院对上述证据不予采信,对原一、二审法院认定的事实予以确认。

【案件争点】

本案中业委会是否具有本案诉讼主体资格。

【裁判摘要】

《物权法》第 83 条①规定,业主应当遵守法律、法规以及管理规约。业主大会和业主委员会,对任意弃置垃圾、排放污染物或者噪声、违反规定饲养动物、违章搭建、侵占通道、拒付物业费等损害他人合法权益的行为,有权依照法律、法规以及管理规约,要求行为人停止侵害、消除危险、排除妨害、赔偿损失。《最高人民法院关于金湖新村业主委员会是否具备民事诉讼主体资格请示一案的复函》答复称:"业主委员会符合'其他组织'条件,对房地产开发单位未向业主委员会移交住宅区规划图等资料、未提供配套公用设施、公用设施专项费、公共部位维护费及物业管理用房、商业用房的,可以自己名义提起诉讼。"本案中,案涉小区业委会作为依法经选举产生并备案的业委会,有权以自己名义为维护业主的合法权益提起诉讼,如以未经全体业主或业主大会专门专项授权为由认定其不享有诉讼主体资格,相当于仅认可业委会以业主大会委托代理人身份参与诉讼,违背了上述法律法规的规定。原二审裁定否定业委会代表小区业主主张权利并提起本案诉讼的主体资格,属适用法律错误,应予纠正。

例案二 浙江浙大某是物业管理有限公司、浙江浙大某是物业管理有限公司台州分公司与某业主委员会侵权纠纷案

【法院】

浙江省台州市中级人民法院

【案号】

(2019)浙 10 民终 1332 号

【当事人】

上诉人(原审被告):浙江浙大某是物业管理有限公司

---

① 参见《民法典》第 286 条。

上诉人（原审被告）：浙江浙大某是物业管理有限公司台州分公司

被上诉人（原审原告）：某业主委员会

【基本案情】

2014年6月5日，案外人温岭某广置业有限公司与浙江浙大某是物业管理有限公司（以下简称某是物业公司）签订《前期物业服务合同》一份，双方约定：某是物业公司为案涉小区提供物业管理服务，具体包括物业共用部位的维修、养护和管理；物业共有设施设备的运行、维修、养护和管理；公共绿化的养护和管理；装饰装修管理服务等。某是物业公司收取的物业服务费用主要用于以下开支：物业共用部位、共用设施的日常运行（水电费等）、维护费用；物业管理区域绿化养护费用；办公费用等，盈余或亏损由某是物业公司享有或承担，另电梯维修及年检费自竣工房屋交付给业主之日起由某是物业公司负责。后浙江浙大某是物业管理有限公司台州分公司（以下简称某是物业台州分公司）分别与案外人温岭市城东某元建材商行、刘某、某心搬运签订《广告进场合作服务协议》《小区铝合金门窗、防盗窗销售进场合作服务协议书》《吊装、搬运进场合作服务协议书》各一份，约定三乙方分别承包小区内的广告发布、提供该小区内的铝合金门窗及防盗窗的销售服务、提供该小区的黄沙水泥销售服务及业主室内的搬运清理等服务，三方共计向某是物业台州分公司交纳场地租赁费53500元、物业管理费121500元。某业主委员会（以下简称业委会）于2018年5月16日备案登记。业委会向法院起诉请求物业公司退还属于业委会所有的小区经营性收入共计人民币175000元。

【案件争点】

业委会的诉讼主体资格及物业公司向案外人收取的175000元款项归属问题。

【裁判摘要】

业委会的诉讼主体资格问题。业委会为对小区进行管理，具有一定目的、名称、组织机构与场所，管理相应财产，以特定代表人对外代表团体，是《民事诉讼法》规定的"其他组织"，业委会依据业主共同或业主大会决议，在授权范围内，以业委会名义，向某是物业公司及某是物业公司台州分公司主张其收取案外人物业共有设施的收益应归业主所有，具备原告主体资格。

物业公司向案外人收取的175000元款项归属问题。《物业管理条例》第54条规定，"利用物业共用部位、共用设施设备进行经营的，应当在征得相关业主、业主大会、物业服务企业的同意后，按照规定办理有关手续。业主所得收益应当主要用于专项维修资金，也可以按照业主大会的决定使用。"小区内道路、公共场所、公用设施和物业服务用房均属小区业主所有，物业公司与广告商、建材商等签订合作协议，从程序上应先征得业主同意，现物业公司擅自签订协议将共有物业对外出租，其所得收益应归全体业主所有。物业公司上诉称其中物业管理费系其应收取的费用，不应由业主享有。虽然协议中将款项分类为场地租赁费与物业管理费，但在物业公司未提供证据证明因案外人进场产生额外管理成本的情况下，法院认定该费用均属共有设备设施经营收益并确定归业主所有。至于程序问题，虽然本案立案时确定的案由为合同纠纷，但一审法院经审理后认为本案系物业公司侵害业主权益产生的纠纷，故将本案案由确定为侵权纠纷，符合法律规定，程序上不违法。

例案三　上海某盛物业管理有限公司与上海市嘉定区某业主委员会物业服务合同纠纷案

【法院】

　　上海市第二中级人民法院

【案号】

　　（2014）沪二中民二（民）终字第222号

【当事人】

　　上诉人（一审被告）：上海某盛物业管理有限公司

　　被上诉人（一审原告）：上海市嘉定区某业主委员会

【基本案情】

　　上海市嘉定区某业主委员会（以下简称业委会）与上海某盛物业管理有限公司（以下简称某盛物业公司）于2008年12月28日签订物业服务合同，2010年2月12日，双方续签了物业服务合同，合同期限为2010年1月1日至2010年12月31日止，后双方未再续签合同。2011年4月3日，业委会在小区内张贴告示拟继续聘用某盛物业公司，聘期为本届业委会任期，获三分之二以上业主同意。

　　2012年3月2日，业委会单方改变续聘的决定，并在小区内公布《关于召开业主大会选聘物业公司的方案》，内容为小区与某盛物业公司的物业服务合同已于2010年12月31日到期，小区业委会将制作选聘方案表决书，采取议标方式选聘物业服务企业。同年8月7日，业委会出具选聘物业公司的表决结果，要求某盛物业公司在11月30日前撤出小区，退还相关资料。

　　2012年8月27日，嘉定区住房保障和房屋管理局真新办事处函告业委会，其在未制定选聘方案并经业主大会表决通过前，不得擅自开展选聘物业服务企业，要求业委会停止目前涉及选聘物业服务企业的一切活动，并限期改正。业委会未予回应。

2012年11月10日、27日，业委会又制作通知书要求某盛物业公司办理移交物业手续。2013年2月1日，业委会出具公示，要求某盛物业公司退出小区物业服务，并要求业主在《征询意见表》中签字。2013年3月1日，业委会再次出具公示，内容是关于2013年2月1日《征求意见表》的征求结果：应参加业主842户，同意票783户（含未返回257户）占总投票权户数的92.99%，其建筑面积占总建筑面积93.28%。同意的户数及其建筑面积均超过半数，本次征询同意的意见获得通过。

业委会依职权于2013年2月1日决定召开业主大会，要求业主投票决定是否通过诉讼的方式解聘某盛物业公司，经征询，业委会以2013年3月1日征询结果符合法定解聘条件为由诉至上海市嘉定区人民法院，请求解除其与某盛物业公司之间的事实物业服务合同关系，某盛物业公司退出案涉小区物业管理服务，将该小区物业管理服务相关资料移交给业委会。2013年12月23日，法院作出（2013）嘉民一（民）初字第2557号判决书，判决解除二者间的物业服务合同，物业公司移交相关物业资料。某盛物业公司不满一审判决结果，遂提出上诉。

【案件争点】

业委会提起诉讼是否反映了全体业主的真实意思。

【裁判摘要】

业委会提起一审诉讼是否反映了全体业主的真实意思。为此，在平衡业主利益的基础上，法院委托当地政府部门对案涉小区的业主的真实意思进行了意见征询，结论为赞成解除合同关系的业主超过了反对的业主。根据2013年3月1日的征询结果，结合政府部门对小区业主的民意测试，法院考虑本案所涉小区的具体情况，解除原、被告物业服务合同关系。另外，业委会通过何种议事规则进行决策，并不影响业委会对外代表其所在小区全体业主从事相关民事行为的权利。若业委会未依其内部议事规则进行决策，亦应由小区业主向业委会主张相应的损害赔偿责任，与物业公司无涉。

例案四 杭州市西湖区某家园业主委员会与杭州某泰西湖房地产有限公司清算委员会、斯某房屋买卖合同纠纷案

【法院】

最高人民法院

【案号】

（2014）民提字第100号

【当事人】

申诉人（一审原告、二审上诉人，原再审被申请人）：杭州市西湖区某家园业主委员会

被申诉人（一审被告、二审被上诉人）：杭州某泰西湖房地产有限公司清算委员会

被申诉人（一审被告、二审被上诉人、原申请人）：斯某

【基本案情】

1993年起，杭州某泰西湖房地产有限公司（以下简称某泰公司）经有关部门批准开发建设案涉小区。1997年某泰公司制作广告载明，小区内设有家乡小吃餐厅、便利商店、龙井茶室、美发美容室、棋牌室、桌球室、台球室、阅览室、医务室、洗衣房、健身房等服务设施。1999年10月，案涉小区转为内销，某泰公司同时制作的广告载明，小区内设有大花园的社区活动中心、多功能球场、娱乐中心、餐饮中心、健身房等生活、娱乐设施。2001年起，小区业主与某泰公司就小区的公建用房移交问题多次协商，并于2001年9月1日与某泰公司代表林某签署一份《会议纪要》，某泰公司承诺在10月底前将配套房屋、多功能球场移交业主。

1997年6月12日，某泰公司取得小区的建设工程规划许可证，载明公建2幢，面积1200平方米。1998年9月28日，杭州市规划局为某泰公司颁发《建设工程规划验收合格证》，内容为："根据我局1997年6月12日核发的建设工程规划验收合格证，案涉房屋二幢建筑面积1200平方米；别墅7#－12#、22#共七幢建筑面积1590平方米，共计2790平方米工程现已竣工，经查验符合城市规划要求，特发此证。"

1999年8月，某泰公司向杭州市房管局申请案涉24幢房屋的房屋所有权登记，申请书注明：幢号为公建，房号为2，总层数为2，建筑面积1000平方米，用途为公建……杭州市房管局经测绘于1999年8月20日向某泰公司核发了房屋所有权证书，

载明："房屋所有权人某泰公司；混合结构；总层数3层；建筑面积820.45平方米；设计用途非住宅。"2002年5月16日，小区经验收小组现场验收，出具杭州市住宅小区综合验收限期整改通知书，要求某泰公司限期整改不符合要求的项目，后综合验收分项意见书中明确某泰公司已按规定提供物业管理用房（公建一计335.66平方米）和支付物业维修基金。

某泰公司系经工商行政机关核准成立的企业法人，经营期限为1994年4月6日至2003年4月5日。2003年3月1日，某泰公司因经营期限将满就公司清算工作召开董事会，决定尽速出售公司自管房。2003年3月7日，斯某与某泰公司签订两份《杭州市房屋转让合同》，约定某泰公司将案涉24幢房屋1层至2层和3层建筑面积325.81平方米及253.03平方米的非住宅以每平方米2500元价格转让给斯某，转让价分别为814525元和632575元。2003年3月14日，斯某取得案涉24幢房屋1层至2层（杭房权证西移字第××号）和3层的房屋所有权证书（杭房权证西移字第××号），建筑面积分别为325.81平方米和253.03平方米，设计用途"非住宅"。

2003年4月28日，斯某及其妻高某与林某、姜某签订《赠与合同》，约定斯某、高某将其共有的案涉24幢房屋3层建筑面积253.03平方米的房产赠与林某、姜某所有。该赠与合同并经杭州市上城区公证处公证。2003年5月8日，林某取得案涉24幢房屋3层的房屋所有权证书，建筑面积25.03平方米，设计用途为"非住宅"，共有人为姜某。

2003年7月26日，斯某与某泰公司签订《杭州市房屋转让合同》，约定某泰公司将案涉24幢房屋1层建筑面积242.25平方米的非住宅以每平方米2500元价格转让给斯某，总价606125元。2003年8月7日，斯某取得案涉24幢房屋1层的房屋所有权证书（杭房权证西移字第××号），建筑面积242.25平方米，设计用途为"非住宅"。

现上述房屋均由斯某、林某、姜某在使用。

浙江省杭州市西湖区人民法院另查明：2003年7月11日，徐某等17位某家园业主向西湖区人民法院起诉，要求某泰公司清算委员会提供案涉24幢房屋给小区业主。2003年9月18日，西湖区人民法院作出（2003）杭西民一初字第1141号民事判决（以下简称1141号民事判决），认为某泰公司已向小区业主提供公建用房335.66平方米，占总面积的千分之十二，已超过杭州市物业管理规定的千分之七标准，某泰公司不需要再提供公建用房，据此驳回了徐某等17位业主的诉讼请求。该判决已生效。

2004年9月21日，杭州市西湖区某家园业主委员会（以下简称业委会）向西湖区人民法院起诉，要求某泰公司清算委员会将案涉24幢房屋归还全体业主无偿使用。2006年3月1日，西湖区人民法院作出（2004）杭西民三初字第353号民事判决（以下简称353号民事判决），认为某泰公司已提供公建用房335.66平方米，占总面积千分之十二，已超过规定的千分之七标准。对已超过规定的公建用房部分，尚无证据证明某泰公司已作出承诺将其交付给小区业主使用，业委会要求将案涉房产交付给全体业主无偿使用于法无据，据此驳回业委会的诉讼请求。业委会不服该判决，向浙江省杭州市中级人民法院（以下简称杭州中院）提起上诉；杭州中院经审理后作出（2006）杭民一终字第885号民事判决，维持了353号民事判决。该判决已生效。

【案件争点】

本案业委会的诉讼主体是否适格。

【裁判摘要】

至于业委会起诉是否经过全体业主的授权。《物权法》第76条① 第1款第7项规定，有关业主共有和共同权利的其他重大事项，由业主共同决定；同条第2款规定，决定第1款第7项的事项，应当经专有部分占建筑总面积过半数的业主且占总人数过半数的业主同意。本案业委会起诉请求确认某泰公司与斯某签订的《杭州市房屋转让合同》无效，理由在于该房屋转让行为的标的系全体业主共有的房屋。从该诉讼请求的理由来看，所涉事项属于有关全体业主共有的重大事项。鉴于上述事项不属于《物权法》第76条② 第1款第5项和第6项规定的事项，而属于第7项规定的事项，故对于该事项可以由专有部分占建筑总面积过半数的业主且占总人数过半数的业主同意来加以决定。

小区业主代表大会于2007年1月20日出具《授权书》载明："本小区半数以上业主签名支持并委托业委会继续进行法律诉讼（占目前常住业主的百分之八十以上），要回应属于全体业主所有和使用的公建二。业主代表根据广大业主的强烈要求和意愿，继续授权业委会对要回公建二所存在的一切障碍进行法律诉讼，包括开发商把公建二出卖给斯某和林某的问题。"业委会提供的《书面征求意见表决书》亦进一步载明："2010年4月24日至4月29日间，本小区业委会组成人员采用上门、现

---

① 参见《民法典》第278条。
② 参见《民法典》第278条。

场、邮寄等形式书面征求意见方式组织业主大会，经反馈意见，全体业主所持投票权二分之一以上通过决议事项，授权本届业委会为本小区的公建二的使用权问题及其他有关本小区的权益继续进行维权。"上述事实说明，全体业主的民主议定程序已经符合法律规定"经专有部分占建筑总面积过半数的业主且占总人数过半数的业主同意"的条件，故业主代表大会于2007年1月20日出具《授权书》授权业委会行使"要回应属于全体业主所有和使用的公建二"，符合法律规定的民主议定程序条件。

《最高人民法院关于春雨花园业主委员会是否具有民事诉讼主体资格的复函》规定："根据《物业管理条例》规定，业主委员会是业主大会的执行机构，根据业主大会的授权对外代表业主进行民事活动，所产生的法律后果由全体业主承担。"故业委会根据某家园业主代表大会所出具的《授权书》，在本案中代表全体业主行使诉讼权利，提起本案诉讼，并无不当。

三、裁判规则提要

业主委员会的诉讼主体资格来自全体业主赋予的代表权。只有出于维护全体业主共同权益的目的，在具备合法手续和授权的前提下，业主委员会对于特定事项才具有原告的资格和诉讼地位，相应费用由全体业主承担。因此，对于仅涉及小区部分业主权益的纠纷，在小区自治规则也没有明确规定的情形下，业主委员会向法院提起诉讼的，需要经过业主大会决议明确授权，以在程序上确保业主委员会提起诉讼反映了全体业主的真实意思。未依法成立业主委员会，或者业主委员会怠于提起诉讼的，经过业主大会授权的业主也可以以自己的名义提起诉讼。

（一）业主委员会的法律地位分析

业主委员会是业主大会的常设机构和执行机构，是基于业主的选举和业主大会授权，执行业主大会决议的机构。所以，业主委员会是物业区域内全体业主的自治管理组织，根据《业主大会和业主委员会指导规则》第35条的规定履行职责，具体实施业主大会作出的规定。业主委员会由业主大会会议选举产生，由5至11人单数组成。业主委员会委员应当是物业管理区域内的业主，并符合《业主大会和业主委员会指导规则》第31条规定的条件。

一般情况下，业主委员会有以下两种产生方式：一是由业主或业主大会会议选举产生，依照《物业管理条例》以及各地的相关办法程序产生；二是对于较大小区，业主先按照楼选举各自楼委会，然后每个楼委会推选代表，集中选举而成业主委员会。这样方式形成的业主委员会，主要负责楼间共有的管理，而楼委会负责楼内共有的管理。

要搞清楚业主委员会的法律地位，先要明确业主委员会是否可以成为民事主体，然后才有业主委员会成为法律确定的民事主体后是否有资格参与诉讼的一系列问题。这样才能更好地解决相关实践问题。

我国法律规定的能参与民事活动的主体有三类：自然人、法人和其他组织。社会组织要成为民事主体，要么具备法人资格，要么属于其他组织，否则其行为无法得到法律的认可和保护。所谓法人是指具有权利能力和行为能力，依法独立享有民事权利和承担民事义务的组织。法人必须符合下列四个条件：（1）依法成立；（2）有必要的财产或者经费；（3）有自己的名称、组织机构和场所；（4）能够独立承担民事责任。其他组织又称为非法人组织，是指不具有法人资格但可以自己的名义进行民事活动的组织。《民法典》没有关于其他组织的规定，但是《民事诉讼法》第51条第1款规定："公民、法人和其他组织可以作为民事诉讼的当事人。"《民诉法解释》对其他组织作了进一步的明确，其中第52条规定，《民事诉讼法》第51条规定的其他组织，是指合法成立、有一定的组织机构和财产，但又不具备法人资格的组织。由此可见，其他组织是受我国法律认可和保护的民事主体之一，主要包括合伙企业、个体工商户、农村承包经营户、个人独资企业、企业法人的分支机构以及其他不具备法人资格的经营实体和公益团体等。

法人和其他组织的差别主要表现为能否独立承担民事责任，法人能够自己独立承担民事责任，与其成员的责任是严格分离的，如公司的责任与股东的责任相互独立；其他组织则不能独立承担民事责任，其责任与成员的责任虽然在一定限度范围内分离，但是成员必须承担最终责任，如合伙企业超出合伙财产范围的责任由合伙人承担无限连带责任。因此，判断一个社会组织体是否能作为法律主体，关键就在于判断其是否有独立意志或者能否作为意志的载体。业主委员会具有独立名义、意志，具体有以下依据：业主委员会是经过房地产管理部门注册登记的实体组织，有自己的章程，我国业主委员会还拥有一定财产。这些财产的来源有三个方面：一是占住宅区总投资一定比例的划拨款；二是物业管理用房和占总建筑面积一定比例的商业用房；三是业主交纳的管理费。但业主委员会并不因此而成为该财产的所有人，在建筑物区分所有权的制度下，业主委员会享有对财产的处分权，其所有权的真正主体只能是全体业主。业主委员会能以自己的名义实施法律行为，但不能成为其行为后果的最终承担主体，其行为仍须由与其有法定责任关系的单位或个人承担全部或者补充连带责任。所以从这一点来看，它不具有民事主体的资格。

《民法典》第280条和第286条的规定虽然明确了业主委员会在特殊条件下有作为诉讼原被告的资格，当业主委员会侵害业主权利的时候，给业主的维权提供了合法的诉讼方式。但对业主委员会的法律性质的界定仍然不够清晰，在实践中对于司法判案指导意义较弱。

根据《物业管理条例》关于业主大会和业主委员会所负职责的规定，可以看出：

第一，业主大会是由物业管理区域内全体业主组成并代表和维护全体业主在物业管理活动中的合法权益的组织。业主大会既有制定和修改内部议事规则的制订权，又拥有进行选聘、解聘物业服务企业以及决定专项维修基金的使用、续筹等民事活动的资格。

第二，业主委员会只是业主大会的一个常设执行机构，根据业主大会的授权负责处理业主大会的日常事务，对外可以根据业主大会的决定与物业管理公司签订合同，本身没有独立的意思能力。

第三，业主委员会虽然是依法成立的，但是没有法律法规规定业主委员会可以经过登记后取得法人资格，所以业主委员会不是法人。

第四，在物业管理实务中，人们普遍把业主委员会作为其他组织来对待，但是从法律责任上分析，业主委员会委员或者业主不可能对业主委员会的行为承担最终责任。

在实践中，对于业主委员会的主体性质主要有以下三种不同的观点：

第一种观点认为业主委员会是基层群众性自治组织。依据《民法典》第96条的规定，基层群众性自治组织享有特别法人的地位。但业主委员会作为业主大会的执行机关并不具备独立的意志，仅能基于业主大会的授权从事民事行为。2003年8月20日发布的《最高人民法院关于金湖新村业主委员会是否具备民事诉讼主体资格请示一案的复函》指出，金湖新村业主委员会符合"其他组织"条件，可以以自己的名义提起诉讼；2005年8月15日发布的《最高人民法院关于春雨花园业主委员会是否具有民事诉讼主体资格的复函》指出，业主委员会是业主大会的执行机构，根据业主大会的授权对外代表业主进行民事活动，所产生的法律后果由全体业主承担，业主委员会与他人发生民事争议的，可以作为被告参加诉讼，但业主委员会没有独立承担民事责任的能力，不符合法人有限责任的特征。

第二种观点认为业主委员会不属于基层群众性自治组织，而是非法人组织。《民法典》第102条规定，非法人组织是不具有法人资格，但是能够依法以自己的名义从事民事活动的组织。此种观点在目前的司法实践中被采纳较多，为主流观点。《最高人民法院公报》2014年第6期将"徐州西苑某花园（一期）业主委员会诉徐州某川房地产开发有限公司物业管理用房所有权确认纠纷案"收录，明确业主委员会是非法人组织，具备诉讼主体资格。

根据《物业管理条例》和《业主大会和业主委员会指导规则》的相关规定，业主委员会由业主选举产生，主要负责执行业主大会决定的事项；业主委员会自选举产生之日起30日内应向物业所在地的区、县人民政府房地产行政主管部门和街道办事处、乡镇人民政府备案，在办理备案手续后，还可以向当地公安机关申请刻制业主大会印章和业主委员会印章。可见，业主委员会虽然没有独立的财产，不能独立对外承担民事责任，但其成立须经备案，能够刻制印章，表明其主体地位受到权力机关的认可，也能够在符合一定条件的情况下以自己的名义从事民事活动。

第三种观点认为业主委员会既不是法人又不是法律规定的"其他组织"。[1]法院在案件裁判中采纳此种观点的，一般倾向于否定业主委员会的诉讼主体资格。此种观点并不符合现行的主流司法观点。

业主委员会是业主与物业企业直接高效沟通的纽带，将对物业服务形成一个长期有效的监督机制。一直以来，我国物业管理实务中就存在着业主委员会法律地位不明、职责不清等问题，致使在物业服务法律关系中，物业服务公司处于强势地位，在物业服务过程中常常发生损害业主合法利益的情况，这种状况已经成为阻碍我国物业服务朝更高水平发展的重要因素。[2]因此，如何使业主委员会走出这种法律困境，更好地发挥其在业主自治中的应有作用，成为我们必须共同面对并加以解决的一个课题。

（二）业主委员会提起诉讼应具备的条件

1. 需要业主大会的授权

房屋往往是业主一生中最大的投资，并且住宅所具有的私人属性和社会意义远远超过该资产的金钱价值，所以建筑物区分所有权人相较于商业公司的股东，需要

---

[1] 重庆市第三中级人民法院（2019）渝03民终1442号二审民事裁决书、浙江省宁波市中级人民法院（2009）浙甬民二终字第256号二审民事裁定书。

[2] 北京市石景山区人民法院课题组：《关于业主委员会社区治理纠纷法律适用问题的思考》，载《中国应用法学》2018年第6期。

更大范围的司法介入和对其意志的尊重。且业主委员会的诉讼不但事关全体业主之经济利益，而且会影响其生活与精神的安宁，理应受到更加严格的监督与制约。因此，业主委员会的原告诉讼主体资格需要业主大会的授权。根据《民法典》第278条的规定，业主大会授权的形式可以通过直接对相关起诉事项经"双三分之二"以上的业主参与表决并经参与表决的"双四分之三"业主的同意作出决议。当然，考虑到大多数住宅小区业主人数较多，召开业主大会不易，为提高效率，可借助管理规约或业主大会的决议概括性地授予业主委员会对特定范围的事项提起诉讼的权利。这是在业主自治的基本原则下采取的变通做法。对于诉讼中的权利处分行为，如业主委员会在诉讼中变更、放弃诉讼请求或者承认对方当事人的诉讼请求、进行和解、决定是否上诉等行为是否须经业主大会同意，原则上应与上述起诉的要求与限制保持一致。

2. 应经合法备案

《民法典》第103条第1款规定，非法人组织应当依照法律的规定登记。在"某帝山庄业主委员会与青岛某帝房地产开发有限公司业主共有权纠纷二审案"中，山东省高级人民法院即以业主委员会未经合法有效备案为由认定业主委员会不具备诉讼主体资格。

（三）业主委员会可提起诉讼之范围

根据《物业管理条例》19条第1款和《业主大会和业主委员会指导规则》第4条的规定，业主委员会不得从事与物业管理无关的活动。重庆市第三中级人民法院在（2019）渝03民终1442号二审民事裁定书中即以"本案并非为小区业主的公共利益而诉"驳回上诉，维持原判。业主委员会能够以原告身份代表业主团体提起诉讼的范围仅限于保护业主共同权益，这一限制是妥当的，这与业主团体存在的目的具有一致性。也只有在此范围内，业主团体才具有相应的诉的利益，而"诉的利益掌握着启动权利主张进入诉讼审判过程的关键"。[1]《民法典》第187条的规定从反面限缩了业主委员会提起诉讼的范围，即不得将触角伸至业主单独所有权和个体利益的保护范围。至于业主共同权益受到侵害的具体情形，可作如下类型化的整理。

第一，与物业服务企业发生的纠纷。如在物业服务企业违反合同约定损害业主

---

[1] 刘保玉、孙超：《论业主委员会的法律地位——从实体法与程序法的双重视角》，载《政治与法律》2009年第2期。

共同权益,业主大会决定提前解除物业服务合同而物业服务企业拒绝退出,物业服务合同终止而物业服务企业拒绝将物业管理用房和相关资料移交给业主委员会等有关全体业主共同权益之维护的情形下,业主委员会均可代表业主团体起诉。

第二,业主团体要求业主分摊建筑物共有部分及其附属设施费用纠纷。根据《民法典》第284条的规定,业主可以自行管理建筑物及其附属设施,也可以委托物业服务企业或者其他管理人管理。在自行管理时,业主团体有权依据管理规约或法律规定向业主收取相关的建筑物养护维修费用,如果有业主拒绝交纳,使有关设施得不到维修而停用,将会直接影响全体业主对共有部分的利益。① 因此,业主委员会有权向拒绝分担费用的业主提起诉讼。

第三,因共有部分及共同事务的管理与单个业主及第三人发生的纠纷。由于作为区分所有人的业主及其组成之业主团体不仅对"共有部分"享有共同管理权,对全体或部分区分所有权人的"共同事务"也享有共同管理权,因而此类纠纷也可相应分为两种情形:其一为业主或第三人(如房屋之承租人、借用人等)对建筑物的不当毁损与不当使用行为,违反共同利益的情形,如未经利害关系人同意,将住宅改变为经营性用房;其二为《民法典》第286条第2款规定的任意弃置垃圾、排放污染物或者噪声、违反规定饲养动物、违章搭建、侵占通道、拒付物业费等损害他人合法权益的行为。上述两种情形均属可诉之范围。

第四,仅供部分业主共同使用的共有部分(俗称"小公")受到侵害时,业主委员会亦应有权提起诉讼。因为所谓"小公",无疑也属于业主整体利益不可分割的一部分,不能因其所涉范围较小就否定其共同利益的本质。若将此类案件排除在业主委员会可代表提起的诉讼范围之外,必将大大弱化业主委员会的代表职能。而业主专有财产受到侵犯的案型,如实践中发生的房地产开发公司交付给各个业主的房屋存在相同的缺陷而引起的群体性纠纷,由于与业主整体利益无关,只是诉讼标的为同一种类,因此适用代表人诉讼更为允当。

第五,因业主委员会改选所引发的诉讼。实践中,由开发商直接主持下所产生的原业主委员会没有维护业主的合法权益,而小区业主自发选举业主委员会并向当地有关机关申请备案登记时遭到拒绝的情况时有发生。在此类情况下,新选举出的业主委员会应有权提起行政诉讼,因为业主委员会非以备案为成立要件,而行政机

---

① 参见韩松:《论业主对共有部分的共有和共同管理的纠纷及其处理》,载《法律适用》2008年第7期。

关拒绝备案却系攸关业主共同利益之事项。

(四) 业主委员会怠于提起诉讼的判断及相关问题的处理

《浙江省高级人民法院民一庭关于审理物业服务合同纠纷案件适用法律若干问题的意见》第 4 条第 2 款规定,未依法成立业主委员会,或者业主委员会怠于提起诉讼的,经过业主大会授权的业主也可以以自己的名义提起诉讼。应该说,在当前我国部分住宅小区自治管理组织的建设还不完善的背景下,此项规定具有重要意义。实践中,某些业主委员会严重违反忠实义务与勤勉义务,怠于维护业主共同利益的情形时有发生,甚至还有的因被物业公司或其他利害关系人收买而故意不提起诉讼。此规定有利于在发生此类情形时保护广大业主的利益,对业主委员会职责之履行也可起到监督与促进的作用。但为防止个别业主滥用诉权,并避免法院疲于应对毫无价值之诉讼,应从以下两个方面对此规定进行细化。

首先,应对"业主委员会怠于行使权利"作出明确界定,以防业主"越俎代庖"之诉讼不受任何控制而导致业主委员会形同虚设。比如,对于业主委员会需要经业主大会授权方能提起之诉讼,经 20% 以上的业主提议,业主委员会仍拒不组织召开业主大会临时会议商讨诉讼事宜或者虽然召开临时会议但不按业主大会决议提起诉讼的,可以作为怠于行使权利;对于业主委员会不需要业主大会单独授权即能提起诉讼的事项,当业主委员会在收到 20% 以上的业主书面请求的一个月内,未进行处理或者处理结果没有得到业主认可又未提起诉讼的,可以作为怠于行使权利。当然,如果情况紧急、不马上提起诉讼就会给业主利益造成不可弥补的损失时,业主可不需要经过上述程序而直接起诉。

其次,即使未选举出业主委员会或业主委员会怠于行使权利,也不应允许单个业主就共同利益提起诉讼,否则可能会出现诉讼爆炸的局面。应该限定只有当面积及人数均达到一定比例(如 20%)之业主集体,方能通过选派诉讼代表人的方式提起诉讼。①

由于此部分业主是为了全体业主的利益而提起的诉讼,因此无论最终胜诉或是败诉,诉讼利益均将归属于全体业主组成之业主团体,诉讼中产生的相关费用亦应由业主团体承担。

---

① 刘保玉、孙超:《论业主委员会的法律地位——从实体法与程序法的双重视角》,载《政治与法律》2009 年第 2 期。

四、辅助信息

《民法典》

第二百八十条　业主大会或者业主委员会的决定，对业主具有法律约束力。

业主大会或者业主委员会作出的决定侵害业主合法权益的，受侵害的业主可以请求人民法院予以撤销。

第二百八十四条　业主可以自行管理建筑物及其附属设施，也可以委托物业服务企业或者其他管理人管理。

对建设单位聘请的物业服务企业或者其他管理人，业主有权依法更换。

第二百八十六条　业主应当遵守法律、法规以及管理规约，相关行为应当符合节约资源、保护生态环境的要求。对于物业服务企业或者其他管理人执行政府依法实施的应急处置措施和其他管理措施，业主应当依法予以配合。

业主大会或者业主委员会，对任意弃置垃圾、排放污染物或者噪声、违反规定饲养动物、违章搭建、侵占通道、拒付物业费等损害他人合法权益的行为，有权依照法律、法规以及管理规约，请求行为人停止侵害、排除妨碍、消除危险、恢复原状、赔偿损失。

业主或者其他行为人拒不履行相关义务的，有关当事人可以向有关行政主管部门报告或者投诉，有关行政主管部门应当依法处理。

第二百八十七条　业主对建设单位、物业服务企业或者其他管理人以及其他业主侵害自己合法权益的行为，有权请求其承担民事责任。

《物业管理条例》

第十一条　下列事项由业主共同决定：

（一）制定和修改业主大会议事规则；

（二）制定和修改管理规约；

（三）选举业主委员会或者更换业主委员会成员；

（四）选聘和解聘物业服务企业；

（五）筹集和使用专项维修资金；

（六）改建、重建建筑物及其附属设施；

（七）有关共有和共同管理权利的其他重大事项。

第十五条　业主委员会执行业主大会的决定事项，履行下列职责：

（一）召集业主大会会议，报告物业管理的实施情况；

（二）代表业主与业主大会选聘的物业服务企业签订物业服务合同；

（三）及时了解业主、物业使用人的意见和建议，监督和协助物业服务企业履行物业服务合同；

（四）监督管理规约的实施；

（五）业主大会赋予的其他职责。

《民事诉讼法》

第五十一条　公民、法人和其他组织可以作为民事诉讼的当事人。

法人由其法定代表人进行诉讼。其他组织由其主要负责人进行诉讼。

《民诉法解释》

第五十二条　民事诉讼法第五十一条规定的其他组织是指合法成立、有一定的组织机构和财产，但又不具备法人资格的组织，包括：

（一）依法登记领取营业执照的个人独资企业；

（二）依法登记领取营业执照的合伙企业；

（三）依法登记领取我国营业执照的中外合作经营企业、外资企业；

（四）依法成立的社会团体的分支机构、代表机构；

（五）依法设立并领取营业执照的法人的分支机构；

（六）依法设立并领取营业执照的商业银行、政策性银行和非银行金融机构的分支机构；

（七）经依法登记领取营业执照的乡镇企业、街道企业；

（八）其他符合本条规定条件的组织。

《业主大会和业主委员会指导规则》

第三十一条　业主委员会由业主大会会议选举产生，由5至11人单数组成。业主委员会委员应当是物业管理区域内的业主，并符合下列条件：

（一）具有完全民事行为能力；

（二）遵守国家有关法律、法规；

（三）遵守业主大会议事规则、管理规约，模范履行业主义务；

（四）热心公益事业，责任心强，公正廉洁；

（五）具有一定的组织能力；

（六）具备必要的工作时间。

第三十五条 业主委员会履行以下职责：

（一）执行业主大会的决定和决议；

（二）召集业主大会会议，报告物业管理实施情况；

（三）与业主大会选聘的物业服务企业签订物业服务合同；

（四）及时了解业主、物业使用人的意见和建议，监督和协助物业服务企业履行物业服务合同；

（五）监督管理规约的实施；

（六）督促业主交纳物业服务费及其他相关费用；

（七）组织和监督专项维修资金的筹集和使用；

（八）调解业主之间因物业使用、维护和管理产生的纠纷；

（九）业主大会赋予的其他职责。